# LIVING LANGUAGE®
# GERMAN VERBS
# SKILL BUILDER

D0027600

# OTHER TITLES FROM LIVING LANGUAGE®

**Complete Basic Courses:** Whether you're just starting out or want a thorough review, the *Complete Basic Course* is the perfect choice. Developed by U.S. government experts, the building-block approach used here begins with simple words and phrases and progresses to more complex expressions. Just listen and repeat after the native speakers. English translations are provided in the coursebook. The lessons keep grammar to a minimum, but there's a full summary for easy reference. Includes three hours of recorded lessons in the target language, a coursebook, and a 15,000- to 20,000-word two-way dictionary. The dictionary includes thousands of phrases and idiomatic expressions to show how words are used in conversation.

Available in French, German, Italian, Japanese, Portuguese, Russian, Spanish, and English for Spanish speakers. Books available separately.

**Advanced Courses:** Learn to speak like a native with this advanced course. Four hours of recordings feature conversations in the target language; the coursebook provides lessons with translations, notes on grammar and culture, exercises, verb charts, and a grammar summary. Available in French and Spanish. Books available separately.

**Ultimate Courses:** Created for serious language learners, the *Ultimate* course is the equivalent of two years of college-level study. With refreshingly up-to-date conversations and vocabulary in each lesson, the *Ultimate* courses teach grammar, reading, writing, and culture along with conversational skills. The eight hours of recordings are separated into two sets. Listen to the first four recordings (Learn at Home) in the target language as you follow along in the manual. Then, with the second set of recordings (Learn on the Go), which are in both English and the target language, reinforce and build on the lessons in the first set of recordings. With these recordings, you're hearing conversations and speaking without the book—exactly as you would in real-life situations. Learn in the car, at the gym, or anywhere it's convenient.

Available in French, German, Italian, Japanese, Russian, Spanish, and English for Spanish speakers. Books available separately.

**Adult/Child Activity Kits:** Easy and fun, this activity kit for beginners introduces children ages 4–8 to a new language with 16 songs, games, and activities, centered around mealtime or car trips. Each *Adult/Child Activity Kit* includes a 60-minute bilingual cassette, a 48-page illustrated activity book that doubles as a scrapbook, and a full page of color stickers. Also included are tips on how to vary the activities for repeated use, making this a program parents and their children will turn to again and again.

Available in French, Italian, and Spanish.

**Calendars:** This amusing and informative day-by-day desk calendar introduces foreign phrases, cultural tidbits, and trivia. Each page includes the pronunciation and English translation of a French, Italian, Spanish, or Yiddish word or phrase. These calendars are ideal for beginners, as well as those who would like to brush up on the fun stuff! They make a perfect gift for students and teachers, co-workers, and family members with a love for foreign languages.

At bookstores everywhere, or call 1-800-733-3000. You can also reach us on the Web at www.livinglanguage.com or e-mail us at livinglanguage@randomhouse.com.

# LIVING LANGUAGE®
# GERMAN VERBS
# SKILL BUILDER

Conversation Manual by
**Kathryn Buck**
Buck Language Services

Verb charts by
**Bradley W. Greenquist**

Originally published as *German 2*

LIVING LANGUAGE, A RANDOM HOUSE COMPANY
NEW YORK

# ACKNOWLEDGMENTS

Thanks to the staff at Living Language: Lisa Alpert, Ana Suffredini, Christopher Warnasch, Christopher Medellín, Andrea Rosen, Germaine Ma, Eric Sommer, and Helen Tang.

Published by Living Language, A Random House Company, 201 East 50th Street, New York, New York 10022. Member of the Crown Publishing Group.

Random House, Inc. New York, Toronto, London, Sydney, Auckland

www.livinglanguage.com

Living Language is a registered trademark of Random House, Inc.

Manufactured in the United States of America
Design by Leonard Henderson

Library of Congress Cataloging-in-Publication Data
Buck, Kathryn.
    Living language German 2: a conversational approach to verbs / conversational manual by Kathryn Buck; verb charts by Bradley W. Greenquist.
    1. German language—Verb.  2. German language—Textbooks for foreign speakers—English.  3. German language—Conversation and phrase books—English.  I. Greenquist, Bradley W.  II. Title.
PF3271.B78      1996
438.2'421—dc20                                              95-52227

ISBN 0-609-80431-6

10 9 8 7 6 5 4 3 2 1

1999 Updated Edition

Living Language® publications are available at special discounts for bulk purchases for sales promotions or premiums, as well as for fund-raising or educational use. Special editions can be created in large quantities for special needs. For more information, contact the Special Sales Manager, Living Language, 201 East 50th Street, New York, NY 10022.

# CONTENTS

# INTRODUCTION

Welcome to *Living Language® Skill Builder: German Verbs*. If you have already mastered the basics of German grammar and usage in school, while traveling abroad, or with other Living Language courses, then *German Verbs Skill Builder* is right for you. This intermediate-advanced program features an enjoyable conversational approach to learning one of the most troublesome aspects of any language—verbs and their conjugations. The complete program consists of this text and four hours of recordings. However, if you are already comfortable with your German pronunciation, this manual may also be used on its own.

*Living Language Skill Builder: German Verbs* focuses on more than 180 of the most useful German verbs. The recordings introduce more than 75 essential verbs in a conversational context. With dialogues, explanations, and exercises that let you check your progress, you will master the verb forms quickly and easily and learn new vocabulary and idiomatic expressions along the way. This *German Verbs Skill Builder* manual includes the complete 40 lessons featured on the recordings, plus several reference sections that provide verb charts with the full conjugations of more than 180 verbs, a tense formation guide, a comprehensive survey of German grammar, a pronunciation guide, and a glossary of grammatical terms. After studying with *Living Language Skill Builder: German Verbs* for only half an hour a day, you'll be speaking with confidence and ease in six weeks!

# COURSE MATERIAL

## THE MANUAL

The Manual is divided into a Reference Section, Verb Charts, and a Conversation Manual and comprises the following components:

*Glossary of Grammatical Terms:* To make sure that you have no difficulty with the terminology used in the program, the glossary provides an easy explanation of the most important grammatical terms and their German translations. If you come across an unfamiliar term, the definition can easily be found in this section.

*Pronunciation Guide:* This chart serves as a quick reference guide to the pronunciation of German consonants and vowels.

*Grammar Summary:* The grammar summary provides information on aspects of German grammar that are not related to verbs, such as articles, nouns, pronouns, and adjectives.

*Tense Formation Guide:* This guide shows you the endings and formation rules in any tense or mood. It provides the key to conjugating thousands of verbs on your own.

*Verb Charts:* Over 180 of the most common verbs, including those introduced throughout the program, are fully conjugated in the verb charts. In addition, they feature related words and expressions. These charts offer the opportunity to focus on a particular verb in detail.

*Conversation Manual:* The conversation manual provides a guided tour of German verbs and their usage in everyday conversation. The forty lessons give in-depth explanations while offering conversational practice, and they correspond to the lessons on the recordings that accompany this textbook.

*Index of Verbs:* Every verb used in the program is listed alphabetically and translated. The entries beginning with the letter C refer to the chart where the verb is fully conjugated; the entries beginning with the letter M refer to the lessons in which the verb is featured. The verb index is particularly helpful when reviewing specific verbs.

## THE RECORDINGS

This manual accompanies four 60-minute cassettes. Because the recordings are in English and German, you can study anywhere, anytime—at home and on the go. An English narrator leads you through the program, while native German speakers demonstrate the relevant forms. This textbook contains the complete transcript of the recordings, allowing you to read along if you wish. All English text appears in regular type; German phrases to be repeated appear in **boldface** type, and German phrases for listening only appear in *italic* type. The ☞ symbol indicates the expected response to a question.

Each of the forty lessons is divided into three sections. Section A begins with an English introduction to the verb or verb group and an explanation of the tense or mood the lesson focuses on. Native German speakers conjugate a model verb that illustrates the key points of the explanation, and sample sentences show you the verb in several different contexts. To practice, simply repeat the phrases and sentences after the native speakers during the pauses provided.

Section B features the verbs "in action" in the form of a dialogue. You will first hear the entire dialogue in German only, at normal conversational speed. All you have to do is listen in and you'll improve your comprehension. You will then hear the dialogue a second time, repeated phrase by phrase, with English translations and pauses for you to repeat after the native speakers.

The interactive exercises in section C will help you integrate what you've learned by asking you to generate German sentences on your own. You will transform sentences (e.g., from the present to the past tense), answer questions, and occasionally translate from English into German. You will hear the correct answer after you respond.

The interactive approach of the recordings and textbook will help you master the essentials of German verbs and improve your fluency. With *Living Language Skill Builder: German Verbs,* you will learn to understand, speak, and even think in German.

# Reference Section

# PRONUNCIATION GUIDE

## LETTERS AND SOUNDS

### DAS ALPHABET (THE ALPHABET)

The German alphabet has 26 regular letters. They are pronounced as follows:

| German Spelling | Approximate Sound in English | Example |
| --- | --- | --- |
| a | father | Anna, Albert |
| b | bed | Bank, Berlin |
| c | nuts | Celsius |
| d | date; tiger | Drama, Bad |
| e | May; fairy | Erich, Ende |
| f | fly | Film, Fabel |
| g | garden | Gas, Gustav |
| h | house | Hotel, Hunger |
| i | pizza | Idee, Iris |
| j | yes | ja, Jaguar |
| k | keep | Karl, Kanal |
| l | land | Lampe, Linie |
| m | mile | Maschine, Martha |
| n | new | Nation, Natur |
| o | alone | Oper, Ofen |
| p | price | Problem, Paul |
| q | quality | Qualität, Quiz |
| r | rice | Rose, Reis |
| s | raise; boss | Signal, See, Reis, Haus |
| t | tea | Tee, Telefon |
| u | room | Utopie, gut |

| v | <u>f</u>air | *<u>V</u>ers, <u>V</u>ater* |
| w | <u>v</u>ain | *<u>W</u>illi, <u>W</u>olf* |
| x | a<u>x</u> | *<u>X</u>ylophon, A<u>x</u>t* |
| y | ne<u>w</u> | *t<u>y</u>pisch, L<u>y</u>rik* |
| z | nu<u>ts</u> | *<u>Z</u>oo, <u>Z</u>one* |

## DIE UMLAUTE UND ß (THE UMLAUTS AND ß)

The Letters *a, o,* and *u* can also appear with two dots above them, called umlauts; these letters have a different sound. The ß (called "ess-tsett") is a ligature of the letters *s* and *z*.

| German Spelling | Approximate Sound in English | Example |
| --- | --- | --- |
| ä | <u>f</u>air | *B<u>ä</u>r* |
| ö | <u>Ma</u>y | *<u>Ö</u>l* |
| ü | ne<u>w</u> | *gr<u>ü</u>n* |
| ß | hi<u>ss</u> | *wei<u>ß</u>* |

## DIPHTHONGE (DIPHTHONGS)

| German Spelling | Approximate Sound in English | Example |
| --- | --- | --- |
| ai | l<u>i</u>ke | *K<u>ai</u>ser, <u>Ei</u>s* |
| äu | b<u>oy</u> | *H<u>äu</u>ser, d<u>eu</u>tsch* |
| au | h<u>ou</u>se | *H<u>au</u>s, M<u>au</u>s* |

## DIE KONSONANTENVERBINDUNGEN (CONSONANT COMBINATIONS)

| German Spelling | Approximate Sound in English | Example |
| --- | --- | --- |
| ch | lo<u>ch</u> | *Ba<u>ch</u>, Bu<u>ch</u>,* |
|  | <u>h</u>ue | *i<u>ch</u>, Mün<u>ch</u>en,* |
|  |  | *Mil<u>ch</u>, Kir<u>ch</u>e* |
| sch | <u>sh</u>oe | *<u>Sch</u>uh, <u>Sch</u>iff* |
| sp | <u>sh</u>oe | *<u>Sp</u>ort, <u>Sp</u>anien* |
| st | <u>sh</u>oe | *<u>St</u>uhl, <u>St</u>ern* |

# GLOSSARY OF
# GRAMMATICAL TERMS

**active voice**—*das Aktiv:* a verb form in which the subject of the verb performs an action.

**adjective**—*das Adjektiv:* a word that describes nouns, as for example *hübsch*—"pretty."

**adverb**—*das Adverb:* a word that describes verbs, adjectives, or other adverbs, as for example *schnell*—"quickly."

**auxiliary verb**—*das Hilfsverb:* a helping verb used with a main verb to form compound tenses. German has three: *haben*—"to have," *sein*—"to be," *werden*—"to become."

**compound tense**—*die zusammengesetzte Zeit:* a tense formed with one of the auxiliaries *haben, sein,* or *werden,* such as the conversational past or the future.

**conditional sentence**—*der Konditionalsatz:* hypothetical (depending on a possible condition or circumstance) statements and questions using the conditional *würde.*

**conjugation**—*die Konjugation:* the system of verb forms with their endings that express tense, person, and number.

**conversational past**—*das Perfekt:* a verb form used to express actions or states that happened in the past; used mainly in conversation. See also "perfect."

**definite article**—*der bestimmte Artikel:* a word linked to a noun indicating it is specific, as for example *der*—"the" (masculine singular).

**demonstrative**—*das Demonstrativpronomen und -adjektiv:* words that highlight something that is referred to, as for example *dieses Buch*—"this book."

9

**der-words**—*der-Wörter:* words that are conjugated exactly like the definite article, such as *dieser*—"this."

**ein-words**—*ein-Wörter:* words that are conjugated exactly like the indefinite article, such as *kein*—"none."

**ending**—*die Endung:* the suffixes added to the stem indicating person, tense, and mood.

**gender**—*das Geschlecht:* grammatical categories for nouns, loosely related to physical gender and/or word ending; German has three, masculine, feminine, and neuter: *der Mann* (m.), *die Frau* (f.), *das Kind* (n.).

**imperative**—*der Imperativ:* the command form.

**impersonal verb**—*das unpersönliche Verb:* a group of verbs usually only used with an impersonal subject such as *es*—"it," or *das*—"that." For example: *Es regnet*—"It's raining."

**indefinite article**—*der unbestimmte Artikel:* a word linked to a noun indicating that it is nonspecific, as for example *ein*—"a/an" (masculine singular).

**indicative**—*der Indikativ:* the mood used for factual or objective statements and questions.

**infinitive**—*der Infinitiv:* the basic form of a verb found in the dictionary that does not specify the subject (person or number), tense, or mood. The German infinitive always ends on *-en*. For example *sprechen*—"to speak."

**inseparable verb**—*das untrennbare Verb:* verbs with a prefix that cannot be separated from the verb; for example *bekommen*—"to get."

**intransitive verb**—*das intransitive Verb:* a verb denoting a complete action without taking a direct object, such as *sitzen*—"to sit."

**irregular verb**—*das unregelmäßige Verb:* a group of verbs that undergo a stem-vowel change in their narrative past, and sometimes even in some forms of the present indicative. For example: *ich verstehe—ich verstand.* See also "strong verb."

**mixed verb**—*das gemischte Verb:* a group of verbs that form their narrative past and their past participle with a vowel change (like strong verbs) and the weak verb endings. For example: *brennen—brannte—gebrannt.* See also "semi-regular verb."

**modal verb**—*das Modalverb:* a group of six irregular verbs expressing permission, ability, wish, obligation, and necessity: *dürfen, können, wollen, möchten, sollen, müssen.*

**mood**—*der Modus:* the attitude toward what is expressed by the verb. See also "indicative," "conditional," and "subjunctive."

**narrative past**—*die einfache Vergangenheit:* the past tense used for completed actions or states; useful for narration of events.

**noun**—*das Substantiv:* a word referring to a person, place, or thing, as for example *das Haus*—"house."

**number**—*die Zahl:* the distinction between singular and plural.

**object**—*das Objekt:* a grammatical object can be a noun, pronoun, or noun group governed by a transitive verb or a preposition. It may be a direct object, i.e. the person or thing that receives the action of a verb (accusative—*der Akkusativ*), or an indirect object, i.e. the person or thing that receives the action of the direct object and/or is the object of a preposition (dative—*der Dativ*).

**participle**—*das Partizip:* an unconjugated, unchanging verb form often used with auxiliary verbs to form compound verb forms. For example: present and past participles: *essend/gegessen*—"eating/eaten."

**passive voice**—*das Passiv:* a verb form that focuses on the action of the sentence rather than on the grammatical subject performing it. The recipient of the action is usually expressed as the grammatical subject.

**past perfect**—*das Plusquamperfekt:* the past perfect using the narrative past of *haben*—"to have," or *sein*—"to be," plus the past participle.

**perfect**—*das Perfekt:* compound verb forms (present perfect or past perfect) used for past actions or events. The present perfect is more common in conversation than the simple past. See also "conversational past."

**person**—*die Person:* the grammatical category that distinguishes between the speaker (first person), the person spoken to (second person), and the people and things spoken about (third person); often applies to pronouns and verbs.

**possessive pronoun**—*das Possessivpronomen:* indicates ownership, as for example *mein*—"my."

**predictable verb**—*das regelmäßige Verb:* a group of regular verbs that form their narrative past by adding endings to their stem, as for example, *holen*—*holte*. Their past participle always adds the prefix *ge-* and the ending *-t*: *holen*—*geholt*. See also "weak verb."

**preposition**—*die Präposition:* a word (often as part of a phrase) that expresses spatial, temporal, and other relationships, as for example *auf*—"on."

**present**—*das Präsens:* verb forms used for actions or events that are in progress.

**pronoun**—*das Pronomen:* a word taking the place of a noun, as for example, personal or demonstrative pronouns.

**reflexive verb**—*das reflexive Verb:* a verb whose action reflects back to the subject, as for example *sich kämmen*—"to comb (oneself)."

**semi-regular verb**—*das semi-regelmäßige Verb:* a group of verbs that forms the narrative past and the past participle with a stem-vowel change (like strong verbs) and the weak verb endings. For example: *brennen—brannte—gebrannt.* See also "mixed verb."

**separable verb**—*das trennbare Verb:* a verb with a prefix that is separated from the verb in certain tenses and moods; for example: *ankommen*—"to arrive"; *Ich komme an*—"I'm arriving."

**simple tense**—*die nichtzusammengesetzte Zeit:* a tense such as the narrative past that is formed by adding endings to the verb stem.

**stem or root**—*der Stamm:* the basic part of the infinitive that does not change during the conjugation of regular verbs formed by dropping the *-en* ending.

**strong verb**—*das starke Verb:* a group of verbs that form their narrative past and sometimes their past participles with a vowel change, as for example: *singen—sang—gesungen.* Their past participles always end in *-en*.

**subject**—*das Subjekt:* the person, place, or thing performing the action of the verb or being in the state described by it (nominative).

**subjunctive**—*der Konjunktiv:* a verb form that expresses contrary-to-fact situations, wishful thinking, and indirect speech.

**tense**—*die Zeit:* the time of an action or event, i.e., past, present, or future.

**transitive verb**—*das transitive Verb:* a verb denoting a complete action accompanied by a direct object, such as *setzen*—"to put."

**verb**—*das Verb:* a word expressing an action or state, as for example *gehen*—"(to) walk."

13

**weak verb**—*das schwache Verb:* a group of verbs that form their narrative past by adding endings to their stem, as for example: *holen—hol*te. Their past participles always add the prefix *ge-* and the ending *-t: holen—**ge**hol*t*. See also "predictable verb."

# GRAMMAR SUMMARY

## THE DEFINITE ARTICLE

|  | MASCULINE | FEMININE | NEUTER | PLURAL |
|---|---|---|---|---|
| NOMINATIVE | *der* | *die* | *das* | *die* |
| ACCUSATIVE | *den* | *die* | *das* | *die* |
| DATIVE | *dem* | *der* | *dem* | *den* |
| GENITIVE | *des* | *der* | *des* | *der* |

## DER-WORDS: *DIESER, JENER, WELCHER, MANCHER, SOLCHER*

|  | MASCULINE | FEMININE | NEUTER | PLURAL |
|---|---|---|---|---|
| NOMINATIVE | *dieser* | *diese* | *dieses* | *diese* |
| ACCUSATIVE | *diesen* | *diese* | *dieses* | *diese* |
| DATIVE | *diesem* | *dieser* | *diesem* | *diesen* |
| GENITIVE | *dieses* | *dieser* | *dieses* | *dieser* |

## THE INDEFINITE ARTICLE

|  | MASCULINE | FEMININE | NEUTER |
|---|---|---|---|
| NOMINATIVE | *ein* | *eine* | *ein* |
| ACCUSATIVE | *einen* | *eine* | *ein* |
| DATIVE | *einem* | *einer* | *einem* |
| GENITIVE | *eines* | *einer* | *eines* |

15

## EIN-WORDS: *KEIN, MEIN, DEIN, SEIN, IHR, UNSER, EUER, IHR, IHR*

|  | MASCULINE | FEMININE | NEUTER | PLURAL |
|---|---|---|---|---|
| NOMINATIVE | *mein* | *meine* | *mein* | *meine* |
| ACCUSATIVE | *meinen* | *meine* | *mein* | *meine* |
| DATIVE | *meinem* | *meiner* | *meinem* | *meinen* |
| GENITIVE | *meines* | *meiner* | *meines* | *meiner* |

## PLURAL FORMATION

| SINGULAR |  | PLURAL |
|---|---|---|
| *der Titel* | + - | *die Titel* |
| *der Sommer* |  | *die Sommer* |
| *der Vater* | + ¨ | *die Väter* |
| *die Mutter* |  | *die Mütter* |
| *das Hotel* | + -s | *die Hotels* |
| *der Film* | + -e | *die Filme* |
| *die Hand* | + (¨)e | *die Hände* |
| *das Haus* | + ¨er | *die Häuser* |
| *der Mann* |  | *die Männer* |
| *die Adresse* | + -(e)n | *die Adressen* |
| *das Bett* |  | *die Betten* |

# PRECEDED NOUNS AND ADJECTIVES

| | MASCULINE | FEMININE | NEUTER | PLURAL |
|---|---|---|---|---|
| NOM. | der junge Mann | die alte Stadt | das schöne Haus | die guten Weine |
| | ein junger Mann | eine alte Stadt | ein schönes Haus | keine guten Weine |
| ACC. | den jungen Mann | die alte Stadt | das schöne Haus | die guten Weine |
| | einen jungen Mann | eine alte Stadt | ein schönes Haus | keine guten Weine |
| DAT. | dem jungen Mann | der alten Stadt | dem schönen Haus | den guten Weinen |
| | einem jungen Mann | einer alten Stadt | einem schönen Haus | keinen guten Weinen |
| GEN. | des jungen Mannes | der alten Stadt | des schönen Hauses | der guten Weine |
| | eines jungen Mannes | einer alten Stadt | eines schönen Hauses | keiner guten Weine |

# UNPRECEDED NOUNS AND ADJECTIVES

| | MASCULINE | FEMININE | NEUTER | PLURAL |
|---|---|---|---|---|
| NOMINATIVE | guter Kuchen | gute Torte | gutes Brot | gute Torten |
| ACCUSATIVE | guten Kuchen | gute Torte | gutes Brot | gute Torten |
| DATIVE | gutem Kuchen | guter Torte | gutem Brot | guten Torten |
| GENITIVE | guten Kuchens | guter Torte | guten Brotes | guter Torten |

# MASCULINE *N*-NOUNS

| | SINGULAR | PLURAL |
|---|---|---|
| NOMINATIVE | der Architekt | die Architekten |
| ACCUSATIVE | den Architekten | die Architekten |
| DATIVE | dem Architekten | den Architekten |
| GENITIVE | des Architeten | der Architekten |

17

## PERSONAL PRONOUNS

| SINGULAR | 1ST PERSON | 2ND PERSON | 3RD PERSON MASCULINE | 3RD PERSON FEMININE | 3RD PERSON NEUTER |
|---|---|---|---|---|---|
| NOMINATIVE | ich | du | er | sie | es |
| ACCUSATIVE | mich | dich | ihn | sie | es |
| DATIVE | mir | dir | ihm | ihr | ihm |

| PLURAL | 1ST PERSON | 2ND PERSON | 3RD PERSON | POLITE |
|---|---|---|---|---|
| NOMINATIVE | wir | ihr | sie | Sie |
| ACCUSATIVE | uns | euch | sie | Sie |
| DATIVE | uns | euch | ihnen | Ihnen |

## THE DEMONSTRATIVE PRONOUN *DER*

| | MASCULINE | FEMININE | NEUTER | PLURAL |
|---|---|---|---|---|
| NOMINATIVE | der | die | das | die |
| ACCUSATIVE | den | die | das | die |
| DATIVE | dem | der | dem | denen |

## RELATIVE PRONOUNS

| | MASCULINE | FEMININE | NEUTER | PLURAL |
|---|---|---|---|---|
| NOMINATIVE | der | die | das | die |
| ACCUSATIVE | den | die | das | die |
| DATIVE | dem | der | dem | denen |
| GENITIVE | dessen | deren | dessen | deren |

## REFLEXIVE PRONOUNS

|  | SINGULAR | PLURAL |
|---|---|---|
| 1ST PERSON | *mich* | *uns* |
| 2ND PERSON | *dich* | *euch* |
| 3RD PERSON | *sich* | *sich* |

## COMPARATIVE AND SUPERLATIVE

| POSITIVE | COMPARATIVE | SUPERLATIVE (ADJ.) | SUPERLATIVE (ADV.) |
|---|---|---|---|
| *gut* | *besser* | *beste, -r, -s* | *am besten* |
| *groß* | *größer* | *größte, -r, -s* | *am größten* |
| *hoch* | *höher* | *höchste, -r, -s* | *am höchsten* |
| *nahe* | *näher* | *nächste, -r, -s* | *am nächsten* |
| *viel* | *mehr* | *meiste, -r, -s* | *am meisten* |
| *gern* | *lieber* | *liebste, -r, -s* | *am liebsten* |

## INTERROGATIVE PRONOUNS

| NOMINATIVE | *wer* | *was* |
|---|---|---|
| ACCUSATIVE | *wen* | *was* |
| DATIVE | *wem* |  |
| GENITIVE | *wessen* |  |

## QUESTION WORDS

| why | *warum* | *wieviel* | how much |
|---|---|---|---|
| why | *weshalb* | *wer* | who |
| why | *weswegen* | *wie* | how |
| why | *wieso* | *wozu* | what for |
| when | *wann* | *was* | what |
| where | *wo* |  |  |

German has three types of verbs: weak verbs (for example *fragen* or *reisen*), strong verbs (for example *kommen* or *sprechen*), and mixed verbs (for example *denken* or *rennen*). As the infinitive holds no clue as to which group the verb belongs, it is best to approach all verbs individually, and learn the infinitive, the 3rd person singular of the present indicative, and the narrative past, as well as its past participle: *sprechen, spricht, sprach, gesprochen*.

## SIMPLE TENSES

### WEAK VERBS (PREDICTABLE VERBS)

Most weak or predictable verbs are regular and follow the conjugation pattern outlined below.

Present Indicative

* stem + ending

| | | | | | |
|---|---|---|---|---|---|
| stem + -e | *ich* | *frage* | stem + -en | *wir* | *fragen* |
| stem + -st | *du* | *fragst* | stem + -t | *ihr* | *fragt* |
| stem + -t | *er/sie/es* | *fragt* | stem + -en | *sie/Sie* | *fragen* |

Narrative Past

* stem + ending

| | | | | | |
|---|---|---|---|---|---|
| stem + -te | *ich* | *fragte* | stem + -ten | *wir* | *fragten* |
| stem + -test | *du* | *fragtest* | stem + -tet | *ihr* | *fragtet* |
| stem + -te | *er/sie/es* | *fragte* | stem + -ten | *sie/Sie* | *fragten* |

## Present Subjunctive

- stem + ending

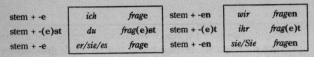

| | | | | | |
|---|---|---|---|---|---|
| stem + -e | *ich* | *frage* | stem + -en | *wir* | *fragen* |
| stem + -(e)st | *du* | *frag(e)st* | stem + -(e)t | *ihr* | *frag(e)t* |
| stem + -e | *er/sie/es* | *frage* | stem + -en | *sie/Sie* | *fragen* |

## Past Subjunctive

- stem + ending

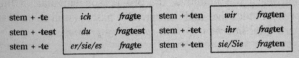

| | | | | | |
|---|---|---|---|---|---|
| stem + -te | *ich* | *fragte* | stem + -ten | *wir* | *fragten* |
| stem + -test | *du* | *fragtest* | stem + -tet | *ihr* | *fragtet* |
| stem + -te | *er/sie/es* | *fragte* | stem + -ten | *sie/Sie* | *fragten* |

## Present Participle  ## Past Participle

infinive + -d  | **fragen-d** |    ge- + stem + -(e)t  | **ge-frag-t** |

## SPELLING CHANGES

- If the stem ends in -*d*, -*t*, -*m*, or -*n* preceded by a vowel or a consonant other than -*l* or -*r*, add an extra -*e*- between the stem and the ending.

| *arbeiten* | *er arbeitet* | *rechnen* | *er rechnete* | BUT: *lernen* | *er lernt* |
|---|---|---|---|---|---|

- If the stem ends in -*ß*, -*s* or -*z*, add only -*t* to the 2nd person singular present indicative.

| *reisen* | *du reist* | *heizen* | *du heizt* | BUT: *waschen*  *du wäschst* |
|---|---|---|---|---|

## STRONG VERBS (IRREGULAR VERBS)

All strong or irregular verbs undergo a vowel change in the narrative past, and some even in the 2nd and 3rd person singular present indicative and the singular imperative. The most common patterns for the present tense vowel changes are: *e—i*, *e—ie*, *o—ö*, *a—ä*, and *au—äu*.

## Present Indicative

- either: stem + ending

| stem + -e | *ich* | *komme* | stem + -en | *wir* | *kommen* |
| stem + -st | *du* | *kommst* | stem + -t | *ihr* | *kommt* |
| stem + -t | *er/sie/es* | *kommt* | stem + -en | *sie/Sie* | *kommen* |

- or: stem with stem-vowel change + ending

| stem + -e | *ich* | *spreche* | stem + -en | *wir* | *sprechen* |
| stem + -st | *du* | *sprichst* | stem + -t | *ihr* | *sprecht* |
| stem + -t | *er/sie/es* | *spricht* | stem + -en | *sie/Sie* | *sprechen* |

## Narrative Past

- stem with stem-vowel change + ending

| stem + - | *ich* | *kam* | stem + -en | *wir* | *kamen* |
| stem + -st | *du* | *kamst* | stem + -t | *ihr* | *kamt* |
| stem + - | *er/sie/es* | *kam* | stem + -en | *sie/Sie* | *kamen* |

## Present Subjunctive

- stem + ending

| stem + -e | *ich* | *komme* | stem + -en | *wir* | *kommen* |
| stem + -(e)st | *du* | *komm(e)st* | stem + -(e)t | *ihr* | *komm(e)t* |
| stem + -e | *er/sie/es* | *komme* | stem + -en | *sie/Sie* | *kommen* |

## Past Subjunctive

- stem with stem-vowel-change + ending

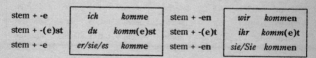

| stem + ¨e | *ich* | *käme* | stem + ¨en | *wir* | *kämen* |
| stem + ¨(e)st | *du* | *käm(e)st* | stem + ¨(e)t | *ihr* | *käm(e)t* |
| stem + ¨e | *er/sie/es* | *käme* | stem + ¨en | *sie/Sie* | *kämen* |

23

| Present Participle | | Past Participle | |
|---|---|---|---|
| infinive + -d | *kommen*-d | ge- + stem + -en | ge-*komm*-en |
| | | ge- + stem with stem-vowel change + -en | ge-*sproch*-en |

## MIXED VERBS (SEMI-REGULAR VERBS)

Mixed or semi-regular verbs share the irregular stem-vowel change in the narrative past and the past participle with strong verbs, but the regular verb endings with weak verbs. There are only nine mixed verbs: *brennen* (to burn), *bringen* (to bring), *denken* (to think), *kennen* (to know), *nennen* (to name), *rennen* (to name), *senden* (to send), *wenden* (to turn), and *wissen* (to know).

### Present Indicative

- stem + ending

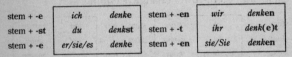

| stem + -e | *ich* | *denke* | stem + -en | *wir* | *denken* |
|---|---|---|---|---|---|
| stem + -st | *du* | *denkst* | stem + -t | *ihr* | *denk(e)t* |
| stem + -e | *er/sie/es* | *denke* | stem + -en | *sie/Sie* | *denken* |

### Narrative Past

- stem with stem-vowel-change + weak endings

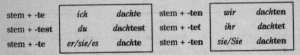

| stem + -te | *ich* | *dachte* | stem + -ten | *wir* | *dachten* |
|---|---|---|---|---|---|
| stem + -test | *du* | *dachtest* | stem + -tet | *ihr* | *dachtet* |
| stem + -te | *er/sie/es* | *dachte* | stem + -ten | *sie/Sie* | *dachten* |

### Present Subjunctive

- stem + ending

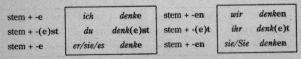

| stem + -e | *ich* | *denke* | stem + -en | *wir* | *denken* |
|---|---|---|---|---|---|
| stem + -(e)st | *du* | *denk(e)st* | stem + -(e)t | *ihr* | *denk(e)t* |
| stem + -e | *er/sie/es* | *denke* | stem + -en | *sie/Sie* | *denken* |

### Past Subjunctive

- stem with stem-vowel-change + ending

| | | | | | |
|---|---|---|---|---|---|
| stem + ¨te | *ich* | *dächte* | stem + ¨ten | *wir* | *dächten* |
| stem + ¨ t(e)st | *du* | *dächtest* | stem + ¨t(e)t | *ihr* | *dächtet* |
| stem + ¨te | *er/sie/es* | *dächte* | stem + ¨ten | *sie/Sie* | *dächten* |

### Present Participle    Past Participle

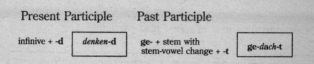

infinive + **-d** | *denken*-**d**

**ge-** + stem with stem-vowel change + **-t** | *ge-dach-*t

## COMPOUND TENSES

The compound tenses of all three verb groups are formed by using the appropriate tense and/or mood of the appropriate auxiliary verb and the infinitive or the past participle.

### Conversational Past

- either: present indicative of *haben* + past participle

| | |
|---|---|
| *ich habe gefragt/gesprochen/gedacht* | *wir haben gefragt/gesprochen/gedacht* |
| *du hast gefragt/gesprochen/gedacht* | *ihr habt gefragt/gesprochen/gedacht* |
| *er/sie/es hat gefragt/gesprochen/ gedacht* | *sie/Sie haben gefragt/gesprochen/ gedacht* |

- or: present indicative of *sein* + past participle

| | |
|---|---|
| *ich bin gereist/gekommen/gerannt* | *wir sind gereist/gekommen/gerannt* |
| *du bist gereist/gekommen/gerannt* | *ihr seid gereist/gekommen/gerannt* |
| *er/sie/es ist gereist/gekommen/ gerannt* | *sie/Sie sind gereist/gekommen/ gerannt* |

25

## Past Perfect

- **either:** narrative past of *haben* + past participle

| | |
|---|---|
| *ich hatte gefragt/gesprochen/gedacht* | *wir hatten gefragt/gesprochen/gedacht* |
| *du hattest gefragt/gesprochen/gedacht* | *ihr hattet gefragt/gesprochen/gedacht* |
| *er/sie/es hatte gefragt/gesprochen/ gedacht* | *sie/Sie hatten gefragt/gesprochen/ gedacht* |

- **or:** narrative past of *sein* + past participle

| | |
|---|---|
| *ich war gereist/gekommen/gerannt* | *wir waren gereist/gekommen/gerannt* |
| *du warst gereist/gekommen/gerannt* | *ihr wart gereist/gekommen/gerannt* |
| *er/sie/es war gereist/gekommen/ gerannt* | *sie/Sie waren gereist/gekommen/ gerannt* |

## Future

- present indicative of *werden* + infinitive

| | |
|---|---|
| *ich werde fragen/kommen/denken* | *wir werden fragen/kommen/denken* |
| *du wirst fragen/kommen/denken* | *ihr werdet fragen/kommen/denken* |
| *er/sie/es wird fragen/kommen/ denken* | *sie/Sie werden fragen/kommen/ denken* |

## Future Perfect

- **either:** present indicative of *werden* + perfect indicative with *haben*

| | |
|---|---|
| *ich werde gefragt/gesprochen/ gedacht haben* | *wir werden gefragt/gesprochen/ gedacht haben* |
| *du wirst gefragt/gesprochen/ gedacht haben* | *ihr werdet gefragt/gesprochen/ gedacht haben* |
| *er/sie/es wird gefragt/gesprochen/ gedacht haben* | *sie/Sie werden gefragt/gesprochen/ gedacht haben* |

- or: present indicative of *werden* + perfect indicative with *sein*

| | |
|---|---|
| ich werde gereist/gekommen/ gerannt sein | wir werden gereist/gekommen/ gerannt sein |
| du wirst gereist/gekommen/ gerannt sein | ihr werdet gereist/gekommen/ gerannt sein |
| er/sie/es wird gereist/gekommen/ gerannt sein | sie/Sie werden gereist/gekommen/ gerannt sein |

### Present Perfect Subjunctive

- either: present subjunctive of *haben* + past participle

| | |
|---|---|
| ich habe gefragt/gesprochen/gedacht | wir haben gefragt/gesprochen/gedacht |
| du habest gefragt/gesprochen/gedacht | ihr habt gefragt/gesprochen/gedacht |
| er/sie/es habe gefragt/gesprochen/ gedacht | sie/Sie haben gefragt/gesprochen/ gedacht |

- or: present subjunctive of *sein* + past participle

| | |
|---|---|
| ich sei gereist/gekommen/gerannt | wir seien gereist/gekommen/gerannt |
| du sei(e)st gereist/gekommen/gerannt | ihr seiet gereist/gekommen/gerannt |
| er/sie/es sei gereist/gekommen/ gerannt | sie/Sie seien gereist/gekommen/ gerannt |

### Past Perfect Subjunctive

- either: past subjunctive of *haben* + past participle

| | |
|---|---|
| ich hätte gefragt/gesprochen/gedacht | wir hätten gefragt/gesprochen/gedacht |
| du hättest gefragt/gesprochen/gedacht | ihr hättet gefragt/gesprochen/gedacht |
| er/sie/es hätte gefragt/gesprochen/ gedacht | sie/Sie hätten gefragt/gesprochen/ gedacht |

- or: past subjunctive of *sein* + past participle

| | |
|---|---|
| ich wäre gereist/gekommen/gerannt | wir wären gereist/gekommen/gerannt |
| du wär(e)st gereist/gekommen/gerannt | ihr wär(e)t gereist/gekommen/gerannt |
| er/sie/es wäre gereist/gekommen/ gerannt | sie/Sie wären gereist/gekommen/ gerannt |

## Future Subjunctive

- present subjunctive of *werden* + infinitive

| | |
|---|---|
| ich werde fragen/kommen/denken | wir werden fragen/kommen/denken |
| du werdest fragen/kommen/denken | ihr werdet fragen/kommen/denken |
| er/sie/es werde fragen/kommen/denken | sie/Sie werden fragen/kommen/denken |

## Conditional Present

- past subjunctive of *werden* + infinitive

| | |
|---|---|
| ich würde fragen/kommen/denken | wir würden fragen/kommen/denken |
| du würdest fragen/kommen/denken | ihr würdet fragen/kommen/denken |
| er/sie/es würde fragen/kommen/ denken | sie/Sie würden fragen/kommen/ denken |

## Conditional Perfect

- either: past subjunctive of *werden* + perfect infinitive with *haben*

| | |
|---|---|
| ich würde gefragt/gesprochen/ gedacht haben | wir würden gefragt/gesprochen/ gedacht haben |
| du würdest gefragt/gesprochen/ gedacht haben | ihr würdet gefragt/gesprochen/ gedacht haben |
| er/sie/es würde gefragt/gesprochen/ gedacht haben | sie/Sie würden gefragt/gesprochen/ gedacht haben |

- or: past subjunctive of *werden* + perfect infinitive with *sein*

| | |
|---|---|
| *ich würde gereist/gekommen/ gerannt sein* | *wir würden gereist/gekommen/ gerannt sein* |
| *du würdest gereist/gekommen/ gerannt sein* | *ihr würdet gereist/gekommen/ gerannt sein* |
| *er/sie/es würde gereist/gekommen/ gerannt sein* | *sie/Sie würden gereist/gekommen/ gerannt sein* |

## PASSIVE VOICE

The passive voice of all three verb groups is formed with the appropriate tense and/or mood of the auxiliary *werden* and the past participle.

### Present Passive

- present indicative of *werden* + past participle

| | |
|---|---|
| *ich werde gefragt* | *wir werden gefragt* |
| *du wirst gefragt* | *ihr werdet gefragt* |
| *er/sie/es wird gefragt* | *sie/Sie werden gefragt* |

### Conversational Past Passive

- present indicative of *sein* + past participle + *worden*

| | |
|---|---|
| *ich bin gefragt worden* | *wir sind gefragt worden* |
| *du bist gefragt worden* | *ihr seid gefragt worden* |
| *er/sie/es ist gefragt worden* | *sie/Sie sind gefragt worden* |

### Narrative Past Passive

- narrative past of *werden* + past participle

| | |
|---|---|
| *ich wurde gefragt* | *wir wurden gefragt* |
| *du wurdest gefragt* | *ihr wurdet gefragt* |
| *er/sie/es wurde gefragt* | *sie/Sie wurden gefragt* |

## Past Perfect Passive

- narrative past of *sein* + past participle + *worden*

| | |
|---|---|
| ich war gefragt worden | wir waren gefragt worden |
| du warst gefragt worden | ihr wart gefragt worden |
| er/sie/es war gefragt worden | sie/Sie waren gefragt worden |

## Future Passive

- present indicative of *werden* + present passive infinitive

| | |
|---|---|
| ich werde gefragt werden | wir werden gefragt werden |
| du wirst gefragt werden | ihr werdet gefragt werden |
| er/sie/es wird gefragt werden | sie/Sie werden gefragt werden |

## Future Perfect Passive

- present indicative of *werden* + perfect passive infinitive

| | |
|---|---|
| ich werde gefragt worden sein | wir werden gefragt worden sein |
| du wirst gefragt worden sein | ihr werdet gefragt worden sein |
| er/sie/es wird gefragt worden sein | sie/Sie werden gefragt worden sein |

## Present Subjunctive Passive

- present subjunctive of *werden* + past participle

| | |
|---|---|
| ich werde gefragt | wir werden gefragt |
| du werdest gefragt | ihr werdet gefragt |
| er/sie/es werde gefragt | sie/Sie werden gefragt |

## Perfect Subjunctive Passive

- present subjunctive of *sein* + past participle + *worden*

| | |
|---|---|
| ich sei gefragt worden | wir seien gefragt worden |
| du sei(e)st gefragt worden | ihr sei(e)t gefragt worden |
| er/sie/es sei gefragt worden | sie/Sie seien gefragt worden |

### Past Subjunctive Passive

- **past subjunctive of *werden* + past participle**

| | |
|---|---|
| *ich würde gefragt* | *wir würden gefragt* |
| *du würdest gefragt* | *ihr würdet gefragt* |
| *er/sie/es würde gefragt* | *sie/Sie würden gefragt* |

### Past Perfect Subjunctive Passive

- **past subjunctive of *sein* + past participle + *worden***

| | |
|---|---|
| *ich wäre gefragt worden* | *wir wären gefragt worden* |
| *du wär(e)st gefragt worden* | *ihr wär(e)t gefragt worden* |
| *er/sie/es wäre gefragt worden* | *sie/Sie wären gefragt worden* |

### Future Subjunctive Passive

- **present subjunctive of *werden* + present passive infinitive**

| | |
|---|---|
| *ich werde gefragt werden* | *wir werden gefragt werden* |
| *du werd(e)st gefragt werden* | *ihr werdet gefragt werden* |
| *er/sie/es werde gefragt werden* | *sie/Sie werden gefragt werden* |

### Conditional Passive

- **past subjunctive of *werden* + present passive infinitive**

| | |
|---|---|
| *ich würde gefragt werden* | *wir würden gefragt werden* |
| *du würdest gefragt werden* | *ihr würdet gefragt werden* |
| *er/sie/es würde gefragt werden* | *sie/Sie würden gefragt werden* |

### Conditional Perfect Passive

- **past subjunctive of *werden* + perfect passive infinitive**

| | |
|---|---|
| *ich würde gefragt worden sein* | *wir würden gefragt worden sein* |
| *du würdest gefragt worden sein* | *ihr würdet gefragt worden sein* |
| *er/sie/es würde gefragt worden sein* | *sie/Sie würden gefragt worden sein* |

# IMPERATIVE

| INFINITIVE | *DU*-FORM | *IHR*-FORM | *WIR*-FORM | POLITE |
|---|---|---|---|---|
| *fragen* | *Frag'!* | *Fragt!* | *Fragen wir!* | *Fragen Sie!* |
| *kommen* | *Komm'!* | *Kommt!* | *Kommen wir!* | *Kommen Sie!* |
| *sprechen* | *Sprich!* | *Sprecht!* | *Sprechen wir!* | *Sprechen Sie!* |
| *denken* | *Denk'!* | *Denkt!* | *Denken wir!* | *Denken Sie!* |

## VERBS WITH PREFIXES

German verbs often take prefixes that are either separable or inseparable. Separable prefixes are stressed (**an**kom-men), inseparable prefixes are not (be**kom**men). Whether a verb has a prefix or not is not relevant for its conjugation; it is, however, for the word order.

Inseparable prefixes are never separated from the main verb. Separable prefixes, however, are separated from the main verb in all tenses and moods except the ones using the infinitive or the past participle. Compare:

| | |
|---|---|
| *Er* **bekommt** *noch viel Geld von mir.* | *Er* **kommt** *um Mitternacht* **an** |
| *Er* **bekam** *noch viel Geld von mir.* | *Er* **kam** *um Mitternacht* **an.** |

Separable verbs form their past participle by inserting -*ge*- between the prefix and the past participle of the main verb whereas inseparable verbs do not need to insert -*ge*-. Compare:

| | |
|---|---|
| *Er hat noch viel Geld von mir* **bekommen.** | *Er ist um Mitternacht* **angekommen.** |

- Separable prefixes are: *ab-, an-, auf-, aus-, bei-, da-, ein-, empor-, entgegen-, fehl-, fest-, fort-, frei-, gegen-, gleich-, her-, hin-, hoch-, los-, mit-, nach-, nieder-, vor-, weg-, zu-, zurecht-, zurück-, zusammen-*.

- Inseparable prefixes are: *be-, emp-, ent-, er-, ge-, miß-, ver-, zer-*.
- Variable prefixes are: *durch-, hinter-, über-, um-, unter-, voll-, wider-, wieder-*.

## REFLEXIVE VERBS

The reflexive pronouns relating to the first and second singular and plural are identical to the accusative of the personal pronoun in each respective case. Only the third person singular and plural, as well as *Sie,* show the distinctive form *sich.* The reflexive pronoun is in the dative if the sentence contains or implies another object. *Sich* never changes.

- *sich kämmen* (to comb oneself)

| | |
|---|---|
| *Ich kämme mich.* | *Sie kämmt sich.* |
| *Ich kämme mir die Haare.* | *Sie kämmt sich die Haare.* |

Reflexive verbs are always conjugated with *haben*. Not every verb that is reflexive in German is reflexive in English, and vice versa.

*sich interessieren für*  to be interested in  *Ich interessiere*  I am interested
*mich für Sport.*  in sports.

Some verbs can be both reflexive and not reflexive. In the following verb charts this is indicated as (reflexive) in the upper left-hand corner.

| *anziehen* | *Ich ziehe ein neues Kleid an.* | I'll put on a new dress. |
|---|---|---|
| | *Ich ziehe mich schnell an.* | I'll get dressed quickly. |

# VERBS WITH PREPOSITIONS

| | | | |
|---|---|---|---|
| *abhängen von* | to depend on | *hoffen auf* | to hope for |
| *achten auf* | to pay attention to | *sich interessieren für* | to be interested in |
| *anfangen mit* | to begin with | *sich konzentrieren auf* | to concentrate on |
| *sich ärgern über* | to be annoyed about | *kämpfen um* | to fight for |
| *sich beschäftigen mit* | to occupy oneself with | *sich kümmern um* | to care for, to look after |
| *bestehen aus* | to consist of | *lachen über* | to laugh about |
| *sich bewerben bei* | to apply to | *leiden an* | to suffer from |
| *sich bewerben um* | to apply for | *riechen nach* | to smell of |
| *bitten um* | to ask for | *schmecken nach* | to taste of |
| *denken an* | to think of | *sprechen über* | to talk about |
| *sich entschuldigen bei* | to apologize to | *sprechen mit* | to talk with, to |
| *sich erinnern an* | to remember | *sterben an* | to die of |
| *fragen nach* | to ask for | *teilnehmen an* | to participate in |
| *sich freuen über* | to be happy about | *sich unterhalten über* | to converse about, to talk about |
| *sich freuen auf* | to look forward to | *sich unterhalten mit* | to converse with |
| *sich gewöhnen an* | to get used to | *sich verabschieden von* | to say good bye to |
| *glauben an* | to believe in | *sich verlassen auf* | to rely on |
| *halten von* | to think of something, to value | *warten auf* | to wait for |
| *handeln von* | to deal with, to concern | *zweifeln an* | to doubt |

# Verb Charts

# 1 abfahren to leave, depart

strong
separable
transitive/intransitive

| | ich | wir |
| | du | ihr |
| | er/sie/es | sie/Sie |

## Indicative

### Present Tense
| | |
|---|---|
| fahre ab | fahren ab |
| fährst ab | fahrt ab |
| fährt ab | fahren ab |

### Narrative Past
| | |
|---|---|
| fuhr ab | fuhren ab |
| fuhrst ab | fuhrt ab |
| fuhr ab | fuhren ab |

### Conversational Past
| | |
|---|---|
| bin abgefahren | sind abgefahren |
| bist abgefahren | seid abgefahren |
| ist abgefahren | sind abgefahren |

### Past Perfect
| | |
|---|---|
| war abgefahren | waren abgefahren |
| warst abgefahren | wart abgefahren |
| war abgefahren | waren abgefahren |

### Future
| | |
|---|---|
| werde abfahren | werden abfahren |
| wirst abfahren | werdet abfahren |
| wird abfahren | werden abfahren |

### Future Perfect
| | |
|---|---|
| werde abgefahren sein | werden abgefahren sein |
| wirst abgefahren sein | werdet abgefahren sein |
| wird abgefahren sein | werden abgefahren sein |

## Subjunctive

### Present
| | |
|---|---|
| fahre ab | fahren ab |
| fahrest ab | fahret ab |
| fahre ab | fahren ab |

### Past
| | |
|---|---|
| führe ab | führen ab |
| führest ab | führet ab |
| führen ab | führen ab |

### Present Perfect
| | |
|---|---|
| sei abgefahren | seien abgefahren |
| seiest abgefahren | seiet abgefahren |
| sei abgefahren | seien abgefahren |

### Past Perfect
| | |
|---|---|
| wäre abgefahren | wären abgefahren |
| wärest abgefahren | wäret abgefahren |
| wäre abgefahren | wären abgefahren |

## Conditional

### Present
| | |
|---|---|
| würde abfahren | würden abfahren |
| würdest abfahren | würdet abfahren |
| würde abfahren | würden abfahren |

### Perfect
| | |
|---|---|
| würde abgefahren sein | würden abgefahren sein |
| würdest abgefahren sein | würdet abgefahren sein |
| würde abgefahren sein | würden abgefahren sein |

## Imperative
| | |
|---|---|
| fahr(e) ab! | fahren Sie ab! |
| fahrt ab! | fahren wir ab! |

## Participles

### Present
abfahrend

### Past
abgefahren

## Related Words
| | | | |
|---|---|---|---|
| *fahren* | to drive | *die Abfahrtszeit* | time of departure |
| *die Abfahrt* | departure | | |
| *die Autobahn-abfahrt* | highway exit | *die Müllabfuhr* | trash collection |

# 2 **abholen** to fetch, call for, come for, pick up, collect

weak
separable
transitive

| | ich | wir |
| --- | --- | --- |
| | du | ihr |
| | er/sie/es | sie/Sie |

## Indicative

### Present Tense
| | |
| --- | --- |
| hole ab | holen ab |
| holst ab | holt ab |
| holt ab | holen ab |

### Narrative Past
| | |
| --- | --- |
| holte ab | holten ab |
| holtest ab | holtet ab |
| holte ab | holten ab |

### Conversational Past
| | |
| --- | --- |
| habe abgeholt | haben abgeholt |
| hast abgeholt | habt abgeholt |
| hat abgeholt | haben abgeholt |

### Past Perfect
| | |
| --- | --- |
| hatte abgeholt | hatten abgeholt |
| hattest abgeholt | hattet abgeholt |
| hatte abgeholt | hatten abgeholt |

### Future
| | |
| --- | --- |
| werde abholen | werden abholen |
| wirst abholen | werdet abholen |
| wird abholen | werden abholen |

### Future Perfect
| | |
| --- | --- |
| werde abgeholt haben | werden abgeholt haben |
| wirst abgeholt haben | werdet abgeholt haben |
| wird abgeholt haben | werden abgeholt haben |

## Subjunctive

### Present
| | |
| --- | --- |
| hole ab | holen ab |
| holest ab | holet ab |
| hole ab | holen ab |

### Past
| | |
| --- | --- |
| holte ab | holten ab |
| holtest ab | holtet ab |
| holte ab | holten ab |

### Present Perfect
| | |
| --- | --- |
| habe abgeholt | haben abgeholt |
| habest abgeholt | habet abgeholt |
| habe abgeholt | haben abgeholt |

### Past Perfect
| | |
| --- | --- |
| hätte abgeholt | hätten abgeholt |
| hättest abgeholt | hättet abgeholt |
| hätte abgeholt | hätten abgeholt |

## Conditional

### Present
| | |
| --- | --- |
| würde abholen | würden abholen |
| würdest abholen | würdet abholen |
| würde abholen | würden abholen |

### Perfect
| | |
| --- | --- |
| würde abgeholt haben | würden abgeholt haben |
| würdest abgeholt haben | würdet abgeholt haben |
| würde abgeholt haben | würden abgeholt haben |

## Imperative
| | |
| --- | --- |
| hol(e) ab! | holen Sie ab! |
| holt ab! | holen wir ab! |

## Participles
| Present | Past |
| --- | --- |
| abholend | abgeholt |

## Related Words
| | | | |
| --- | --- | --- | --- |
| *holen* | to get | *wiederholen* | to repeat |
| *der Abholdienst* | pick-up service | *aufholen* | to catch up |
| *abholen lassen* | to send for | *einholen* | to buy, catch up |

# 3 anbieten to offer

strong
separable
transitive

|  | ich | wir |
|---|---|---|
|  | du | ihr |
|  | er/sie/es | sie/Sie |

## Indicative
### Present Tense

| biete an | bieten an |
|---|---|
| bietest an | bietet an |
| bietet an | bieten an |

### Narrative Past

| bot an | boten an |
|---|---|
| botest an | botet an |
| bot an | boten an |

### Conversational Past

| habe angeboten | haben angeboten |
|---|---|
| hast angeboten | habt angeboten |
| hat angeboten | haben angeboten |

### Past Perfect

| hatte angeboten | hatten angeboten |
|---|---|
| hattest angeboten | hattet angeboten |
| hatte angeboten | hatten angeboten |

### Future

| werde anbieten | werden anbieten |
|---|---|
| wirst anbieten | werdet anbieten |
| wird anbieten | werden anbieten |

### Future Perfect

| werde angeboten haben | werden angeboten haben |
|---|---|
| wirst angeboten haben | werdet angeboten haben |
| wird angeboten haben | werden angeboten haben |

## Subjunctive
### Present

| biete an | bieten an |
|---|---|
| bietest an | bietet an |
| bietet an | bieten an |

### Past

| böte an | böten an |
|---|---|
| bötest an | bötet an |
| böte an | böten an |

### Present Perfect

| habe angeboten | haben angeboten |
|---|---|
| habest angeboten | habet angeboten |
| habe angeboten | haben angeboten |

### Past Perfect

| hätte angeboten | hätten angeboten |
|---|---|
| hättest angeboten | hättet angeboten |
| hätte angeboten | hätten angeboten |

## Conditional
### Present

| würde anbieten | würden anbieten |
|---|---|
| würdest anbieten | würdet anbieten |
| würde anbieten | würden anbieten |

### Perfect

| würde angeboten haben | würden angeboten haben |
|---|---|
| würdest angeboten haben | würdet angeboten haben |
| würde angeboten haben | würden angeboten haben |

## Imperative

| biete an! | bieten Sie an! |
|---|---|
| bietet an! | bieten wir an! |

## Participles

| Present | Past |
|---|---|
| anbietend | angeboten |

## Related Words

| *bieten* | to offer |
|---|---|
| *sich anbieten* | to offer one's services, to volunteer |
| *sich bieten lassen* | to put up with |
| *das Angebot* | offer |
| *der/die Anbieter/in* | vendor |
| *das Sonderabgebot* | special offer |

# 4 anfangen to begin, start

strong
separable
transitive/intransitive

|  | ich | wir |
| --- | --- | --- |
|  | du | ihr |
|  | er/sie/es | sie/Sie |

## Indicative

### Present Tense

| fange an | fangen an |
| --- | --- |
| fängst an | fangt an |
| fängt an | fangen an |

### Narrative Past

| fing an | fingen an |
| --- | --- |
| fingst an | fingt an |
| fing an | fingen an |

### Conversational Past

| habe angefangen | haben ange-fangen |
| --- | --- |
| hast angefangen | habt angefangen |
| hat angefangen | haben ange-fangen |

### Past Perfect

| hatte angefangen | hatten angefangen |
| --- | --- |
| hattest angefangen | hattet angefangen |
| hatte angefangen | hatten angefangen |

### Future

| werde anfangen | werden anfangen |
| --- | --- |
| wirst anfangen | werdet anfangen |
| wird anfangen | werden anfangen |

### Future Perfect

| werde angefangen haben | werden angefangen haben |
| --- | --- |
| wirst angefangen haben | werdet angefangen haben |
| wird angefangen haben | werden angefangen haben |

## Subjunctive

### Present

| fange an | fangen an |
| --- | --- |
| fangest an | fanget an |
| fange an | fangen an |

### Past

| finge an | fingen an |
| --- | --- |
| fingest an | finget an |
| finge an | fingen an |

### Present Perfect

| habe angefangen | haben ange-fangen |
| --- | --- |
| habest angefangen | habet angefangen |
| habe angefangen | haben ange-fangen |

### Past Perfect

| hätte angefangen | hätten angefangen |
| --- | --- |
| hättest angefangen | hättet angefangen |
| hätte angefangen | hätten angefangen |

## Conditional

### Present

| würde anfangen | würden anfangen |
| --- | --- |
| würdest anfangen | würdet anfangen |
| würde anfangen | würden anfangen |

### Perfect

| würde angefangen haben | würden angefangen haben |
| --- | --- |
| würdest angefangen haben | würdet angefangen haben |
| würde angefangen haben | würden angefangen haben |

## Imperative

| fang(e) an! | fangen Sie an! |
| --- | --- |
| fangt an! | fangen wir an! |

## Participles

### Present

anfangend

### Past

angefangen

## Related Words

| fangen | to catch |
| --- | --- |
| der Anfang | start, beginning |
| der/die Anfänger/in | beginner, learner |

| *Da fängst du schon wieder an!* | There you go again! |
| --- | --- |
| *Ich weiß nichts damit anzufangen.* | I don't know what to make of it. |

# 5 **ankommen** to arrive

strong
separable
intransitive

| | | ich | wir |
|---|---|---|---|
| | | du | ihr |
| | | er/sie/es | sie/Sie |

## Indicative

### Present Tense

| | |
|---|---|
| komme an | kommen an |
| kommst an | kommt an |
| kommt an | kommen an |

### Narrative Past

| | |
|---|---|
| kam an | kamen an |
| kamst an | kamt an |
| kam an | kamen an |

### Conversational Past

| | |
|---|---|
| bin angekommen | sind angekommen |
| bist angekommen | seid angekommen |
| ist angekommen | sind angekommen |

### Past Perfect

| | |
|---|---|
| war angekommen | waren angekommen |
| warst angekommen | wart angekommen |
| war angekommen | waren angekommen |

### Future

| | |
|---|---|
| werde ankommen | werden ankommen |
| wirst ankommen | werdet ankommen |
| wird ankommen | werden ankommen |

### Future Perfect

| | |
|---|---|
| werde angekommen sein | werden angekommen sein |
| wirst angekommen sein | werdet angekommen sein |
| wird angekommen sein | werden angekommen sein |

## Subjunctive

### Present

| | |
|---|---|
| komme an | kommen an |
| kommest an | kommet an |
| komme an | kommen an |

### Past

| | |
|---|---|
| käme an | kämen an |
| kämest an | kämet an |
| käme an | kämen an |

### Present Perfect

| | |
|---|---|
| sei angekommen | seien angekommen |
| seiest angekommen | seiet angekommen |
| sei angekommen | seien angekommen |

### Past Perfect

| | |
|---|---|
| wäre angekommen | wären angekommen |
| wärest angekommen | wäret angekommen |
| wäre angekommen | wären angekommen |

## Conditional

### Present

| | |
|---|---|
| würde ankommen | würden ankommen |
| würdest ankommen | würdet ankommen |
| würde ankommen | würden ankommen |

### Perfect

| | |
|---|---|
| würde angekommen sein | würden angekommen sein |
| würdest angekommen sein | würdet angekommen sein |
| würde angekommen sein | würden angekommen sein |

## Imperative

| | |
|---|---|
| komm(e) an! | kommen Sie an! |
| kommt an! | kommen wir an! |

## Participles

| Present | Past |
|---|---|
| ankommend | angekommen |

## Related Words

| | |
|---|---|
| *kommen* | to come |
| *die Ankunft* | arrival |
| *es darauf ankommen lassen* | to take one's chance |

# 6 anrufen to telephone

strong
separable
transitive/intransitive

|  | ich | wir |
| --- | --- | --- |
|  | du | ihr |
|  | er/sie/es | sie/Sie |

## Indicative

### Present Tense

| | |
| --- | --- |
| rufe an | rufen an |
| rufst an | ruft an |
| ruft an | rufen an |

### Narrative Past

| | |
| --- | --- |
| rief an | riefen an |
| riefst an | rieft an |
| rief an | riefen an |

### Conversational Past

| | |
| --- | --- |
| habe angerufen | haben angerufen |
| hast angerufen | habt angerufen |
| hat angerufen | haben angerufen |

### Past Perfect

| | |
| --- | --- |
| hatte angerufen | hatten angerufen |
| hattest angerufen | hattet angerufen |
| hatte angerufen | hatten angerufen |

### Future

| | |
| --- | --- |
| werde anrufen | werden anrufen |
| wirst anrufen | werdet anrufen |
| wird anrufen | werden anrufen |

### Future Perfect

| | |
| --- | --- |
| werde angerufen haben | werden angerufen haben |
| wirst angerufen haben | werdet angerufen haben |
| wird angerufen haben | werden angerufen haben |

## Subjunctive

### Present

| | |
| --- | --- |
| rufe an | rufen an |
| rufest an | rufet an |
| rufe an | rufen an |

### Past

| | |
| --- | --- |
| riefe an | riefen an |
| riefest an | riefet an |
| riefe an | riefen an |

### Present Perfect

| | |
| --- | --- |
| habe angerufen | haben angerufen |
| habest angerufen | habet angerufen |
| habe angerufen | haben angerufen |

### Past Perfect

| | |
| --- | --- |
| hätte angerufen | hätten angerufen |
| hättest angerufen | hättet angerufen |
| hätte angerufen | hätten angerufen |

## Conditional

### Present

| | |
| --- | --- |
| würde anrufen | würden anrufen |
| würdest anrufen | würdet anrufen |
| würde anrufen | würden anrufen |

### Perfect

| | |
| --- | --- |
| würde angerufen haben | würden angerufen haben |
| würdest angerufen haben | würdet angerufen haben |
| würde angerufen haben | würden angerufen haben |

## Imperative

| | |
| --- | --- |
| ruf(e) an! | rufen wir an! |
| ruft an! | rufen Sie an! |

## Participles

### Present

anrufend

### Past

angerufen

## Related Words

| | |
| --- | --- |
| *rufen* | to call |
| *der Anruf* | telephone call |
| *das Rufzeichen* | dial tone |
| *die Rufnummer* | phone number |
| *der Anrufer* | caller |
| *der Notruf* | emergency call |
| *zurückrufen* | to call back |

# 7 **antworten** to answer, reply

| weak | | | ich | wir |
|------|--|--|-----|-----|
| inseparable | | | du | ihr |
| transitive/intransitive | | | er/sie/es | sie/Sie |

## Indicative

### Present Tense
| | |
|---|---|
| antworte | antworten |
| antwortest | antwortet |
| antwortet | antworten |

### Narrative Past
| | |
|---|---|
| antwortete | antworteten |
| antwortetest | antwortetet |
| antwortete | antworteten |

### Conversational Past
| | |
|---|---|
| habe geantwortet | haben geant-wortet |
| hast geantwortet | habt geantwortet |
| hat geantwortet | haben geant-wortet |

### Past Perfect
| | |
|---|---|
| hatte geantwortet | hatten geantwortet |
| hattest geantwortet | hattet geantwortet |
| hatte geantwortet | hatten geantwortet |

### Future
| | |
|---|---|
| werde antworten | werden ant-worten |
| wirst antworten | werdet antworten |
| wird antworten | werden ant-worten |

### Future Perfect
| | |
|---|---|
| werde geantwortet haben | werden geantwortet haben |
| wirst geantwortet haben | werdet geantwortet haben |
| wird geantwortet haben | werden geantwortet haben |

## Subjunctive

### Present
| | |
|---|---|
| antworte | antworten |
| antwortest | antwortet |
| antworte | antworten |

### Past
| | |
|---|---|
| antwortete | antworteten |
| antwortetest | antwortetet |
| antwortete | antworteten |

### Present Perfect
| | |
|---|---|
| habe geantwortet | haben geant-wortet |
| habest geant-wortet | habet geant-wortet |
| habe geantwortet | haben geant-wortet |

### Past Perfect
| | |
|---|---|
| hätte geantwortet | hätten geantwortet |
| hättest geantwortet | hättet geantwortet |
| hätte geantwortet | hätten geantwortet |

## Conditional

### Present
| | |
|---|---|
| würde antworten | würden ant-worten |
| würdest ant-worten | würdet antworten |
| würde antworten | würden ant-worten |

### Perfect
| | |
|---|---|
| würde geantwortet haben | würden geantwortet haben |
| würdest geantwortet haben | würdet geantwortet haben |
| würde geantwortet haben | würden geantwortet haben |

## Imperative
| | |
|---|---|
| antworte! | antworten Sie! |
| antwortet! | antworten wir! |

## Participles

### Present
antwortend

### Past
geantwortet

## Related Words

| | |
|---|---|
| *die Antwort* | answer, reply |
| *verantworten* | to be responsible for |
| *der Anrufbeantworter* | answering machine |
| *die Verantwortung* | responsibility |

# 8 anziehen to put on, (reflexive: to get dressed)

strong
separable
transitive
(reflexive)

| | | ich | wir |
|---|---|---|---|
| | | du | ihr |
| | | er/sie/es | sie/Sie |

## Indicative

### Present Tense
| | |
|---|---|
| ziehe an | ziehen an |
| ziehst an | zieht an |
| zieht an | ziehen an |

### Narrative Past
| | |
|---|---|
| zog an | zogen an |
| zogst an | zogt an |
| zog an | zogen an |

### Conversational Past
| | |
|---|---|
| habe angezogen | haben angezogen |
| hast angezogen | habt angezogen |
| hat angezogen | haben angezogen |

### Past Perfect
| | |
|---|---|
| hatte angezogen | hatten angezogen |
| hattest angezogen | hattet angezogen |
| hatte angezogen | hatten angezogen |

### Future
| | |
|---|---|
| werde anziehen | werden anziehen |
| wirst anziehen | werdet anziehen |
| wird anziehen | werden anziehen |

### Future Perfect
| | |
|---|---|
| werde angezogen haben | werden angezogen haben |
| wirst angezogen haben | werdet angezogen haben |
| wird angezogen haben | werden angezogen haben |

## Subjunctive

### Present
| | |
|---|---|
| ziehe an | ziehen an |
| ziehest an | ziehet an |
| ziehe an | ziehen an |

### Past
| | |
|---|---|
| zöge an | zögen an |
| zögest an | zöget an |
| zöge an | zögen an |

### Present Perfect
| | |
|---|---|
| habe angezogen | haben angezogen |
| habest angezogen | habet angezogen |
| habe angezogen | haben angezogen |

### Past Perfect
| | |
|---|---|
| hätte angezogen | hätten angezogen |
| hättest angezogen | hättet angezogen |
| hätte angezogen | hätten angezogen |

## Conditional

### Present
| | |
|---|---|
| würde anziehen | würden anziehen |
| würdest anziehen | würdet anziehen |
| würde anziehen | würden anziehen |

### Perfect
| | |
|---|---|
| würde angezogen haben | würden angezogen haben |
| würdest angezogen haben | würdet angezogen haben |
| würde angezogen haben | würden angezogen haben |

## Imperative
| | |
|---|---|
| zieh(e) an! | ziehen Sie an! |
| zieht an! | ziehen wir an! |

## Participles

### Present
anziehend

### Past
angezogen

## Related Words

| | | | |
|---|---|---|---|
| ziehen | to pull | im Anzug sein | to approach |
| der Anzug | coat, suit | anzüglich | suggestive, risque |
| die Anziehung | attraction | die Anziehungskraft | attractive power |
| anziehend | attractive | | |

# 9 arbeiten to work

weak
inseparable
intransitive

|  | ich | wir |
| --- | --- | --- |
|  | du | ihr |
|  | er/sie/es | sie/Sie |

## Indicative

### Present Tense

| | | Narrative Past | |
| --- | --- | --- | --- |
| arbeite | arbeiten | arbeitete | arbeiteten |
| arbeitest | arbeitet | arbeitetest | arbeitetet |
| arbeitet | arbeiten | arbeitete | arbeiteten |

### Conversational Past

| | | Past Perfect | |
| --- | --- | --- | --- |
| habe gearbeitet | haben gearbeitet | hatte gearbeitet | hatten gearbeitet |
| hast gearbeitet | habt gearbeitet | hattest gearbeitet | hattet gearbeitet |
| hat gearbeitet | haben gearbeitet | hatte gearbeitet | hatten gearbeitet |

### Future

| | | Future Perfect | |
| --- | --- | --- | --- |
| werde arbeiten | werden arbeiten | werde gearbeitet haben | werden gearbeitet haben |
| wirst arbeiten | werdet arbeiten | wirst gearbeitet haben | werdet gearbeitet haben |
| wird arbeiten | werden arbeiten | wird gearbeitet haben | werden gearbeitet haben |

## Subjunctive

### Present

| | | Past | |
| --- | --- | --- | --- |
| arbeite | arbeiten | arbeitete | arbeiteten |
| arbeitest | arbeitet | arbeitetest | arbeitetet |
| arbeite | arbeiten | arbeitete | arbeiteten |

### Present Perfect

| | | Past Perfect | |
| --- | --- | --- | --- |
| habe gearbeitet | haben gearbeitet | hätte gearbeitet | hätten gearbeitet |
| habest gearbeitet | habet gearbeitet | hättest gearbeitet | hättet gearbeitet |
| habe gearbeitet | haben gearbeitet | hätte gearbeitet | hätten gearbeitet |

## Conditional

### Present

| | | Perfect | |
| --- | --- | --- | --- |
| würde arbeiten | würden arbeiten | würde gearbeitet haben | würden gearbeitet haben |
| würdest arbeiten | würdet arbeiten | würdest gearbeitet haben | würdet gearbeitet haben |
| würde arbeiten | würden arbeiten | würde gearbeitet haben | würden gearbeitet haben |

## Imperative

| | |
| --- | --- |
| arbeite! | arbeiten Sie! |
| arbeitet! | arbeiten wir! |

## Participles

| Present | Past |
| --- | --- |
| arbeitend | gearbeitet |

## Related Words

| *die Arbeit* | work | *arbeitslos* | unemployed |
| --- | --- | --- | --- |
| *der/die Arbeitgeber/in* | employer | *der Arbeitsplatz* | place of work |
| | | *der Arbeitslohn* | wage, pay |
| *der/die Arbeitnehmer/in* | employee | *die Arbeitslosenversicherung* | unemployment insurance |

# 10 aufmachen to open

weak
separable
transitive

|  | ich | wir |
|--|-----|-----|
|  | du | ihr |
|  | er/sie/es | sie/Sie |

## Indicative

### Present Tense
| | |
|---|---|
| mache auf | machen auf |
| machst auf | macht auf |
| macht auf | machen auf |

### Narrative Past
| | |
|---|---|
| machte auf | machten auf |
| machtest auf | machtet auf |
| machte auf | machten auf |

### Conversational Past
| | |
|---|---|
| habe aufgemacht | haben aufgemacht |
| hast aufgemacht | habt aufgemacht |
| hat aufgemacht | haben aufgemacht |

### Past Perfect
| | |
|---|---|
| hatte aufgemacht | hatten aufgemacht |
| hattest aufgemacht | hattet aufgemacht |
| hatte aufgemacht | hatten aufgemacht |

### Future
| | |
|---|---|
| werde aufmachen | werden aufmachen |
| wirst aufmachen | werdet aufmachen |
| wird aufmachen | werden aufmachen |

### Future Perfect
| | |
|---|---|
| werde aufgemacht haben | werden aufgemacht haben |
| wirst aufgemacht haben | werdet aufgemacht haben |
| wird aufgemacht haben | werden aufgemacht haben |

## Subjunctive

### Present
| | |
|---|---|
| mache auf | machen auf |
| machest auf | machet auf |
| mache auf | machen auf |

### Past
| | |
|---|---|
| machte auf | machten auf |
| machtest auf | machtet auf |
| machte auf | machten auf |

### Present Perfect
| | |
|---|---|
| habe aufgemacht | haben aufgemacht |
| habest aufgemacht | habet aufgemacht |
| habe aufgemacht | haben aufgemacht |

### Past Perfect
| | |
|---|---|
| hätte aufgemacht | hätten aufgemacht |
| hättest aufgemacht | hättet aufgemacht |
| hätte aufgemacht | hätten aufgemacht |

## Conditional

### Present
| | |
|---|---|
| würde aufmachen | würden aufmachen |
| würdest aufmachen | würdet aufmachen |
| würde aufmachen | würden aufmachen |

### Perfect
| | |
|---|---|
| würde aufgemacht haben | würden aufgemacht haben |
| würdest aufgemacht haben | würdet aufgemacht haben |
| würde aufgemacht haben | würden aufgemacht haben |

## Imperative
| | |
|---|---|
| mach(e) auf! | machen Sie auf! |
| macht auf! | machen wir auf! |

## Participles
| Present | Past |
|---|---|
| aufmachend | aufgemacht |

## Related Words
| | | | |
|---|---|---|---|
| *machen* | to do | *die Augen aufmachen* | to watch out |
| *die Aufmachung* | make-up | *sich aufmachen* | to set out for, start for |

46

# 11 ausgeben to give out, spend

strong
separable
transitive

ich   wir
du   ihr
er/sie/es   sie/Sie

## Indicative

### Present Tense
| | |
|---|---|
| gebe aus | geben aus |
| gibst aus | gebt aus |
| gibt aus | geben aus |

### Narrative Past
| | |
|---|---|
| gab aus | gaben aus |
| gabst aus | gabt aus |
| gab aus | gaben aus |

### Conversational Past
| | |
|---|---|
| habe ausgegeben | haben aus-gegeben |
| hast ausgegeben | habt ausgegeben |
| hat ausgegeben | haben aus-gegeben |

### Past Perfect
| | |
|---|---|
| hatte ausgegeben | hatten ausgegeben |
| hattest ausgegeben | hattet ausgegeben |
| hatte ausgegeben | hatten ausgegeben |

### Future
| | |
|---|---|
| werde ausgeben | werden ausgeben |
| wirst ausgeben | werdet ausgeben |
| wird ausgeben | werden ausgeben |

### Future Perfect
| | |
|---|---|
| werde ausgegeben haben | werden ausgegeben haben |
| wirst ausgegeben haben | werdet ausgegeben haben |
| wird ausgegeben haben | werden ausgegeben haben |

## Subjunctive

### Present
| | |
|---|---|
| gebe aus | geben aus |
| gebest aus | gebet aus |
| gebe aus | geben aus |

### Past
| | |
|---|---|
| gäbe aus | gäben aus |
| gäbest aus | gäbet aus |
| gäbe aus | gäben aus |

### Present Perfect
| | |
|---|---|
| habe ausgegeben | haben aus-gegeben |
| habest aus-gegeben | habet aus-gegeben |
| habe ausgegeben | haben aus-gegeben |

### Past Perfect
| | |
|---|---|
| hätte ausgegeben | hätten ausgegeben |
| hättest ausgegeben | hättet ausgegeben |
| hätte ausgegeben | hätten ausgegeben |

## Conditional

### Present
| | |
|---|---|
| würde ausgeben | würden ausgeben |
| würdest aus-geben | würdet ausgeben |
| würde ausgeben | würden ausgeben |

### Perfect
| | |
|---|---|
| würde ausgegeben haben | würden ausgegeben haben |
| würdest ausgegeben haben | würdet ausgegeben haben |
| würde ausgegeben haben | würden ausgegeben haben |

## Imperative
| | |
|---|---|
| gib aus! | geben Sie aus! |
| gebt aus! | geben wir aus! |

## Participles
| Present | Past |
|---|---|
| ausgebend | ausgegeben |

## Related Words
| | | | |
|---|---|---|---|
| *geben* | to give | *die Ausgabe* | edition |
| *sich ausgeben als/ für* | to pass oneself off as; pretend | | |

# 12 **baden** to bathe

weak
inseparable
transitive

|  | ich | wir |
|---|---|---|
|  | du | ihr |
|  | er/sie/es | sie/Sie |

## Indicative

### Present Tense
| bade | baden |
|---|---|
| badest | badet |
| badet | baden |

### Narrative Past
| badete | badeten |
|---|---|
| badetest | badetet |
| badete | badeten |

### Conversational Past
| habe gebadet | haben gebadet |
|---|---|
| hast gebadet | habt gebadet |
| hat gebadet | haben gebadet |

### Past Perfect
| hatte gebadet | hatten gebadet |
|---|---|
| hattest gebadet | hattet gebadet |
| hatte gebadet | hatten gebadet |

### Future
| werde baden | werden baden |
|---|---|
| wirst baden | werdet baden |
| wird baden | werden baden |

### Future Perfect
| werde gebadet haben | werden gebadet haben |
|---|---|
| wirst gebadet haben | werdet gebadet haben |
| wird gebadet haben | werden gebadet haben |

## Subjunctive

### Present
| bade | baden |
|---|---|
| badest | badet |
| bade | baden |

### Past
| badete | badeten |
|---|---|
| badetest | badetet |
| badete | badeten |

### Present Perfect
| habe gebadet | haben gebadet |
|---|---|
| habest gebadet | habet gebadet |
| habe gebadet | haben gebadet |

### Past Perfect
| hätte gebadet | hätten gebadet |
|---|---|
| hättest gebadet | hättet gebadet |
| hätte gebadet | hätten gebadet |

## Conditional

### Present
| würde baden | würden baden |
|---|---|
| würdest baden | würdet baden |
| würde baden | würden baden |

### Perfect
| würde gebadet haben | würden gebadet haben |
|---|---|
| würdest gebadet haben | würdet gebadet haben |
| würde gebadet haben | würden gebadet haben |

## Imperative
| bade! | baden Sie! |
|---|---|
| badet! | baden wir! |

## Participles

### Present
badend

### Past
gebadet

## Related Words

| *das Bad* | bath | *das Badetuch* | bath towel |
|---|---|---|---|
| *der Badeanzug* | bathing suit | *das Badezimmer* | bathroom |
| *die Badehose* | bathing trunks | *der Bademantel* | bathrobe |

# 13 **bedeuten** to mean, signify

weak
inseparable
transitive

|  |  |
|---|---|
| ich | wir |
| du | ihr |
| er/sie/es | sie/Sie |

## Indicative

### Present Tense
| | |
|---|---|
| bedeute | bedeuten |
| bedeutest | bedeutet |
| bedeutet | bedeuten |

### Narrative Past
| | |
|---|---|
| bedeutete | bedeuteten |
| bedeutetest | bedeutetet |
| bedeutete | bedeuteten |

### Conversational Past
| | |
|---|---|
| habe bedeutet | haben bedeutet |
| hast bedeutet | habt bedeutet |
| hat bedeutet | haben bedeutet |

### Past Perfect
| | |
|---|---|
| hatte bedeutet | hatten bedeutet |
| hattest bedeutet | hattet bedeutet |
| hatte bedeutet | hatten bedeutet |

### Future
| | |
|---|---|
| werde bedeuten | werden bedeuten |
| wirst bedeuten | werdet bedeuten |
| wird bedeuten | werden bedeuten |

### Future Perfect
| | |
|---|---|
| werde bedeutet haben | werden bedeutet haben |
| wirst bedeutet haben | werdet bedeutet haben |
| wird bedeutet haben | werden bedeutet haben |

## Subjunctive

### Present
| | |
|---|---|
| bedeute | bedeuten |
| bedeutest | bedeutet |
| bedeute | bedeuten |

### Past
| | |
|---|---|
| bedeutete | bedeuteten |
| bedeutetest | bedeutetet |
| bedeutete | bedeuteten |

### Present Perfect
| | |
|---|---|
| habe bedeutet | haben bedeutet |
| habest bedeutet | habet bedeutet |
| habe bedeutet | haben bedeutet |

### Past Perfect
| | |
|---|---|
| hätte bedeutet | hätten bedeutet |
| hättest bedeutet | hättet bedeutet |
| hätte bedeutet | hätten bedeutet |

## Conditional

### Present
| | |
|---|---|
| würde bedeuten | würden bedeuten |
| würdest bedeuten | würdet bedeuten |
| würde bedeuten | würden bedeuten |

### Perfect
| | |
|---|---|
| würde bedeutet haben | würden bedeutet haben |
| würdest bedeutet haben | würdet bedeutet haben |
| würde bedeutet haben | würden bedeutet haben |

## Imperative
—
—

## Participles

### Present
bedeutend

### Past
bedeutet

## Related Words

| | |
|---|---|
| *die Bedeutung* | meaning |
| *Sie bedeutet mir alles.* | She means everything to me. |
| *bedeutungslos* | meaningless |
| *Was soll das denn bedeuten?* | What is the meaning of this? |

## 14 begegnen  to meet, encounter

weak
inseparable
intransitive

|  | ich | wir |
|---|---|---|
|  | du | ihr |
|  | er/sie/es | sie/Sie |

## Indicative

### Present Tense

| | |
|---|---|
| begegne | begegnen |
| begegnest | begegnet |
| begegnet | begegnen |

### Narrative Past

| | |
|---|---|
| begegnete | begegneten |
| begegnetest | begegnetet |
| begegnete | begegneten |

### Conversational Past

| | |
|---|---|
| bin begegnet | sind begegnet |
| bist begegnet | seid begegnet |
| ist begegnet | sind begegnet |

### Past Perfect

| | |
|---|---|
| war begegnet | waren begegnet |
| warst begegnet | wart begegnet |
| war begegnet | waren begegnet |

### Future

| | |
|---|---|
| werde begegnen | werden begegnen |
| wirst begegnen | werdet begegnen |
| wird begegnen | werden begegnen |

### Future Perfect

| | |
|---|---|
| werde begegnet sein | werden begegnet sein |
| wirst begegnet sein | werdet begegnet sein |
| wird begegnet sein | werden begegnet sein |

## Subjunctive

### Present

| | |
|---|---|
| begegne | begegnen |
| begegnest | begegnet |
| begegne | begegnen |

### Past

| | |
|---|---|
| begegnete | begegneten |
| begegnetest | begegnetet |
| begegnete | begegneten |

### Present Perfect

| | |
|---|---|
| sei begegnet | seien begegnet |
| seiest begegnet | seiet begegnet |
| sei begegnet | seien begegnet |

### Past Perfect

| | |
|---|---|
| wäre begegnet | wären begegnet |
| wärest begegnet | wäret begegnet |
| wäre begegnet | wären begegnet |

## Conditional

### Present

| | |
|---|---|
| würde begegnen | würden begegnen |
| würdest begegnen | würdet begegnen |
| würde begegnen | würden begegnen |

### Perfect

| | |
|---|---|
| würde begegnet sein | würden begegnet sein |
| würdest begegnet sein | würdet begegnet sein |
| würde begegnet sein | würden begegnet sein |

## Imperative

| | |
|---|---|
| begegne! | begegnen Sie! |
| begegnet! | begegnen wir! |

## Participles

### Present

begegnend

### Past

begegnet

## Related Words

| | | | |
|---|---|---|---|
| *die Begegnung* | encounter, meeting | *die Feindbegegnung* | enemy attack |
| *begegnen mit* | to answer with | *sich begegnen* | to meet each other |

## 15 beginnen to begin

ich   wir
du   ihr
er/sie/es   sie/Sie

strong
inseparable
transitive/intransitive

## Indicative

### Present Tense
| | |
|---|---|
| beginne | beginnen |
| beginnst | beginnt |
| beginnt | beginnen |

### Narrative Past
| | |
|---|---|
| begann | begannen |
| begannst | begannt |
| begann | begannen |

### Conversational Past
| | |
|---|---|
| habe begonnen | haben begonnen |
| hast begonnen | habt begonnen |
| hat begonnen | haben begonnen |

### Past Perfect
| | |
|---|---|
| hatte begonnen | hatten begonnen |
| hattest begonnen | hattet begonnen |
| hatte begonnen | hatten begonnen |

### Future
| | |
|---|---|
| werde beginnen | werden beginnen |
| wirst beginnen | werdet beginnen |
| wird beginnen | werden beginnen |

### Future Perfect
| | |
|---|---|
| werde begonnen haben | werden begonnen haben |
| wirst begonnen haben | werdet begonnen haben |
| wird begonnen haben | werden begonnen haben |

## Subjunctive

### Present
| | |
|---|---|
| beginne | beginnen |
| beginnest | beginnet |
| beginne | beginnen |

### Past
| | |
|---|---|
| begönne | begönnen |
| begönnest | begönnet |
| begönne | begönnen |

### Present Perfect
| | |
|---|---|
| habe begonnen | haben begonnen |
| habest begonnen | habet begonnen |
| habe begonnen | haben begonnen |

### Past Perfect
| | |
|---|---|
| hätte begonnen | hätten begonnen |
| hättest begonnen | hättet begonnen |
| hätte begonnen | hätten begonnen |

## Conditional

### Present
| | |
|---|---|
| würde beginnen | würden beginnen |
| würdest beginnen | würdet beginnen |
| würde beginnen | würden beginnen |

### Perfect
| | |
|---|---|
| würde begonnen haben | würden begonnen haben |
| würdest begonnen haben | würdet begonnen haben |
| würde begonnen haben | würden begonnen haben |

## Imperative
| | |
|---|---|
| beginn(e)! | beginnen Sie! |
| beginnt! | beginnen wir! |

## Participles
| Present | Past |
|---|---|
| beginnend | begonnen |

## Related Words
| | |
|---|---|
| *der Beginn* | beginning, outset |
| *der Neubeginn* | new beginning |

# 16 bekommen to get, receive

strong
inseparable
transitive

|  | ich | wir |
| --- | --- | --- |
|  | du | ihr |
|  | er/sie/es | sie/Sie |

## Indicative

### Present Tense
| | |
| --- | --- |
| bekomme | bekommen |
| bekommst | bekommt |
| bekommt | bekommen |

### Narrative Past
| | |
| --- | --- |
| bekam | bekamen |
| bekamst | bekamt |
| bekam | bekamen |

### Conversational Past
| | |
| --- | --- |
| habe bekommen | haben bekommen |
| hast bekommen | habt bekommen |
| hat bekommen | haben bekommen |

### Past Perfect
| | |
| --- | --- |
| hatte bekommen | hatten bekommen |
| hattest bekommen | hattet bekommen |
| hatte bekommen | hatten bekommen |

### Future
| | |
| --- | --- |
| werde bekommen | werden bekommen |
| wirst bekommen | werdet bekommen |
| wird bekommen | werden bekommen |

### Future Perfect
| | |
| --- | --- |
| werde bekommen haben | werden bekommen haben |
| wirst bekommen haben | werdet bekommen haben |
| wird bekommen haben | werden bekommen haben |

## Subjunctive

### Present
| | |
| --- | --- |
| bekomme | bekommen |
| bekommest | bekommet |
| bekomme | bekommen |

### Past
| | |
| --- | --- |
| bekäme | bekämen |
| bekämest | bekämet |
| bekäme | bekämen |

### Present Perfect
| | |
| --- | --- |
| habe bekommen | haben bekommen |
| habest bekommen | habet bekommen |
| habe bekommen | haben bekommen |

### Past Perfect
| | |
| --- | --- |
| hätte bekommen | hätten bekommen |
| hättest bekommen | hättet bekommen |
| hätte bekommen | hätten bekommen |

## Conditional

### Present
| | |
| --- | --- |
| würde bekommen | würden bekommen |
| würdest bekommen | würdet bekommen |
| würde bekommen | würden bekommen |

### Perfect
| | |
| --- | --- |
| würde bekommen haben | würden bekommen haben |
| würdest bekommen haben | würdet bekommen haben |
| würde bekommen haben | würden bekommen haben |

## Imperative
| | |
| --- | --- |
| bekomm(e)! | bekommen Sie! |
| bekommt! | bekommen wir! |

## Participles

### Present
bekommend

### Past
bekommen

## Related Words

| | | | |
| --- | --- | --- | --- |
| *Was bekommen Sie?* | What can I get for you? | *bekömmlich* | wholesome |
| | | *unbekömmlich* | unwholesome |

# 17 sich beschäftigen (mit) to keep busy (with)

weak
inseparable
transitive

| | | ich | wir |
|---|---|---|---|
| | | du | ihr |
| | | er/sie/es | sie/Sie |

## Indicative

### Present Tense
| | |
|---|---|
| beschäftige mich | beschäftigen uns |
| beschäftigst dich | beschäftigt euch |
| beschäftigt sich | beschäftigen sich |

### Narrative Past
| | |
|---|---|
| beschäftigte mich | beschäftigten uns |
| beschäftigtest dich | beschäftigtet euch |
| beschäftigte sich | beschäftingten sich |

### Conversational Past
| | |
|---|---|
| habe mich beschäftigt | haben uns beschäftigt |
| hast dich beschäftigt | habt euch beschäftigt |
| hat sich beschäftigt | haben sich beschäftigt |

### Past Perfect
| | |
|---|---|
| hatte mich be-schäftigt | hatten uns beschäftigt |
| hattest dich be-schäftigt | hattet euch beschäftigt |
| hatte sich be-schäftigt | hatten sich beschäftigt |

### Future
| | |
|---|---|
| werde mich beschäftigen | werden uns beschäftigen |
| wirst dich beschäftigen | werdet euch beschäftigen |
| wird sich beschäftigen | werden sich beschäftigen |

### Future Perfect
| | |
|---|---|
| werde mich be-schäftigt haben | werden uns beschäftigt haben |
| wirst dich be-schäftigt haben | werdet euch beschäftigt haben |
| wird sich be-schäftigt haben | werden sich beschäftigt haben |

## Subjunctive

### Present
| | |
|---|---|
| beschäftige mich | beschäftigen uns |
| beschäftigest dich | beschäftiget euch |
| beschäftige sich | beschäftigen sich |

### Past
| | |
|---|---|
| beschäftigte mich | beschäftigten uns |
| beschäftigtest dich | beschäftigtet euch |
| beschäftigte sich | beschäftigten sich |

### Present Perfect
| | |
|---|---|
| habe mich beschäftigt | haben uns beschäftigt |
| habest dich beschäftigt | habet euch beschäftigt |
| habe sich beschäftigt | haben sich beschäftigt |

### Past Perfect
| | |
|---|---|
| hätte mich be-schäftigt | hätten uns beschäftigt |
| hättest dich beschäftigt | hättet euch beschäftigt |
| hätte sich be-schäftigt | hätten sich beschäftigt |

## Conditional

### Present
| | |
|---|---|
| würde mich beschäftigen | würden uns beschäftigen |
| würdest dich beschäftigen | würdet euch beschäftigen |
| würde sich beschäftigen | würden sich beschäftigen |

### Perfect
| | |
|---|---|
| würde mich beschäftigt haben | würden uns beschäftigt haben |
| würdest dich beschäftigt haben | würdet euch beschäftigt haben |
| würde sich be-schäftigt haben | würden sich beschäftigt haben |

## Imperative
| | |
|---|---|
| beschäftig(e) dich! | beschäftigen Sie sich! |
| beschäftigt euch! | beschäftigen wir uns! |

## Participles
| Present | Past |
|---|---|
| beschäftigend | beschäftigt |

## Related Words
| | | | |
|---|---|---|---|
| *die Beschäftigung* | occupation | *beschäftigt* | busy |

# 18 besitzen to own, possess

strong
inseparable
transitive

| ich | wir |
| du | ihr |
| er/sie/es | sie/Sie |

## Indicative

| Present Tense | | Narrative Past | |
|---|---|---|---|
| besitze | besitzen | besaß | besaßen |
| besitzt | besitzt | besaßest | besaßt |
| besitzt | besitzen | besaß | besaßen |

| Conversational Past | | Past Perfect | |
|---|---|---|---|
| habe besessen | haben besessen | hatte besessen | hatten besessen |
| hast besessen | habt besessen | hattest besessen | hattet besessen |
| hat besessen | haben besessen | hatte besessen | hatten besessen |

| Future | | Future Perfect | |
|---|---|---|---|
| werde besitzen | werden besitzen | werde besessen haben | werden besessen haben |
| wirst besitzen | werdet besitzen | wirst besessen haben | werdet besessen haben |
| wird besitzen | werden besitzen | wird besessen haben | werden besessen haben |

## Subjunctive

| Present | | Past | |
|---|---|---|---|
| besitze | besitzen | besäße | besäßen |
| besitzest | besitzet | besäßest | besäßet |
| besitze | besitzen | besäße | besäßen |

| Present Perfect | | Past Perfect | |
|---|---|---|---|
| habe besessen | haben besessen | hätte besessen | hätten besessen |
| habest besessen | habet besessen | hättest besessen | hättet besessen |
| habe besessen | haben besessen | hätte besessen | hätten besessen |

## Conditional

| Present | | Perfect | |
|---|---|---|---|
| würde besitzen | würden besitzen | würde besessen haben | würden besessen haben |
| würdest besitzen | würdet besitzen | würdest besessen haben | würdet besessen haben |
| würde besitzen | würden besitzen | würde besessen haben | würden besessen haben |

## Imperative

| — | — |
|---|---|
| — | — |

## Participles

| Present | Past |
|---|---|
| besitzend | besessen |

## Related Words

| | | | |
|---|---|---|---|
| *der/die Besitzer/in* | owner | *besitzerlos* | abandoned |
| *der Besitz* | posession, property | *die Besitzurkunde* | title-deed |
| *der Besitzanspruch* | claim of property | *der Besitzerwechsel* | change of ownership |

# 19 **bestellen** to order (goods)

weak
inseparable
transitive

| | | ich | wir |
| --- | --- | --- | --- |
| | | du | ihr |
| | | er/sie/es | sie/Sie |

## Indicative

### Present Tense
| | |
| --- | --- |
| bestelle | bestellen |
| bestellst | bestellt |
| bestellt | bestellen |

### Narrative Past
| | |
| --- | --- |
| bestellte | bestellten |
| bestelltest | bestelltet |
| bestellte | bestellten |

### Conversational Past
| | |
| --- | --- |
| habe bestellt | haben bestellt |
| hast bestellt | habt bestellt |
| hat bestellt | haben bestellt |

### Past Perfect
| | |
| --- | --- |
| hatte bestellt | hatten bestellt |
| hattest bestellt | hattet bestellt |
| hatte bestellt | hatten bestellt |

### Future
| | |
| --- | --- |
| werde bestellen | werden bestellen |
| wirst bestellen | werdet bestellen |
| wird bestellen | werden bestellen |

### Future Perfect
| | |
| --- | --- |
| werde bestellt haben | werden bestellt haben |
| wirst bestellt haben | werdet bestellt haben |
| wird bestellt haben | werden bestellt haben |

## Subjunctive

### Present
| | |
| --- | --- |
| bestelle | bestellen |
| bestellest | bestellet |
| bestelle | bestellen |

### Past
| | |
| --- | --- |
| bestellte | bestellten |
| bestelltest | bestelltet |
| bestellte | bestellten |

### Present Perfect
| | |
| --- | --- |
| habe bestellt | haben bestellt |
| habest bestellt | habet bestellt |
| habe bestellt | haben bestellt |

### Past Perfect
| | |
| --- | --- |
| hätte bestellt | hätten bestellt |
| hättest bestellt | hättet bestellt |
| hätte bestellt | hätten bestellt |

## Conditional

### Present
| | |
| --- | --- |
| würde bestellen | würden bestellen |
| würdest bestellen | würdet bestellen |
| würde bestellen | würden bestellen |

### Perfect
| | |
| --- | --- |
| würde bestellt haben | würden bestellt haben |
| würdest bestellt haben | würdet bestellt haben |
| würde bestellt haben | würden bestellt haben |

## Imperative
| | |
| --- | --- |
| bestell(e)! | bestellen Sie! |
| bestellt! | bestellen wir! |

## Participles
| Present | Past |
| --- | --- |
| bestellend | bestellt |

## Related Words

| | | | |
| --- | --- | --- | --- |
| *die Bestellung* | order, message | *der Bestellschein* | order form |
| *der Besteller* | buyer, subscriber | *der Bestellzettel* | order form |
| *nachbestellen* | to repeat one's order | *die Bestellnummer* | reference number |

# 20 besuchen to visit, attend

weak
inseparable
transitive

| | ich | wir |
| | du | ihr |
| | er/sie/es | sie/Sie |

## Indicative

### Present Tense
| besuche | besuchen |
| besuchst | besucht |
| besucht | besuchen |

### Narrative Past
| besuchte | besuchten |
| besuchtest | besuchtet |
| besuchte | besuchten |

### Conversational Past
| habe besucht | haben besucht |
| hast besucht | habt besucht |
| hat besucht | haben besucht |

### Past Perfect
| hatte besucht | hatten besucht |
| hattest besucht | hattet besucht |
| hatte besucht | hatten besucht |

### Future
| werde besuchen | werden besuchen |
| wirst besuchen | werdet besuchen |
| wird besuchen | werden besuchen |

### Future Perfect
| werde besucht haben | werden besucht haben |
| wirst besucht haben | werdet besucht haben |
| wird besucht haben | werden besucht haben |

## Subjunctive

### Present
| besuche | besuchen |
| besuchest | besuchet |
| besuche | besuchen |

### Past
| besuchte | besuchten |
| besuchtest | besuchtet |
| besuchte | besuchten |

### Present Perfect
| habe besucht | haben besucht |
| habest besucht | habet besucht |
| habe besucht | haben besucht |

### Past Perfect
| hätte besucht | hätten besucht |
| hättest besucht | hättet besucht |
| hätte besucht | hätten besucht |

## Conditional

### Present
| würde besuchen | würden besuchen |
| würdest besuchen | würdet besuchen |
| würde besuchen | würden besuchen |

### Perfect
| würde besucht haben | würden besucht haben |
| würdest besucht haben | würdet besucht haben |
| würde besucht haben | würden besucht haben |

## Imperative
| besuch(e)! | besuchen Sie! |
| besucht! | besuchen wir! |

## Participles

### Present
besuchend

### Past
besucht

## Related Words

| der Besuch | visit | einen Besuch machen bei | pay a visit to |
| der/die Besucher/in | visitor | gut besucht | well attended |
| die Besuchszeit | visiting hours | | |

56

# 21 bewegen to move, agitate, shake

weak
inseparable
transitive
(reflexive)

| | ich | wir |
| --- | --- | --- |
| | du | ihr |
| | er/sie/es | sie/Sie |

## Indicative

### Present Tense
| | |
| --- | --- |
| bewege | bewegen |
| bewegst | bewegt |
| bewegt | bewegen |

### Narrative Past
| | |
| --- | --- |
| bewegte | bewegten |
| bewegtest | bewegtet |
| bewegte | bewegten |

### Conversational Past
| | |
| --- | --- |
| habe bewegt | haben bewegt |
| hast bewegt | habt bewegt |
| hat bewegt | haben bewegt |

### Past Perfect
| | |
| --- | --- |
| hatte bewegt | hatten bewegt |
| hattest bewegt | hattet bewegt |
| hatte bewegt | hatten bewegt |

### Future
| | |
| --- | --- |
| werde bewegen | werden bewegen |
| wirst bewegen | werdet bewegen |
| wird bewegen | werden bewegen |

### Future Perfect
| | |
| --- | --- |
| werde bewegt haben | werden bewegt haben |
| wirst bewegt haben | werdet bewegt haben |
| wird bewegt haben | werden bewegt haben |

## Subjunctive

### Present
| | |
| --- | --- |
| bewege | bewegen |
| bewegest | beweget |
| bewege | bewegen |

### Past
| | |
| --- | --- |
| bewegte | bewegten |
| bewegtest | bewegtet |
| bewegte | bewegten |

### Present Perfect
| | |
| --- | --- |
| habe bewegt | haben bewegt |
| habest bewegt | habet bewegt |
| habe bewegt | haben bewegt |

### Past Perfect
| | |
| --- | --- |
| hätte bewegt | hätten bewegt |
| hättest bewegt | hättet bewegt |
| hätte bewegt | hätten bewegt |

## Conditional

### Present
| | |
| --- | --- |
| würde bewegen | würden bewegen |
| würdest bewegen | würdet bewegen |
| würde bewegen | würden bewegen |

### Perfect
| | |
| --- | --- |
| würde bewegt haben | würden bewegt haben |
| würdest bewegt haben | würdet bewegt haben |
| würde bewegt haben | würden bewegt haben |

## Imperative
| | |
| --- | --- |
| beweg(e)! | bewegen Sie! |
| bewegt! | bewegen wir! |

## Participles

### Present
bewegend

### Past
bewegt

## Related Words

| | | | |
| --- | --- | --- | --- |
| die Bewegung | movement, motion | bewegt | lively; moved |
| | | bewegungslos | motionless, immobile |
| der Beweggrund | reason, motive | bewegungsunfähig | immobilized |
| die Beweglichkeit | mobility, flexibility | Was bewog ihn dazu? | What made him do it? |
| sich bewogen fühlen | to feel moved to | | |

## 22 **bezahlen** to pay, repay

weak
inseparable
transitive

ich wir
du ihr
er/sie/es sie/Sie

## Indicative

### Present Tense
| | |
|---|---|
| bezahle | bezahlen |
| bezahlst | bezahlt |
| bezahlt | bezahlen |

### Narrative Past
| | |
|---|---|
| bezahlte | bezahlten |
| bezahltest | bezahltet |
| bezahlte | bezahlten |

### Conversational Past
| | |
|---|---|
| habe bezahlt | haben bezahlt |
| hast bezahlt | habt bezahlt |
| hat bezahlt | haben bezahlt |

### Past Perfect
| | |
|---|---|
| hatte bezahlt | hatten bezahlt |
| hattest bezahlt | hattet bezahlt |
| hatte bezahlt | hatten bezahlt |

### Future
| | |
|---|---|
| werde bezahlen | werden bezahlen |
| wirst bezahlen | werdet bezahlen |
| wird bezahlen | werden bezahlen |

### Future Perfect
| | |
|---|---|
| werde bezahlt haben | werden bezahlt haben |
| wirst bezahlt haben | werdet bezahlt haben |
| wird bezahlt haben | werden bezahlt haben |

## Subjunctive

### Present
| | |
|---|---|
| bezahle | bezahlen |
| bezahlest | bezahlet |
| bezahle | bezahlen |

### Past
| | |
|---|---|
| bezahlte | bezahlten |
| bezahltest | bezahltet |
| bezahlte | bezahlten |

### Present Perfect
| | |
|---|---|
| habe bezahlt | haben bezahlt |
| habest bezahlt | habet bezahlt |
| habe bezahlt | haben bezahlt |

### Past Perfect
| | |
|---|---|
| hätte bezahlt | hätten bezahlt |
| hättest bezahlt | hättet bezahlt |
| hätte bezahlt | hätten bezahlt |

## Conditional

### Present
| | |
|---|---|
| würde bezahlen | würden bezahlen |
| würdest bezahlen | würdet bezahlen |
| würde bezahlen | würden bezahlen |

### Perfect
| | |
|---|---|
| würde bezahlt haben | würden bezahlt haben |
| würdest bezahlt haben | würdet bezahlt haben |
| würde bezahlt haben | würden bezahlt haben |

## Imperative
| | |
|---|---|
| bezahl(e)! | bezahlen Sie! |
| bezahlt! | bezahlen wir! |

## Participles

### Present
bezahlend

### Past
bezahlt

## Related Words

| | | | |
|---|---|---|---|
| *die Bezahlung* | payment, settlement | *die Zahlungsfrist* | date of payment |
| | | *der Zahltag* | payday |
| *der Zahlungsplan* | payment plan | *die Zahlungsbilanz* | balance of payments |
| *bezahlbar* | payable | *die Zahl* | number |
| *die Zahlungsweise* | method of payment | | |

# 23 **bitten** to ask for, request

strong
inseparable
transitive/intransitive

| ich | wir |
| --- | --- |
| du | ihr |
| er/sie/es | sie/Sie |

## Indicative

### Present Tense

| | |
| --- | --- |
| bitte | bitten |
| bittest | bittet |
| bittet | bitten |

### Narrative Past

| | |
| --- | --- |
| bat | baten |
| batest | batet |
| bat | baten |

### Conversational Past

| | |
| --- | --- |
| habe gebeten | haben gebeten |
| hast gebeten | habt gebeten |
| hat gebeten | haben gebeten |

### Past Perfect

| | |
| --- | --- |
| hatte gebeten | hatten gebeten |
| hattest gebeten | hattet gebeten |
| hatte gebeten | hatten gebeten |

### Future

| | |
| --- | --- |
| werde bitten | werden bitten |
| wirst bitten | werdet bitten |
| wird bitten | werden bitten |

### Future Perfect

| | |
| --- | --- |
| werde gebeten haben | werden gebeten haben |
| wirst gebeten haben | werdet gebeten haben |
| wird gebeten haben | werden gebeten haben |

## Subjunctive

### Present

| | |
| --- | --- |
| bitte | bitten |
| bittest | bittet |
| bitte | bitten |

### Past

| | |
| --- | --- |
| bäte | bäten |
| bätest | bätet |
| bäte | bäten |

### Present Perfect

| | |
| --- | --- |
| habe gebeten | haben gebeten |
| habest gebeten | habet gebeten |
| habe gebeten | haben gebeten |

### Past Perfect

| | |
| --- | --- |
| hätte gebeten | hätten gebeten |
| hättest gebeten | hättet gebeten |
| hätte gebeten | hätten gebeten |

## Conditional

### Present

| | |
| --- | --- |
| würde bitten | würden bitten |
| würdest bitten | würdet bitten |
| würde bitten | würden bitten |

### Perfect

| | |
| --- | --- |
| würde gebeten haben | würden gebeten haben |
| würdest gebeten haben | würdet gebeten haben |
| würde gebeten haben | würden gebeten haben |

## Imperative

| | |
| --- | --- |
| bitte! | bitten Sie! |
| bittet! | bitten wir! |

## Participles

| Present | Past |
| --- | --- |
| bittend | gebeten |

## Related Words

| | | | |
| --- | --- | --- | --- |
| *die Bitte* | request | *bitte* | please |
| *die Bittschrift* | petition | *Bitte sehr!* | Here you go! |
| *der/die Bittsteller/in* | petitioner | *Wie bitte?* | I beg your pardon? |

## 24 **bleiben** to remain, stay

strong
inseparable
intransitive

| | ich | wir |
|---|---|---|
| | du | ihr |
| | er/sie/es | sie/Sie |

## Indicative

### Present Tense
| | |
|---|---|
| bleibe | bleiben |
| bleibst | bleibt |
| bleibt | bleiben |

### Narrative Past
| | |
|---|---|
| blieb | blieben |
| bliebst | bliebt |
| blieb | blieben |

### Conversational Past
| | |
|---|---|
| bin geblieben | sind geblieben |
| bist geblieben | seid geblieben |
| ist geblieben | sind geblieben |

### Past Perfect
| | |
|---|---|
| war geblieben | waren geblieben |
| warst geblieben | wart geblieben |
| war geblieben | waren geblieben |

### Future
| | |
|---|---|
| werde bleiben | werden bleiben |
| wirst bleiben | werdet bleiben |
| wird bleiben | werden bleiben |

### Future Perfect
| | |
|---|---|
| werde geblieben sein | werden geblieben sein |
| wirst geblieben sein | werdet geblieben sein |
| wird geblieben sein | werden geblieben sein |

## Subjunctive

### Present
| | |
|---|---|
| bleibe | bleiben |
| bleibest | bleibet |
| bleibe | bleiben |

### Past
| | |
|---|---|
| bliebe | blieben |
| bliebest | bliebet |
| bliebe | blieben |

### Present Perfect
| | |
|---|---|
| sei geblieben | seien geblieben |
| seiest geblieben | seiet geblieben |
| sei geblieben | seien geblieben |

### Past Perfect
| | |
|---|---|
| wäre geblieben | wären geblieben |
| wärest geblieben | wäret geblieben |
| wäre geblieben | wären geblieben |

## Conditional

### Present
| | |
|---|---|
| würde bleiben | würden bleiben |
| würdest bleiben | würdet bleiben |
| würde bleiben | würden bleiben |

### Perfect
| | |
|---|---|
| würde geblieben sein | würden geblieben sein |
| würdest geblieben sein | würdet geblieben sein |
| würde geblieben sein | würden geblieben sein |

## Imperative
| | |
|---|---|
| bleib! | bleiben Sie! |
| bleibt! | bleiben wir! |

## Participles

| Present | Past |
|---|---|
| bleibend | geblieben |

## Related Words

| | | | |
|---|---|---|---|
| *die Bleibe* | accommodation | *bleiben lassen* | to leave a thing alone |
| *bleibend* | lasting, enduring | *ruhig bleiben* | to keep quiet; to keep one's temper |

# 25 blitzen to flash, emit lightning, sparkle

weak
inseparable
intransitive
impersonal

| | ich | wir |
| --- | --- | --- |
| | du | ihr |
| | er/sie/es | sie/Sie |

## Indicative

### Present Tense

| — | — |
| --- | --- |
| — | — |
| blitzt | — |

### Narrative Past

| — | — |
| --- | --- |
| — | — |
| blitzte | — |

### Conversational Past

| — | — |
| --- | --- |
| — | — |
| hat geblitzt | — |

### Past Perfect

| — | — |
| --- | --- |
| — | — |
| hatte geblitzt | — |

### Future

| — | — |
| --- | --- |
| — | — |
| wird blitzen | — |

### Future Perfect

| — | — |
| --- | --- |
| — | — |
| wird geblitzt haben | — |

## Subjunctive

### Present

| — | — |
| --- | --- |
| — | — |
| blitze | — |

### Past

| — | — |
| --- | --- |
| — | — |
| blitzte | — |

### Present Perfect

| — | — |
| --- | --- |
| — | — |
| habe geblitzt | — |

### Past Perfect

| — | — |
| --- | --- |
| — | — |
| hätte geblitzt | — |

## Conditional

### Present

| — | — |
| --- | --- |
| — | — |
| würde blitzen | — |

### Perfect

| — | — |
| --- | --- |
| — | — |
| würde geblitzt haben | — |

## Imperative

| — | — |
| --- | --- |
| — | — |

## Participles

| Present | Past |
| --- | --- |
| blitzend | geblitzt |

## Related Words

| | | | |
| --- | --- | --- | --- |
| der Blitz | lightning | das Blitzlicht | flash bulb |
| blitzartig | lightninglike; abrupt | der Blitzstrahl | flash of lightning |
| blitzblank | shining | mit den Augen blitzen | to flash one's eyes |
| die Blitzesschnelle | lightning speed | | |

## 26 brauchen to need, require

weak
inseparable
transitive

| | | ich | wir |
| --- | --- | --- | --- |
| | | du | ihr |
| | | er/sie/es | sie/Sie |

## Indicative

### Present Tense

| | |
| --- | --- |
| brauche | brauchen |
| brauchst | braucht |
| braucht | brauchen |

### Narrative Past

| | |
| --- | --- |
| brauchte | brauchten |
| brauchtest | brauchtet |
| brauchte | brauchten |

### Conversational Past

| | |
| --- | --- |
| habe gebraucht | haben gebraucht |
| hast gebraucht | habt gebraucht |
| hat gebraucht | haben gebraucht |

### Past Perfect

| | |
| --- | --- |
| hatte gebraucht | hatten gebraucht |
| hattest gebraucht | hattet gebraucht |
| hatte gebraucht | hatten gebraucht |

### Future

| | |
| --- | --- |
| werde brauchen | werden brauchen |
| wirst brauchen | werdet brauchen |
| wird brauchen | werden brauchen |

### Future Perfect

| | |
| --- | --- |
| werde gebraucht haben | werden gebraucht haben |
| wirst gebraucht haben | werdet gebraucht haben |
| wird gebraucht haben | werden gebraucht haben |

## Subjunctive

### Present

| | |
| --- | --- |
| brauche | brauchen |
| brauchest | brauchet |
| brauche | brauchen |

### Past

| | |
| --- | --- |
| brauchte | brauchten |
| brauchtest | brauchtet |
| brauchte | brauchten |

### Present Perfect

| | |
| --- | --- |
| habe gebraucht | haben gebraucht |
| habest gebraucht | habet gebraucht |
| habe gebraucht | haben gebraucht |

### Past Perfect

| | |
| --- | --- |
| hätte gebraucht | hätten gebraucht |
| hättest gebraucht | hättet gebraucht |
| hätte gebraucht | hätten gebraucht |

## Conditional

### Present

| | |
| --- | --- |
| würde brauchen | würden brauchen |
| würdest brauchen | würdet brauchen |
| würde brauchen | würden brauchen |

### Perfect

| | |
| --- | --- |
| würde gebraucht haben | würden gebraucht haben |
| würdest gebraucht haben | würdet gebraucht haben |
| würde gebraucht haben | würden gebraucht haben |

## Imperative

| | |
| --- | --- |
| — | — |
| — | — |

## Participles

### Present

brauchend

### Past

gebraucht

## Related Words

| | | | |
| --- | --- | --- | --- |
| der Brauch | custom, usage | gebraucht | secondhand, used |
| brauchbar | useful | gebrauchsfertig | ready for use |
| die Brauchbarkeit | usefulness | gebräuchlich | customary |
| unbrauchbar | useless | | |

# 27 **brechen** to break

strong
inseparable
transitive/intransitive

| | ich | wir |
| | du | ihr |
| | er/sie/es | sie/Sie |

## Indicative

### Present Tense

| | |
|---|---|
| breche | brechen |
| brichst | brecht |
| bricht | brechen |

### Narrative Past

| | |
|---|---|
| brach | brachen |
| brachst | bracht |
| brach | brachen |

### Conversational Past

| | |
|---|---|
| habe gebrochen | haben gebrochen |
| hast gebrochen | habt gebrochen |
| hat gebrochen | haben gebrochen |

### Past Perfect

| | |
|---|---|
| hatte gebrochen | hatten gebrochen |
| hattest gebrochen | hattet gebrochen |
| hatte gebrochen | hatten gebrochen |

### Future

| | |
|---|---|
| werde brechen | werden brechen |
| wirst brechen | werdet brechen |
| wird brechen | werden brechen |

### Future Perfect

| | |
|---|---|
| werde gebrochen haben | werden gebrochen haben |
| wirst gebrochen haben | werdet gebrochen haben |
| wird gebrochen haben | werden gebrochen haben |

## Subjunctive

### Present

| | |
|---|---|
| breche | brechen |
| brechest | brechet |
| breche | brechen |

### Past

| | |
|---|---|
| bräche | brächen |
| brächest | brächet |
| bräche | brächen |

### Present Perfect

| | |
|---|---|
| habe gebrochen | haben gebrochen |
| habest gebrochen | habet gebrochen |
| habe gebrochen | haben gebrochen |

### Past Perfect

| | |
|---|---|
| hätte gebrochen | hätten gebrochen |
| hättest gebrochen | hättet gebrochen |
| hätte gebrochen | hätten gebrochen |

## Conditional

### Present

| | |
|---|---|
| würde brechen | würden brechen |
| würdest brechen | würdet brechen |
| würde brechen | würden brechen |

### Perfect

| | |
|---|---|
| würde gebrochen haben | würden gebrochen haben |
| würdest gebrochen haben | würdet gebrochen haben |
| würde gebrochen haben | würden gebrochen haben |

## Imperative

| | |
|---|---|
| brich! | brechen Sie! |
| brecht! | brechen wir! |

## Participles

| Present | Past |
|---|---|
| brechend | gebrochen |

## Related Words

| | |
|---|---|
| *der Bruch* | fracture |
| *brechbar* | breakable |
| *gebrochen* | broken |
| *Hals- und Beinbruch!* | Good luck! |
| *zerbrechlich* | fragile |
| *das Gebrechen* | physical handicap |
| *der Einbruch* | burglary |
| *einbrechen* | to break in |
| *Er hat sich ein Bein gebrochen.* | He broke his leg. |

# 28 **bringen** to bring, fetch, convey

mixed
inseparable
transitive/intransitive

| | | ich | wir |
|---|---|---|---|
| | | du | ihr |
| | | er/sie/es | sie/Sie |

## Indicative

### Present Tense
| | |
|---|---|
| bringe | bringen |
| bringst | bringt |
| bringt | bringen |

### Narrative Past
| | |
|---|---|
| brachte | brachten |
| brachtest | brachtet |
| brachte | brachten |

### Conversational Past
| | |
|---|---|
| habe gebracht | haben gebracht |
| hast gebracht | habt gebracht |
| hat gebracht | haben gebracht |

### Past Perfect
| | |
|---|---|
| hatte gebracht | hatten gebracht |
| hattest gebracht | hattet gebracht |
| hatte gebracht | hatten gebracht |

### Future
| | |
|---|---|
| werde bringen | werden bringen |
| wirst bringen | werdet bringen |
| wird bringen | werden bringen |

### Future Perfect
| | |
|---|---|
| werde gebracht haben | werden gebracht haben |
| wirst gebracht haben | werdet gebracht haben |
| wird gebracht haben | werden gebracht haben |

## Subjunctive

### Present
| | |
|---|---|
| bringe | bringen |
| bringest | bringet |
| bringe | bringen |

### Past
| | |
|---|---|
| brächte | brächten |
| brächtest | brächtet |
| brächte | brächten |

### Present Perfect
| | |
|---|---|
| habe gebracht | haben gebracht |
| habest gebracht | habet gebracht |
| habe gebracht | haben gebracht |

### Past Perfect
| | |
|---|---|
| hätte gebracht | hätten gebracht |
| hättest gebracht | hättet gebracht |
| hätte gebracht | hätten gebracht |

## Conditional

### Present
| | |
|---|---|
| würde bringen | würden bringen |
| würdest bringen | würdet bringen |
| würde bringen | würden bringen |

### Perfect
| | |
|---|---|
| würde gebracht haben | würden gebracht haben |
| würdest gebracht haben | würdet gebracht haben |
| würde gebracht haben | würden gebracht haben |

## Imperative
| | |
|---|---|
| bring! | bringen Sie! |
| bringt! | bringen wir! |

## Participles
| Present | Past |
|---|---|
| bringend | gebracht |

## Related Words

| | | | |
|---|---|---|---|
| *zustande bringen* | to accomplish, bring about | *zum Schweigen bringen* | to silence |
| *zu Papier bringen* | to put on paper | *zu Fall bringen* | to ruin |
| *zur Sprache bringen* | to mention | *in Erfahrung bringen* | to ascertain, discover |
| *das Mitbringsel* | little present | *Glück bringen* | to bring luck |

# 29 **buchen** to book, reserve; enter in the books

| | | | |
|---|---|---|---|
| weak | | | ich wir |
| inseparable | | | du ihr |
| transitive | | | er/sie/es sie/Sie |

## Indicative

### Present Tense

| | |
|---|---|
| buche | buchen |
| buchst | bucht |
| bucht | buchen |

### Narrative Past

| | |
|---|---|
| buchte | buchten |
| buchtest | buchtet |
| buchte | buchten |

### Conversational Past

| | |
|---|---|
| habe gebucht | haben gebucht |
| hast gebucht | habt gebucht |
| hat gebucht | haben gebucht |

### Past Perfect

| | |
|---|---|
| hatte gebucht | hatten gebucht |
| hattest gebucht | hattet gebucht |
| hatte gebucht | hatten gebucht |

### Future

| | |
|---|---|
| werde buchen | werden buchen |
| wirst buchen | werdet buchen |
| wird buchen | werden buchen |

### Future Perfect

| | |
|---|---|
| werde gebucht haben | werden gebucht haben |
| wirst gebucht haben | werdet gebucht haben |
| wird gebucht haben | werden gebucht haben |

## Subjunctive

### Present

| | |
|---|---|
| buche | buchen |
| buchest | buchet |
| buche | buchen |

### Past

| | |
|---|---|
| buchte | buchten |
| buchtest | buchtet |
| buchte | buchten |

### Present Perfect

| | |
|---|---|
| habe gebucht | haben gebucht |
| habest gebucht | habet gebucht |
| habe gebucht | haben gebucht |

### Past Perfect

| | |
|---|---|
| hätte gebucht | hätten gebucht |
| hättest gebucht | hättet gebucht |
| hätte gebucht | hätten gebucht |

## Conditional

### Present

| | |
|---|---|
| würde buchen | würden buchen |
| würdest buchen | würdet buchen |
| würde buchen | würden buchen |

### Perfect

| | |
|---|---|
| würde gebucht haben | würden gebucht haben |
| würdest gebucht haben | würdet gebucht haben |
| würde gebucht haben | würden gebucht haben |

## Imperative

| | |
|---|---|
| buch(e)! | buchen Sie! |
| bucht! | buchen wir! |

## Participles

| Present | Past |
|---|---|
| buchend | gebucht |

## Related Words

| | | | |
|---|---|---|---|
| ausgebucht | booked up | etwas als Erfolg | to put something |
| einen Flug buchen | to reserve a flight | buchen | down as success |

# 30 danken to thank

weak
inseparable
intransitive

|  | ich | wir |
| --- | --- | --- |
|  | du | ihr |
|  | er/sie/es | sie/Sie |

## Indicative

### Present Tense

| danke | danken |
| --- | --- |
| dankst | dankt |
| dankt | danken |

### Narrative Past

| dankte | dankten |
| --- | --- |
| danktest | danktet |
| dankte | dankten |

### Conversational Past

| habe gedankt | haben gedankt |
| --- | --- |
| hast gedankt | habt gedankt |
| hat gedankt | haben gedankt |

### Past Perfect

| hatte gedankt | hatten gedankt |
| --- | --- |
| hattest gedankt | hattet gedankt |
| hatte gedankt | hatten gedankt |

### Future

| werde danken | werden danken |
| --- | --- |
| wirst danken | werdet danken |
| wird danken | werden danken |

### Future Perfect

| werde gedankt haben | werden gedankt haben |
| --- | --- |
| wirst gedankt haben | werdet gedankt haben |
| wird gedankt haben | werden gedankt haben |

## Subjunctive

### Present

| danke | danken |
| --- | --- |
| dankest | danket |
| danke | danken |

### Past

| dankte | dankten |
| --- | --- |
| danktest | danktet |
| dankte | dankten |

### Present Perfect

| habe gedankt | haben gedankt |
| --- | --- |
| habest gedankt | habet gedankt |
| habe gedankt | haben gedankt |

### Past Perfect

| hätte gedankt | hätten gedankt |
| --- | --- |
| hättest gedankt | hättet gedankt |
| hätte gedankt | hätten gedankt |

## Conditional

### Present

| würde danken | würden danken |
| --- | --- |
| würdest danken | würdet danken |
| würde danken | würden danken |

### Perfect

| würde gedankt haben | würden gedankt haben |
| --- | --- |
| würdest gedankt haben | würdet gedankt haben |
| würde gedankt haben | würden gedankt haben |

## Imperative

| dank(e)! | danken Sie! |
| --- | --- |
| dankt! | danken wir! |

## Participles

| Present | Past |
| --- | --- |
| dankend | gedankt |

## Related Words

| *der Dank* | thanks, gratitude | *die Undankbarkeit* | ingratitude |
| --- | --- | --- | --- |
| *dankbar* | grateful | *Danke schön!* | Many thanks! |
| *undankbar* | unthankful | *Nichts zu danken!* | Don't mention it! |
| *die Dankbarkeit* | gratitude |  |  |

# 31 dauern to last, continue

weak
inseparable
intransitive
impersonal

## Indicative

### Present Tense

| | | | |
|---|---|---|---|
| — | — | | |
| — | — | | |
| dauert | dauern | | |

### Narrative Past

| | |
|---|---|
| — | — |
| — | — |
| dauerte | dauerten |

### Conversational Past

| | |
|---|---|
| — | — |
| — | — |
| hat gedauert | haben gedauert |

### Past Perfect

| | |
|---|---|
| — | — |
| — | — |
| hatte gedauert | hatten gedauert |

### Future

| | |
|---|---|
| — | — |
| — | — |
| wird dauern | werden dauern |

### Future Perfect

| | |
|---|---|
| — | — |
| — | — |
| wird gedauert haben | werden gedauert haben |

## Subjunctive

### Present

| | |
|---|---|
| — | — |
| — | — |
| dauere | daueren |

### Past

| | |
|---|---|
| — | — |
| — | — |
| dauerte | dauerten |

### Present Perfect

| | |
|---|---|
| — | — |
| — | — |
| habe gedauert | haben gedauert |

### Past Perfect

| | |
|---|---|
| — | — |
| — | — |
| hätte gedauert | hätten gedauert |

## Conditional

### Present

| | |
|---|---|
| — | — |
| — | — |
| würde dauern | würden dauern |

### Perfect

| | |
|---|---|
| — | — |
| — | — |
| würde gedauert haben | würden gedauert haben |

## Imperative

| | |
|---|---|
| — | — |
| — | — |

## Participles

| Present | Past |
|---|---|
| dauernd | gedauert |

## Related Words

| | | | |
|---|---|---|---|
| *die Dauer* | length, duration | *die Dauerfestigkeit* | endurance |
| *dauerhaft* | durable | *die Dauerkarte* | season ticket |
| *andauernd* | lasting, continual | *die Dauerstellung* | permanent position |
| *die Dauer-haftigkeit* | durability | | (of employment) |

## 32 denken to think, reflect

mixed
inseparable
transitive/intransitive
(reflexive)

| | | | |
|---|---|---|---|
| ich | wir | | |
| du | ihr | | |
| er/sie/es | sie/Sie | | |

## Indicative

### Present Tense
| | |
|---|---|
| denke | denken |
| denkst | denkt |
| denkt | denken |

### Narrative Past
| | |
|---|---|
| dachte | dachten |
| dachtest | dachtet |
| dachte | dachten |

### Conversational Past
| | |
|---|---|
| habe gedacht | haben gedacht |
| hast gedacht | habt gedacht |
| hat gedacht | haben gedacht |

### Past Perfect
| | |
|---|---|
| hatte gedacht | hatten gedacht |
| hattest gedacht | hattet gedacht |
| hatte gedacht | hatten gedacht |

### Future
| | |
|---|---|
| werde denken | werden denken |
| wirst denken | werdet denken |
| wird denken | werden denken |

### Future Perfect
| | |
|---|---|
| werde gedacht haben | werden gedacht haben |
| wirst gedacht haben | werdet gedacht haben |
| wird gedacht haben | werden gedacht haben |

## Subjunctive

### Present
| | |
|---|---|
| denke | denken |
| denkest | denket |
| denke | denken |

### Past
| | |
|---|---|
| dächte | dächten |
| dächtest | dächtet |
| dächte | dächten |

### Present Perfect
| | |
|---|---|
| habe gedacht | haben gedacht |
| habest gedacht | habet gedacht |
| habe gedacht | haben gedacht |

### Past Perfect
| | |
|---|---|
| hätte gedacht | hätten gedacht |
| hättest gedacht | hättet gedacht |
| hätte gedacht | hätten gedacht |

## Conditional

### Present
| | |
|---|---|
| würde denken | würden denken |
| würdest denken | würdet denken |
| würde denken | würden denken |

### Perfect
| | |
|---|---|
| würde gedacht haben | würden gedacht haben |
| würdest gedacht haben | würdet gedacht haben |
| würde gedacht haben | würden gedacht haben |

## Imperative
| | |
|---|---|
| denk(e)! | denken Sie! |
| denkt! | denken wir! |

## Participles

| Present | Past |
|---|---|
| denkend | gedacht |

## Related Words

| | | | |
|---|---|---|---|
| *der Gedanke* | thought | *undenkbar* | inconceivable |
| *gedankenlos* | thoughtless | *der/die Denker/in* | thinker |
| *gedanklich* | intellectual, mental | *das Gedenken* | memory |
| *denkbar* | conceivable | *denkwürdig* | memorable |

# 33  **donnern** to thunder; hammer (on)

weak
inseparable
intransitive
impersonal

|  | ich | wir |
|---|---|---|
|  | du | ihr |
|  | er/sie/es | sie/Sie |

## Indicative

| Present Tense | | | Narrative Past | | |
|---|---|---|---|---|---|
| — | — | | — | — | |
| — | — | | — | — | |
| donnert | — | | donnerte | — | |

| Conversational Past | | | Past Perfect | | |
|---|---|---|---|---|---|
| — | — | | — | — | |
| — | — | | — | — | |
| hat gedonnert | — | | hatte gedonnert | — | |

| Future | | | Future Perfect | | |
|---|---|---|---|---|---|
| — | — | | — | — | |
| — | — | | — | — | |
| wird donnern | — | | wird gedonnert haben | — | |

## Subjunctive

| Present | | | Past | | |
|---|---|---|---|---|---|
| — | — | | — | — | |
| — | — | | — | — | |
| donnere | — | | donnerte | — | |

| Present Perfect | | | Past Perfect | | |
|---|---|---|---|---|---|
| — | — | | — | — | |
| — | — | | — | — | |
| habe gedonnert | — | | hätte gedonnert | — | |

## Conditional

| Present | | | Perfect | | |
|---|---|---|---|---|---|
| — | — | | — | — | |
| — | — | | — | — | |
| würde donnern | — | | würde gedonnert haben | — | |

## Imperative

| — | — |
|---|---|
| — | — |

## Participles

| Present | Past |
|---|---|
| donnernd | gedonnert |

## Related Words

| | | | |
|---|---|---|---|
| *der Donner* | thunder | *die Donnerstimme* | thundering voice |
| *der Donnerschlag* | peal of thunder | *das Donnerwetter* | thunderstorm |
| *donnernd* | thundering, thunderous | | |

# 34 drücken to push, press (reflexive: to evade)

weak
inseparable
transitive/intransitive
(reflexive)

| | | ich | wir |
| | | du | ihr |
| | | er/sie/es | sie/Sie |

## Indicative

### Present Tense

| | |
|---|---|
| drücke | drücken |
| drückst | drückt |
| drückt | drücken |

### Narrative Past

| | |
|---|---|
| drückte | drückten |
| drücktest | drücktet |
| drückte | drückten |

### Conversational Past

| | |
|---|---|
| habe gedrückt | haben gedrückt |
| hast gedrückt | habt gedrückt |
| hat gedrückt | haben gedrückt |

### Past Perfect

| | |
|---|---|
| hatte gedrückt | hatten gedrückt |
| hattest gedrückt | hattet gedrückt |
| hatte gedrückt | hatten gedrückt |

### Future

| | |
|---|---|
| werde drücken | werden drücken |
| wirst drücken | werdet drücken |
| wird drücken | werden drücken |

### Future Perfect

| | |
|---|---|
| werde gedrückt haben | werden gedrückt haben |
| wirst gedrückt haben | werdet gedrückt haben |
| wird gedrückt haben | werden gedrückt haben |

## Subjunctive

### Present

| | |
|---|---|
| drücke | drücken |
| drückest | drücket |
| drücke | drücken |

### Past

| | |
|---|---|
| drückte | drückten |
| drücktest | drücktet |
| drückte | drückten |

### Present Perfect

| | |
|---|---|
| habe gedrückt | haben gedrückt |
| habest gedrückt | habet gedrückt |
| habe gedrückt | haben gedrückt |

### Past Perfect

| | |
|---|---|
| hätte gedrückt | hätten gedrückt |
| hättest gedrückt | hättet gedrückt |
| hätte gedrückt | hätten gedrückt |

## Conditional

### Present

| | |
|---|---|
| würde drücken | würden drücken |
| würdest drücken | würdet drücken |
| würde drücken | würden drücken |

### Perfect

| | |
|---|---|
| würde gedrückt haben | würden gedrückt haben |
| würdest gedrückt haben | würdet gedrückt haben |
| würde gedrückt haben | würden gedrückt haben |

## Imperative

| | |
|---|---|
| drück(e)! | drücken Sie! |
| drückt! | drücken wir! |

## Participles

### Present

drückend

### Past

gedrückt

## Related Words

| | |
|---|---|
| der Druck | pressure, thrust, print |
| drückend | oppressive |
| die Hand drücken | to shake hands with |

| | |
|---|---|
| die Gedrücktheit | depression, low spirits |
| gedrückter Stimmung sein | to be depressed |

# 35 dürfen  may, to be allowed to

strong
inseparable
intransitive
modal

|  | |
|---|---|
| ich | wir |
| du | ihr |
| er/sie/es | sie/Sie |

## Indicative

### Present Tense

| darf | dürfen |
|---|---|
| darfst | dürft |
| darf | dürfen |

### Narrative Past

| durfte | durften |
|---|---|
| durftest | durftet |
| durfte | durften |

### Conversational Past

| habe gedurft | haben gedurft |
|---|---|
| hast gedurft | habt gedurft |
| hat gedurft | haben gedurft |

### Past Perfect

| hatte gedurft | hatten gedurft |
|---|---|
| hattest gedurft | hattet gedurft |
| hatte gedurft | hatten gedurft |

### Future

| werde dürfen | werden dürfen |
|---|---|
| wirst dürfen | werdet dürfen |
| wird dürfen | werden dürfen |

### Future Perfect

| werde gedurft haben | werden gedurft haben |
|---|---|
| wirst gedurft haben | werdet gedurft haben |
| wird gedurft haben | werden gedurft haben |

## Subjunctive

### Present

| dürfe | dürfen |
|---|---|
| dürfest | dürfet |
| dürfe | durfen |

### Past

| dürfte | dürften |
|---|---|
| dürftest | dürftet |
| dürfte | dürften |

### Present Perfect

| habe gedurft | haben gedurft |
|---|---|
| habest gedurft | habet gedurft |
| habe gedurft | haben gedurft |

### Past Perfect

| hätte gedurft | hätten gedurft |
|---|---|
| hättest gedurft | hättet gedurft |
| hätte gedurft | hätten gedurft |

## Conditional

### Present

| würde dürfen | würden dürfen |
|---|---|
| würdest dürfen | würdet dürfen |
| würde dürfen | würden dürfen |

### Perfect

| würde gedurft haben | würden gedurft haben |
|---|---|
| würdest gedurft haben | würdet gedurft haben |
| würde gedurft haben | würden gedurft haben |

## Imperative

| — | — |
|---|---|

## Participles

| Present | Past |
|---|---|
| dürfend | gedurft |

## Related Words

| *dürftig* | needy, indigent | *es dürfte leicht sein* | it should be easy |
|---|---|---|---|
| *die Dürftigkeit* | neediness, poverty | *Darf man. . .?* | Is it allowed to. . .? |

## 36 einkaufen to buy; shop

weak
separable
transitive/intransitive

| | ich | wir |
|---|---|---|
| | du | ihr |
| | er/sie/es | sie/Sie |

## Indicative

### Present Tense

| | | | |
|---|---|---|---|
| kaufe ein | kauft ein | | |
| kaufst ein | kauft ein | | |
| kauft ein | kaufen ein | | |

### Narrative Past

| | |
|---|---|
| kaufte ein | kauften ein |
| kauftest ein | kauftet ein |
| kaufte ein | kauften ein |

### Conversational Past

| | |
|---|---|
| habe eingekauft | haben eingekauft |
| hast eingekauft | habt eingekauft |
| hat eingekauft | haben eingekauft |

### Past Perfect

| | |
|---|---|
| hatte eingekauft | hatten eingekauft |
| hattest eingekauft | hattet eingekauft |
| hatte eingekauft | hatten eingekauft |

### Future

| | |
|---|---|
| werde einkaufen | werden einkaufen |
| wirst einkaufen | werdet einkaufen |
| wird einkaufen | werden einkaufen |

### Future Perfect

| | |
|---|---|
| werde eingekauft haben | werden eingekauft haben |
| wirst eingekauft haben | werdet eingekauft haben |
| wird eingekauft haben | werden eingekauft haben |

## Subjunctive

### Present

| | |
|---|---|
| kaufe ein | kaufen ein |
| kaufest ein | kaufet ein |
| kaufe ein | kaufen ein |

### Past

| | |
|---|---|
| kaufte ein | kauften ein |
| kauftest ein | kauftet ein |
| kaufte ein | kauften ein |

### Present Perfect

| | |
|---|---|
| habe eingekauft | haben eingekauft |
| habest eingekauft | habet eingekauft |
| habe eingekauft | haben eingekauft |

### Past Perfect

| | |
|---|---|
| hätte eingekauft | hätten eingekauft |
| hättest eingekauft | hättet eingekauft |
| hätte eingekauft | hätten eingekauft |

## Conditional

### Present

| | |
|---|---|
| würde einkaufen | würden einkaufen |
| würdest einkaufen | würdet einkaufen |
| würde einkaufen | würden einkaufen |

### Perfect

| | |
|---|---|
| würde eingekauft haben | würden eingekauft haben |
| würdest eingekauft haben | würdet eingekauft haben |
| würde eingekauft haben | würden eingekauft haben |

## Imperative

| | |
|---|---|
| kauf(e) ein! | kaufen Sie ein! |
| kauft ein! | kaufen wir ein! |

## Participles

### Present
einkaufend

### Past
eingekauft

## Related Words

| | | | |
|---|---|---|---|
| *kaufen* | to buy | *das Einkaufszentrum* | shopping center |
| *der Einkauf* | purchase | *der Verkauf* | sale |
| *der/die Ein-käufer/in* | buyer, shopper | *käuflich* | for sale |
| *der Einkaufspreis* | at-cost price | *unverkäuflich* | not for sale |
| *die Einkaufs-tasche* | shopping bag | | |

# 37 einladen to invite; load in

strong             ich wir
separable            du ihr
transitive          er/sie/es sie/Sie

## Indicative

### Present Tense
| | | Narrative Past | |
|---|---|---|---|
| lade ein | laden ein | lud ein | luden ein |
| lädst ein | ladet ein | ludst ein | ludet ein |
| lädt ein | laden ein | lud ein | luden ein |

### Conversational Past
| | | Past Perfect | |
|---|---|---|---|
| habe eingeladen | haben eingeladen | hatte eingeladen | hatten eingeladen |
| hast eingeladen | habt eingeladen | hattest eingeladen | hattet eingeladen |
| hat eingeladen | haben eingeladen | hatte eingeladen | hatten eingeladen |

### Future
| | | Future Perfect | |
|---|---|---|---|
| werde einladen | werden einladen | werde eingeladen haben | werden eingeladen haben |
| wirst einladen | werdet einladen | wirst eingeladen haben | werdet eingeladen haben |
| wird einladen | werden einladen | wird eingeladen haben | werden eingeladen haben |

## Subjunctive

### Present
| | | Past | |
|---|---|---|---|
| lade ein | laden ein | lüde ein | lüden ein |
| ladest ein | ladet ein | lüdest ein | lüdet ein |
| lade ein | laden ein | lüde ein | lüden ein |

### Present Perfect
| | | Past Perfect | |
|---|---|---|---|
| habe eingeladen | haben eingeladen | hätte eingeladen | hätten eingeladen |
| habest einge-laden | habet eingeladen | hättest eingeladen | hättet eingeladen |
| habe eingeladen | haben eingeladen | hätte eingeladen | hätten eingeladen |

## Conditional

### Present
| | | Perfect | |
|---|---|---|---|
| würde einladen | würden einladen | würde eingeladen haben | würden eingeladen haben |
| würdest einladen | würdet einladen | würdest eingeladen haben | würdet eingeladen haben |
| würde einladen | würden einladen | würde eingeladen haben | würden eingeladen haben |

## Imperative
| | |
|---|---|
| lad(e) ein! | laden Sie ein! |
| ladet ein! | laden wir ein! |

## Participles
| Present | Past |
|---|---|
| einladend | eingeladen |

## Related Words
| | | | |
|---|---|---|---|
| *laden* | to load | *einladend* | inviting, attractive |
| *die Einladung* | invitation | | |
| *die Einladungs-karte* | invitation card | | |

# 38 empfehlen to recommend

strong
inseparable
transitive
(reflexive)

| | ich | wir |
| | du | ihr |
| | er/sie/es | sie/Sie |

## Indicative

### Present Tense
| | |
|---|---|
| empfehle | empfehlen |
| empfiehlst | empfehlt |
| empfiehlt | empfehlen |

### Narrative Past
| | |
|---|---|
| empfahl | empfahlen |
| empfahlst | empfahlt |
| empfahl | empfahlen |

### Conversational Past
| | |
|---|---|
| habe empfohlen | haben empfohlen |
| hast empfohlen | habt empfohlen |
| hat empfohlen | haben empfohlen |

### Past Perfect
| | |
|---|---|
| hatte empfohlen | hatten empfohlen |
| hattest empfohlen | hattet empfohlen |
| hatte empfohlen | hatten empfohlen |

### Future
| | |
|---|---|
| werde empfehlen | werden empfehlen |
| wirst empfehlen | werdet empfehlen |
| wird empfehlen | werden empfehlen |

### Future Perfect
| | |
|---|---|
| werde empfehlen haben | werden empfehlen haben |
| wirst empfehlen haben | werdet empfehlen haben |
| wird empfehlen haben | werden empfehlen haben |

## Subjunctive

### Present
| | |
|---|---|
| empfehle | empfehlen |
| empfehlest | empfehlet |
| empfehle | empfehlen |

### Past
| | |
|---|---|
| empfähle | empfählen |
| empfählest | empfählet |
| empfähle | empfählen |

### Present Perfect
| | |
|---|---|
| habe empfohlen | haben empfohlen |
| habest empfohlen | habet empfohlen |
| habe empfohlen | haben empfohlen |

### Past Perfect
| | |
|---|---|
| hätte empfohlen | hätten empfohlen |
| hättest empfohlen | hättet empfohlen |
| hätte empfohlen | hätten empfohlen |

## Conditional

### Present
| | |
|---|---|
| würde empfehlen | würden empfehlen |
| würdest empfehlen | würdet empfehlen |
| würde empfehlen | würden empfehlen |

### Perfect
| | |
|---|---|
| würde empfohlen haben | würden empfohlen haben |
| würdest empfohlen haben | würdet empfohlen haben |
| würde empfohlen haben | würden empfohlen haben |

## Imperative
| | |
|---|---|
| empfiehl! | empfehlen Sie! |
| empfehlt! | empfehlen wir! |

## Participles
| Present | Past |
|---|---|
| empfehlend | empfohlen |

## Related Words
| | |
|---|---|
| die Empfehlung | recommendation |
| das Empfehlungs- schreiben | letter of recommendation |
| empfehlenswert | commendable |
| meine besten Empfehlungen an... | my best regards to... |

# 39 entlassen to dismiss, release, fire

strong
inseparable
transitive

| | ich | wir |
|---|---|---|
| | du | ihr |
| | er/sie/es | sie/Sie |

## Indicative

### Present Tense
| | |
|---|---|
| entlasse | entlassen |
| entläßt | entlaßt |
| entläßt | entlassen |

### Narrative Past
| | |
|---|---|
| entließ | entließen |
| entließest | entließt |
| entließ | entließen |

### Conversational Past
| | |
|---|---|
| habe entlassen | haben entlassen |
| hast entlassen | habt entlassen |
| hat entlassen | haben entlassen |

### Past Perfect
| | |
|---|---|
| hatte entlassen | hatten entlassen |
| hattest entlassen | hattet entlassen |
| hatte entlassen | hatten entlassen |

### Future
| | |
|---|---|
| werde entlassen | werden entlassen |
| wirst entlassen | werdet entlassen |
| wird entlassen | werden entlassen |

### Future Perfect
| | |
|---|---|
| werde entlassen haben | werden entlassen haben |
| wirst entlassen haben | werdet entlassen haben |
| wird entlassen haben | werden entlassen haben |

## Subjunctive

### Present
| | |
|---|---|
| entlasse | entlassen |
| entlassest | entlasset |
| entlasse | entlassen |

### Past
| | |
|---|---|
| entließe | entließen |
| entließest | entließet |
| entließe | entließen |

### Present Perfect
| | |
|---|---|
| habe entlassen | haben entlassen |
| habest entlassen | habet entlassen |
| habe entlassen | haben entlassen |

### Past Perfect
| | |
|---|---|
| hätte entlassen | hätten entlassen |
| hättest entlassen | hättet entlassen |
| hätte entlassen | hätten entlassen |

## Conditional

### Present
| | |
|---|---|
| würde entlassen | würden entlassen |
| würdest entlassen | würdet entlassen |
| würde entlassen | würden entlassen |

### Perfect
| | |
|---|---|
| würde entlassen haben | würden entlassen haben |
| würdest entlassen haben | würdet entlassen haben |
| würde entlassen haben | würden entlassen haben |

## Imperative
| | |
|---|---|
| entlaß(e)! | entlassen Sie! |
| entlaßt! | entlassen wir! |

## Participles
| Present | Past |
|---|---|
| entlassend | entlassen |

## Related Words

| | | | |
|---|---|---|---|
| *die Entlassung* | dismissal, discharge | *das Entlassungs-schreiben* | letter of dismissal |
| *die Entlassungs-papiere* | discharge papers | *das Entlassungsgesuch* | resignation |
| *der Entlassungs-grund* | reason for dismissal | | |

# 40 entscheiden to decide

strong
inseparable
transitive/intransitive
(reflexive)

| ich | wir |
|-----|-----|
| du | ihr |
| er/sie/es | sie/Sie |

## Indicative

### Present Tense
| | |
|---|---|
| entscheide | entscheiden |
| entscheidest | entscheidet |
| entscheidet | entscheiden |

### Narrative Past
| | |
|---|---|
| entschied | entschieden |
| entschiedst | entschiedet |
| entschied | entschieden |

### Conversational Past
| | |
|---|---|
| habe entschieden | haben entschieden |
| hast entschieden | habt entschieden |
| hat entschieden | haben entschieden |

### Past Perfect
| | |
|---|---|
| hatte entschieden | hatten entschieden |
| hattest entschieden | hattet entschieden |
| hatte entschieden | hatten entschieden |

### Future
| | |
|---|---|
| werde entschieden | werden entschieden |
| wirst entschieden | werdet entschieden |
| wird entschieden | werden entschieden |

### Future Perfect
| | |
|---|---|
| werde entschieden haben | werden entschieden haben |
| wirst entschieden haben | werdet entschieden haben |
| wird entschieden haben | werden entschieden haben |

## Subjunctive

### Present
| | |
|---|---|
| entscheide | entscheidet |
| entscheidest | entscheidet |
| entscheide | entscheiden |

### Past
| | |
|---|---|
| entschiede | entschieden |
| entschiedest | entschiedet |
| entschiede | entschieden |

### Present Perfect
| | |
|---|---|
| habe entschieden | haben entschieden |
| habest entschieden | habet entschieden |
| habe entschieden | haben entschieden |

### Past Perfect
| | |
|---|---|
| hätte entschieden | hätten entschieden |
| hättest entschieden | hättet entschieden |
| hätte entschieden | hätten entschieden |

## Conditional

### Present
| | |
|---|---|
| würde entscheiden | würden entscheiden |
| würdest entscheiden | würdet entscheiden |
| würde entscheiden | würden entscheiden |

### Perfect
| | |
|---|---|
| würde entschieden haben | würden entschieden haben |
| würdest entschieden haben | würdet entschieden haben |
| würde entschieden haben | würden entschieden haben |

## Imperative
| | |
|---|---|
| entscheide! | entscheiden Sie! |
| entscheidet! | entscheiden wir! |

## Participles

### Present
entscheidend

### Past
entschieden

## Related Words
| | |
|---|---|
| die Entscheidung | decision |
| entscheidend | decisive |
| entschieden | decided; determined |
| die Entschiedenheit | determination |
| der Entscheidungs- grund | decisive factor |
| das Entscheidungsspiel | (sports) play-off, final game |
| sich entscheiden | to make a decision |

76

# 41 entwickeln to develop

weak
inseparable
transitive
(reflexive)

| | ich | wir |
| --- | --- | --- |
| | du | ihr |
| | er/sie/es | sie/Sie |

## Indicative

### Present Tense

| | |
| --- | --- |
| entwickele | entwickeln |
| entwickelst | entwickelt |
| entwickelt | entwickeln |

### Narrative Past

| | |
| --- | --- |
| entwickelte | entwickelten |
| entwickeltest | entwickeltet |
| entwickelte | entwickelten |

### Conversational Past

| | |
| --- | --- |
| habe entwickelt | haben entwickelt |
| hast entwickelt | habt entwickelt |
| hat entwickelt | haben entwickelt |

### Past Perfect

| | |
| --- | --- |
| hatte entwickelt | hatten entwickelt |
| hattest entwickelt | hattet entwickelt |
| hatte entwickelt | hatten entwickelt |

### Future

| | |
| --- | --- |
| werde entwickeln | werden entwickeln |
| wirst entwickeln | werdet entwickeln |
| wird entwickeln | werden entwickeln |

### Future Perfect

| | |
| --- | --- |
| werde entwickelt haben | werden entwickelt haben |
| wirst entwickelt haben | werdet entwickelt haben |
| wird entwickelt haben | werden entwickelt haben |

## Subjunctive

### Present

| | |
| --- | --- |
| entwickele | entwickeln |
| entwickelst | entwickelt |
| entwickele | entwickeln |

### Past

| | |
| --- | --- |
| entwickelte | entwickelten |
| entwickeltest | entwickeltet |
| entwickelte | entwickelten |

### Present Perfect

| | |
| --- | --- |
| habe entwickelt | haben entwickelt |
| habest entwickelt | habet entwickelt |
| habe entwickelt | haben entwickelt |

### Past Perfect

| | |
| --- | --- |
| hätte entwickelt | hätten entwickelt |
| hättest entwickelt | hättet entwickelt |
| hätte entwickelt | hätten entwickelt |

## Conditional

### Present

| | |
| --- | --- |
| würde entwickeln | würden entwickeln |
| würdest entwickeln | würdet entwickeln |
| würde entwickeln | würden entwickeln |

### Perfect

| | |
| --- | --- |
| würde entwickelt haben | würden entwickelt haben |
| würdest entwickelt haben | würdet entwickelt haben |
| würde entwickelt haben | würden entwickelt haben |

## Imperative

| | |
| --- | --- |
| entwickel(e)! | entwickeln Sie! |
| entwickelt! | entwickeln wir! |

## Participles

| Present | Past |
| --- | --- |
| entwickelnd | entwickelt |

## Related Words

| | | | |
| --- | --- | --- | --- |
| *die Entwicklung* | development, evolution | *das Entwicklungsland* | developing country |
| *die Entwicklungs-hilfe* | economic aid | *die Entwicklungs-jahre* | adolescence |

# 42 erfahren to learn, hear, experience

|  |  |  |  |
|---|---|---|---|
| strong | | ich | wir |
| inseparable | | du | ihr |
| transitive | | er/sie/es | sie/Sie |

## Indicative

### Present Tense
| | |
|---|---|
| erfahre | erfahren |
| erfährst | erfahrt |
| erfährt | erfahren |

### Narrative Past
| | |
|---|---|
| erfuhr | erfuhren |
| erfuhrst | erfuhrt |
| erfuhr | erfuhren |

### Conversational Past
| | |
|---|---|
| habe erfahren | haben erfahren |
| hast erfahren | habt erfahren |
| hat erfahren | haben erfahren |

### Past Perfect
| | |
|---|---|
| hatte erfahren | hatten erfahren |
| hattest erfahren | hattet erfahren |
| hatte erfahren | hatten erfahren |

### Future
| | |
|---|---|
| werde erfahren | werden erfahren |
| wirst erfahren | werdet erfahren |
| wird erfahren | werden erfahren |

### Future Perfect
| | |
|---|---|
| werde erfahren haben | werden erfahren haben |
| wirst erfahren haben | werdet erfahren haben |
| wird erfahren haben | werden erfahren haben |

## Subjunctive

### Present
| | |
|---|---|
| erfahre | erfahren |
| erfahrest | erfahret |
| erfahre | erfahren |

### Past
| | |
|---|---|
| erführe | erführen |
| erführest | erführet |
| erführe | erführen |

### Present Perfect
| | |
|---|---|
| habe erfahren | haben erfahren |
| habest erfahren | habet erfahren |
| habe erfahren | haben erfahren |

### Past Perfect
| | |
|---|---|
| hätte erfahren | hätten erfahren |
| hättest erfahren | hättet erfahren |
| hätte erfahren | hätten erfahren |

## Conditional

### Present
| | |
|---|---|
| würde erfahren | würden erfahren |
| würdest erfahren | würdet erfahren |
| würde erfahren | würden erfahren |

### Perfect
| | |
|---|---|
| würde erfahren haben | würden erfahren haben |
| würdest erfahren haben | würdet erfahren haben |
| würde erfahren haben | würden erfahren haben |

## Imperative
| | |
|---|---|
| erfahr(e)! | erfahren Sie! |
| erfahrt! | erfahren wir! |

## Participles
| Present | Past |
|---|---|
| erfahrend | erfahren |

## Related Words

| | | | |
|---|---|---|---|
| *die Erfahrung* | experience | *in Erfahrung bringen* | to find out, discover |
| *erfahren sein* | to be experienced | *erfahrungsgemäß* | according to (my) experience... |
| *unerfahren sein* | to be inexperienced | | |

# 43 sich erinnern to remind, remember

strong
inseparable
transitive

| | | ich | wir |
| --- | --- | --- | --- |
| | | du | ihr |
| | | er/sie/es | sie/Sie |

## Indicative

### Present Tense

| | |
| --- | --- |
| erinnere mich | erinnern uns |
| erinnerst dich | erinnert euch |
| erinnert sich | erinnern sich |

### Narrative Past

| | |
| --- | --- |
| erinnerte mich | erinnerten uns |
| erinnertest dich | erinnertet euch |
| erinnerte sich | erinnerten sich |

### Conversational Past

| | |
| --- | --- |
| habe mich erinnert | haben uns erinnert |
| hast dich erinnert | habt euch erinnert |
| hat sich erinnert | haben sich erinnert |

### Past Perfect

| | |
| --- | --- |
| hatte mich erinnert | hatten uns erinnert |
| hattest dich erinnert | hattet euch erinnert |
| hatte sich erinnert | hatten sich erinnert |

### Future

| | |
| --- | --- |
| werde mich er- innern | werden uns erinnern |
| wirst dich erinnern | werdet euch er- innern |
| wird sich erinnern | werden sich er- innern |

### Future Perfect

| | |
| --- | --- |
| werde mich er- innert haben | werden uns erinnert haben |
| wirst dich er- innert haben | werdet euch erinnert haben |
| wird sich er- innert haben | werden sich erinnert haben |

## Subjunctive

### Present

| | |
| --- | --- |
| erinnere mich | erinnern uns |
| erinnerest dich | erinnert euch |
| erinnere sich | erinnern sich |

### Past

| | |
| --- | --- |
| erinnerte mich | erinnerten uns |
| erinnertest dich | erinnertet euch |
| erinnerte sich | erinnerten sich |

### Present Perfect

| | |
| --- | --- |
| habe mich erinnert | haben uns erinnert |
| habest dich er- innert | habet euch erinnert |
| habe sich erinnert | haben sich erinnert |

### Past Perfect

| | |
| --- | --- |
| hätte mich erinnert | hätten uns erinnert |
| hättest dich erinnert | hättet euch erinnert |
| hätte sich erinnert | hätten sich erinnert |

## Conditional

### Present

| | |
| --- | --- |
| würde mich er- innern | würden uns er- innern |
| würdest dich er- innern | würdet euch er- innern |
| würde sich er- innern | würden sich er- innern |

### Perfect

| | |
| --- | --- |
| würde mich er- innert haben | würden uns erinnert haben |
| würdest dich er- innert haben | würdet euch erinnert haben |
| würde sich er- innert haben | würden sich erinnert haben |

## Imperative

| | |
| --- | --- |
| erinner(e) dich! | erinnern Sie sich! |
| erinnert euch! | erinnern wir uns! |

## Participles

### Present
erinnernd

### Past
erinnert

## Related Words

| | | | |
| --- | --- | --- | --- |
| *die Erinnerung* | memory, reminder | *der Erinnerungstag* | commemorative day |
| *in Erinnerung bringen* | to recall | *das Erinnerungs- vermögen* | memory, power of recollection |

79

# 44 sich erkälten to catch a cold

weak
inseparable
transitive

| ich | wir |
|-----|-----|
| du | ihr |
| er/sie/es | sie/Sie |

## Indicative

**Present Tense**

| erkälte mich | erkälten uns |
|---|---|
| erkältest dich | erkältet euch |
| erkältet sich | erkälten sich |

**Narrative Past**

| erkältete mich | erkälteten uns |
|---|---|
| erkältetest dich | erkältetet euch |
| erkältete sich | erkälteten sich |

**Conversational Past**

| habe mich erkältet | haben uns erkältet |
|---|---|
| hast dich erkältet | habt euch erkältet |
| hat sich erkältet | haben sich erkältet |

**Past Perfect**

| hatte mich erkältet | hatten uns erkältet |
|---|---|
| hattest dich erkältet | hattet euch erkältet |
| hatte sich erkältet | hatten sich erkältet |

**Future**

| werde mich erkälten | werden uns erkälten |
|---|---|
| wirst dich erkälten | werdet euch erkälten |
| wird sich erkälten | werden sich erkälten |

**Future Perfect**

| werde mich erkältet haben | werden uns erkältet haben |
|---|---|
| wirst dich erkältet haben | werdet euch erkältet haben |
| wird sich erkältet haben | werden sich erkältet haben |

## Subjunctive

**Present**

| erkälte mich | erkälten uns |
|---|---|
| erkältest dich | erkältet euch |
| erkälte sich | erkälten sich |

**Past**

| erkältete mich | erkälteten uns |
|---|---|
| erkältetest dich | erkältetet euch |
| erkältete sich | erkälteten sich |

**Present Perfect**

| habe mich erkältet | haben uns erkältet |
|---|---|
| habest dich erkältet | habet euch erkältet |
| habe sich erkältet | haben sich erkältet |

**Past Perfect**

| hätte mich erkältet | hätten uns erkältet |
|---|---|
| hättest dich erkältet | hättet euch erkältet |
| hätte sich erkältet | hätten sich erkältet |

## Conditional

**Present**

| würde mich erkälten | würden uns erkälten |
|---|---|
| würdest dich erkälten | würdet euch erkälten |
| würde sich erkälten | würden sich erkälten |

**Perfect**

| würde mich erkältet haben | würden uns erkältet haben |
|---|---|
| würdest dich erkältet haben | würdet euch erkältet haben |
| würde sich erkältet haben | würden sich erkältet haben |

## Imperative

| erkälte dich! | erkälten Sie sich! |
|---|---|
| erkältet euch! | erkälten wir uns! |

## Participles

**Present**
erkältend

**Past**
erkältet

## Related Words

| *die Erkältung* | cold, chill |
|---|---|
| *erkalten* | to get cold, cool (down) |
| *die Kälte* | cold, chill |
| *kalt* | cold |

# 45 erklären to explain, declare, announce

weak
inseparable
transitive

ich  wir
du  ihr
er/sie/es  sie/Sie

## Indicative

### Present Tense
| | |
|---|---|
| erkläre | erklären |
| erklärst | erklärt |
| erklärt | erklären |

### Narrative Past
| | |
|---|---|
| erklärte | erklärten |
| erklärtest | erklärtet |
| erklärte | erklärten |

### Conversational Past
| | |
|---|---|
| habe erklärt | haben erklärt |
| hast erklärt | habt erklärt |
| hat erklärt | haben erklärt |

### Past Perfect
| | |
|---|---|
| hatte erklärt | hatten erklärt |
| hattest erklärt | hattet erklärt |
| hatte erklärt | hatten erklärt |

### Future
| | |
|---|---|
| werde erklären | werden erklären |
| wirst erklären | werdet erklären |
| wird erklären | werden erklären |

### Future Perfect
| | |
|---|---|
| werde erklärt haben | werden erklärt haben |
| wirst erklärt haben | werdet erklärt haben |
| wird erklärt haben | werden erklärt haben |

## Subjunctive

### Present
| | |
|---|---|
| erkläre | erklären |
| erklärest | erkläret |
| erkläre | erklären |

### Past
| | |
|---|---|
| erklärte | erklärten |
| erklärtest | erklärtet |
| erklärte | erklärten |

### Present Perfect
| | |
|---|---|
| habe erklärt | haben erklärt |
| habest erklärt | habet erklärt |
| habe erklärt | haben erklärt |

### Past Perfect
| | |
|---|---|
| hätte erklärt | hätten erklärt |
| hättest erklärt | hättet erklärt |
| hätte erklärt | hätten erklärt |

## Conditional

### Present
| | |
|---|---|
| würde erklären | würden erklären |
| würdest erklären | würdet erklären |
| würde erklären | würden erklären |

### Perfect
| | |
|---|---|
| würde erklärt haben | würden erklärt haben |
| würdest erklärt haben | würdet erklärt haben |
| würde erklärt haben | würden erklärt haben |

## Imperative
| | |
|---|---|
| erklär(e)! | erklären Sie! |
| erklärt! | erklären wir! |

## Participles
| Present | Past |
|---|---|
| erklärend | erklärt |

## Related Words

| | | | |
|---|---|---|---|
| *die Erklärung* | explanation | *aus erklärlichen* | for obvious reasons... |
| *erklärbar* | explainable | *Gründen...* | |
| *erklärlich* | understandable; obvious | *Ich kann mir das nicht erklären...* | I can't understand it... |

# 46 erlauben to allow, permit

weak
inseparable
transitive
(reflexive)

|  | ich | wir |
|--|-----|-----|
|  | du | ihr |
|  | er/sie/es | sie/Sie |

## Indicative

### Present Tense
| | |
|--|--|
| erlaube | erlauben |
| erlaubst | erlaubt |
| erlaubt | erlauben |

### Narrative Past
| | |
|--|--|
| erlaubte | erlaubten |
| erlaubtest | erlaubtet |
| erlaubte | erlaubten |

### Conversational Past
| | |
|--|--|
| habe erlaubt | haben erlaubt |
| hast erlaubt | habt erlaubt |
| hat erlaubt | haben erlaubt |

### Past Perfect
| | |
|--|--|
| hatte erlaubt | hatten erlaubt |
| hattest erlaubt | hattet erlaubt |
| hatte erlaubt | hatten erlaubt |

### Future
| | |
|--|--|
| werde erlauben | werden erlauben |
| wirst erlauben | werdet erlauben |
| wird erlauben | werden erlauben |

### Future Perfect
| | |
|--|--|
| werde erlaubt haben | werden erlaubt haben |
| wirst erlaubt haben | werdet erlaubt haben |
| wird erlaubt haben | werden erlaubt haben |

## Subjunctive

### Present
| | |
|--|--|
| erlaube | erlauben |
| erlaubest | erlaubet |
| erlaube | erlauben |

### Past
| | |
|--|--|
| erlaubte | erlaubten |
| erlaubtest | erlaubtet |
| erlaubte | erlaubten |

### Present Perfect
| | |
|--|--|
| habe erlaubt | haben erlaubt |
| habest erlaubt | habet erlaubt |
| habe erlaubt | haben erlaubt |

### Past Perfect
| | |
|--|--|
| hätte erlaubt | hätten erlaubt |
| hättest erlaubt | hättet erlaubt |
| hätte erlaubt | hätten erlaubt |

## Conditional

### Present
| | |
|--|--|
| würde erlauben | würden erlauben |
| würdest erlauben | würdet erlauben |
| würde erlauben | würden erlauben |

### Perfect
| | |
|--|--|
| würde erlaubt haben | würden erlaubt haben |
| würdest erlaubt haben | würdet erlaubt haben |
| würde erlaubt haben | würden erlaubt haben |

## Imperative
| | |
|--|--|
| erlaub(e)! | erlauben Sie! |
| erlaubt! | erlauben wir! |

## Participles

### Present
erlaubend

### Past
erlaubt

## Related Words

| | | | |
|--|--|--|--|
| die Erlaubnis | permission | *unerlaubt* | not permitted |
| *um Erlaubnis bitten* | to ask permission | *erlaubt* | permitted |
| *die Erlaubnis erteilen* | to grant permission | *die Arbeitserlaubnis* | work permit |

# 47 erschrecken* to be frightened

strong*
inseparable
transitive/intransitive
(reflexive)

ich   wir
du   ihr
er/sie/es   sie/Sie

## Indicative

### Present Tense

| | | | |
|---|---|---|---|
| erschrecke | erschrecken | | |
| erschrickst | erschreckt | | |
| erschrickt | erschrecken | | |

### Narrative Past

| | |
|---|---|
| erschrak | erschraken |
| erschrakst | erschrakt |
| erschrak | erschraken |

### Conversational Past

| | |
|---|---|
| bin erschrocken | sind erschrocken |
| bist erschrocken | seid erschrocken |
| ist erschrocken | sind erschrocken |

### Past Perfect

| | |
|---|---|
| war erschrocken | waren erschrocken |
| warst erschrocken | wart erschrocken |
| war erschrocken | waren erschrocken |

### Future

| | |
|---|---|
| werde erschrecken | werden erschrecken |
| wirst erschrecken | werdet erschrecken |
| wird erschrecken | werden erschrecken |

### Future Perfect

| | |
|---|---|
| werde erschrocken sein | werden erschrocken sein |
| wirst erschrocken sein | werdet erschrocken sein |
| wird erschrocken sein | werden erschrocken sein |

## Subjunctive

### Present

| | |
|---|---|
| erschrecke | erschrecken |
| erschreckest | erschrecket |
| erschrecke | erschrecken |

### Past

| | |
|---|---|
| erschräke | erschräken |
| erschräkest | erschräket |
| erschräke | erschräken |

### Present Perfect

| | |
|---|---|
| sei erschrocken | seien erschrocken |
| seiest erschrocken | seiet erschrocken |
| sei erschrocken | seien erschrocken |

### Past Perfect

| | |
|---|---|
| wäre erschrocken | wären erschrocken |
| wärest erschrocken | wäret erschrocken |
| wäre erschrocken | wären erschrocken |

## Conditional

### Present

| | |
|---|---|
| würde erschrecken | würden erschrecken |
| würdest erschrecken | würdet erschrecken |
| würde erschrecken | würden erschrecken |

### Perfect

| | |
|---|---|
| würde erschrocken sein | würden erschrocken sein |
| würdest erschrocken sein | würdet erschrocken sein |
| würde erschrocken sein | würden erschrocken sein |

## Imperative

| | |
|---|---|
| erschrick! | erschrecken Sie! |
| erschreckt! | erschrecken wir! |

## Participles

### Present

erschreckend

### Past

erschrocken

## Related Words

| | | | |
|---|---|---|---|
| erschrocken | frightened, scared | der Schreck | shock, fright |
| das Erschrecken | shock, fright | schrecklich | terrible, frightful |

* The weak form of *erschrecken* means "to frighten": *erschrecken, erschreckte, erschreckt, erschreckt.*

## 48 erzählen to tell, relate

weak
inseparable
transitive

|  | ich | wir |
| --- | --- | --- |
|  | du | ihr |
|  | er/sie/es | sie/Sie |

## Indicative

### Present Tense
| erzähle | erzählen |
| --- | --- |
| erzählst | erzählt |
| erzählt | erzählen |

### Narrative Past
| erzählte | erzählten |
| --- | --- |
| erzähltest | erzähltet |
| erzählte | erzählten |

### Conversational Past
| habe erzählt | haben erzählt |
| --- | --- |
| hast erzählt | habt erzählt |
| hat erzählt | haben erzählt |

### Past Perfect
| hatte erzählt | hatten erzählt |
| --- | --- |
| hattest erzählt | hattet erzählt |
| hatte erzählt | hatten erzählt |

### Future
| werde erzählen | werden erzählen |
| --- | --- |
| wirst erzählen | werdet erzählen |
| wird erzählen | werden erzählen |

### Future Perfect
| werde erzählt haben | werden erzählt haben |
| --- | --- |
| wirst erzählt haben | werdet erzählt haben |
| wird erzählt haben | werden erzählt haben |

## Subjunctive

### Present
| erzähle | erzählen |
| --- | --- |
| erzählest | erzählet |
| erzähle | erzählen |

### Past
| erzählte | erzählten |
| --- | --- |
| erzähltest | erzähltet |
| erzählte | erzählten |

### Present Perfect
| habe erzählt | haben erzählt |
| --- | --- |
| habest erzählt | habet erzählt |
| habe erzählt | haben erzählt |

### Past Perfect
| hätte erzählt | hätten erzählt |
| --- | --- |
| hättest erzählt | hättet erzählt |
| hätte erzählt | hätten erzählt |

## Conditional

### Present
| würde erzählen | würden erzählen |
| --- | --- |
| würdest erzählen | würdet erzählen |
| würde erzählen | würden erzählen |

### Perfect
| würde erzählt haben | würden erzählt haben |
| --- | --- |
| würdest erzählt haben | würdet erzählt haben |
| würde erzählt haben | würden erzählt haben |

## Imperative
| erzähl(e)! | erzählen Sie! |
| --- | --- |
| erzählt | erzählen wir! |

## Participles
| Present | Past |
| --- | --- |
| erzählend | erzählt |

## Related Words

| *die Erzählung* | narration; report; tale | *der/die Erzähler/in* | narrator |
| --- | --- | --- | --- |

## 49 essen to eat

strong
inseparable
transitive

|  | ich | wir |
| --- | --- | --- |
|  | du | ihr |
|  | er/sie/es | sie/Sie |

## Indicative

### Present Tense

| esse | essen |
| --- | --- |
| ißt | eßt |
| ißt | essen |

### Narrative Past

| aß | aßen |
| --- | --- |
| aßest | aßt |
| aß | aßen |

### Conversational Past

| habe gegessen | haben gegessen |
| --- | --- |
| hast gegessen | habt gegessen |
| hat gegessen | haben gegessen |

### Past Perfect

| hatte gegessen | hatten gegessen |
| --- | --- |
| hattest gegessen | hattet gegessen |
| hatte gegessen | hatten gegessen |

### Future

| werde essen | werden essen |
| --- | --- |
| wirst essen | werdet essen |
| wird essen | werden essen |

### Future Perfect

| werde gegessen haben | werden gegessen haben |
| --- | --- |
| wirst gegessen haben | werdet gegessen haben |
| wird gegessen haben | werden gegessen haben |

## Subjunctive

### Present

| esse | essen |
| --- | --- |
| essest | esset |
| esse | essen |

### Past

| äße | äßen |
| --- | --- |
| äßest | äßet |
| äße | äßen |

### Present Perfect

| habe gegessen | haben gegessen |
| --- | --- |
| habest gegessen | habet gegessen |
| habe gegessen | haben gegessen |

### Past Perfect

| hätte gegessen | hätten gegessen |
| --- | --- |
| hättest gegessen | hättet gegessen |
| hätte gegessen | hätten gegessen |

## Conditional

### Present

| würde essen | würden essen |
| --- | --- |
| würdest essen | würdet essen |
| würde essen | würden essen |

### Perfect

| würde gegessen haben | würden gegessen haben |
| --- | --- |
| würdest gegessen haben | würdet gegessen haben |
| würde gegessen haben | würden gegessen haben |

## Imperative

| iß! | essen Sie! |
| --- | --- |
| eßt! | essen wir! |

## Participles

### Present

essend

### Past

gegessen

## Related Words

| *das Essen* | food, meal | *das Eßzimmer* | dining room |
| --- | --- | --- | --- |
| *eßbar* | edible | *der Eßtisch* | dinner table |
| *nicht eßbar* | unedible | *auswärts essen* | to eat out |
| *die Essenszeit* | meal time | | |

# 50 fahren to drive, go

strong
inseparable
transitive/intransitive

|  | ich | wir |
| --- | --- | --- |
|  | du | ihr |
|  | er/sie/es | sie/Sie |

## Indicative

### Present Tense
| | | | |
| --- | --- | --- | --- |
| fahre | fahren | | |
| fährst | fahrt | | |
| fährt | fahren | | |

### Narrative Past
| | |
| --- | --- |
| fuhr | fuhren |
| fuhrst | fuhrt |
| fuhr | fuhren |

### Conversational Past
| | |
| --- | --- |
| bin gefahren | sind gefahren |
| bist gefahren | seid gefahren |
| ist gefahren | sind gefahren |

### Past Perfect
| | |
| --- | --- |
| war gefahren | waren gefahren |
| warst gefahren | wart gefahren |
| war gefahren | waren gefahren |

### Future
| | |
| --- | --- |
| werde fahren | werden fahren |
| wirst fahren | werdet fahren |
| wird fahren | werden fahren |

### Future Perfect
| | |
| --- | --- |
| werde gefahren sein | werden gefahren sein |
| wirst gefahren sein | werdet gefahren sein |
| wird gefahren sein | werden gefahren sein |

## Subjunctive

### Present
| | |
| --- | --- |
| fahre | fahren |
| fahrest | fahret |
| fahre | fahren |

### Past
| | |
| --- | --- |
| führe | führen |
| führest | führet |
| führe | führen |

### Present Perfect
| | |
| --- | --- |
| sei gefahren | seien gefahren |
| seiest gefahren | seiet gefahren |
| sei gefahren | seien gefahren |

### Past Perfect
| | |
| --- | --- |
| wäre gefahren | wären gefahren |
| wärest gefahren | wäret gefahren |
| wäre gefahren | wären gefahren |

## Conditional

### Present
| | |
| --- | --- |
| würde fahren | würden fahren |
| würdest fahren | würdet fahren |
| würde fahren | würden fahren |

### Perfect
| | |
| --- | --- |
| würde gefahren sein | würden gefahren sein |
| würdest gefahren sein | würdet gefahren sein |
| würde gefahren sein | würden gefahren sein |

## Imperative
| | |
| --- | --- |
| fahr(e)! | fahren Sie! |
| fahrt! | fahren wir! |

## Participles
| Present | Past |
| --- | --- |
| fahrend | gefahren |

## Related Words

| | | | |
| --- | --- | --- | --- |
| *die Fahrt* | journey, trip, drive | *der Fahrausweis* | ticket |
| | | *die Fahr-geschwindigkeit* | (driving) speed |
| *der/die Fahrer/in* | driver | | |
| *die Ausfahrt* | exit | *die Einfahrt* | entrance |

# 51 fallen to fall

strong
inseparable
intransitive

|  | ich | wir |
|---|---|---|
|  | du | ihr |
|  | er/sie/es | sie/Sie |

## Indicative

### Present Tense

| falle | fallen |
|---|---|
| fällst | fallt |
| fällt | fallen |

### Narrative Past

| fiel | fielen |
|---|---|
| fielst | fielt |
| fiel | fielen |

### Conversational Past

| bin gefallen | sind gefallen |
|---|---|
| bist gefallen | seid gefallen |
| ist gefallen | sind gefallen |

### Past Perfect

| war gefallen | waren gefallen |
|---|---|
| warst gefallen | wart gefallen |
| war gefallen | waren gefallen |

### Future

| werde fallen | werden fallen |
|---|---|
| wirst fallen | werdet fallen |
| wird fallen | werden fallen |

### Future Perfect

| werde gefallen sein | werden gefallen sein |
|---|---|
| wirst gefallen sein | werdet gefallen sein |
| wird gefallen sein | werden gefallen sein |

## Subjunctive

### Present

| falle | fallen |
|---|---|
| fallest | fallet |
| falle | fallen |

### Past

| fiele | fielen |
|---|---|
| fielest | fielet |
| fiele | fielen |

### Present Perfect

| sei gefallen | seien gefallen |
|---|---|
| seiest gefallen | seiet gefallen |
| sei gefallen | seien gefallen |

### Past Perfect

| wäre gefallen | wären gefallen |
|---|---|
| wärest gefallen | wäret gefallen |
| wäre gefallen | wären gefallen |

## Conditional

### Present

| würde fallen | würden fallen |
|---|---|
| würdest fallen | würdet fallen |
| würde fallen | würden fallen |

### Perfect

| würde gefallen sein | würden gefallen sein |
|---|---|
| würdest gefallen sein | würdet gefallen sein |
| würde gefallen sein | würden gefallen sein |

## Imperative

| fall(e)! | fallen Sie! |
|---|---|
| fallt! | fallen wir! |

## Participles

| Present | Past |
|---|---|
| fallend | gefallen |

## Related Words

| *der Fall* | fall; case | *die Fallgrube* | pitfall, trap |
|---|---|---|---|
| *fallen lassen* | to drop | *der Kriminalfall* | criminal case |
| *der Unfall* | accident | *auf alle Fälle...* | in any case... |
| *einfallen* | to come to one's mind | *es fällt mir schwer* | it is difficult for me |

## 52 fehlen to miss, be absent

weak
inseparable
intransitive

| | ich | wir |
|---|---|---|
| | du | ihr |
| | er/sie/es | sie/Sie |

## Indicative

### Present Tense
| | |
|---|---|
| fehle | fehlen |
| fehlst | fehlt |
| fehlt | fehlen |

### Narrative Past
| | |
|---|---|
| fehlte | fehlten |
| fehltest | fehltet |
| fehlte | fehlten |

### Conversational Past
| | |
|---|---|
| habe gefehlt | haben gefehlt |
| hast gefehlt | habt gefehlt |
| hat gefehlt | haben gefehlt |

### Past Perfect
| | |
|---|---|
| hatte gefehlt | hatten gefehlt |
| hattest gefehlt | hattet gefehlt |
| hatte gefehlt | hatten gefehlt |

### Future
| | |
|---|---|
| werde fehlen | werden fehlen |
| wirst fehlen | werdet fehlen |
| wird fehlen | werden fehlen |

### Future Perfect
| | |
|---|---|
| werde gefehlt haben | werden gefehlt haben |
| wirst gefehlt haben | werdet gefehlt haben |
| wird gefehlt haben | werden gefehlt haben |

## Subjunctive

### Present
| | |
|---|---|
| fehle | fehlen |
| fehlest | fehlet |
| fehle | fehlen |

### Past
| | |
|---|---|
| fehlte | fehlten |
| fehltest | fehltet |
| fehlte | fehlten |

### Present Perfect
| | |
|---|---|
| habe gefehlt | haben gefehlt |
| habest gefehlt | habet gefehlt |
| habe gefehlt | haben gefehlt |

### Past Perfect
| | |
|---|---|
| hätte gefehlt | hätten gefehlt |
| hättest gefehlt | hättet gefehlt |
| hätte gefehlt | hätten gefehlt |

## Conditional

### Present
| | |
|---|---|
| würde fehlen | würden fehlen |
| würdest fehlen | würdet fehlen |
| würde fehlen | würden fehlen |

### Perfect
| | |
|---|---|
| würde gefehlt haben | würden gefehlt haben |
| würdest gefehlt haben | würdet gefehlt haben |
| würde gefehlt haben | würden gefehlt haben |

## Imperative
| | |
|---|---|
| fehl(e)! | fehlen Sie! |
| fehlt! | fehlen wir! |

## Participles

### Present
fehlend

### Past
gefehlt

## Related Words

| | | | |
|---|---|---|---|
| *der Fehler* | fault, failing | *Wo fehlt's denn?* | What's wrong? |
| *fehlerfrei* | faultless | *der Fehlschlag* | miss; failure |
| *fehlend* | lacking | *das Fehlurteil* | misjudgement |
| *fehlleiten* | to mislead | *Weit gefehlt!* | Far off the mark! |

## 53 finden to find

strong
inseparable
transitive

| | | ich | wir |
| --- | --- | --- | --- |
| | | du | ihr |
| | | er/sie/es | sie/Sie |

### Indicative

| **Present Tense** | | **Narrative Past** | |
| --- | --- | --- | --- |
| finde | finden | fand | fanden |
| findest | findet | fandst | fandet |
| findet | finden | fand | fanden |

| **Conversational Past** | | **Past Perfect** | |
| --- | --- | --- | --- |
| habe gefunden | haben gefunden | hatte gefunden | hatten gefunden |
| hast gefunden | habt gefunden | hattest gefunden | hattet gefunden |
| hat gefunden | haben gefunden | hatte gefunden | hatten gefunden |

| **Future** | | **Future Perfect** | |
| --- | --- | --- | --- |
| werde finden | werden finden | werde gefunden haben | werden gefunden haben |
| wirst finden | werdet finden | wirst gefunden haben | werdet gefunden haben |
| wird finden | werden finden | wird gefunden haben | werden gefunden haben |

### Subjunctive

| **Present** | | **Past** | |
| --- | --- | --- | --- |
| finde | finden | fände | fänden |
| findest | findet | fändest | fändet |
| finde | finden | fände | fänden |

| **Present Perfect** | | **Past Perfect** | |
| --- | --- | --- | --- |
| habe gefunden | haben gefunden | hätte gefunden | hätten gefunden |
| habest gefunden | habet gefunden | hättest gefunden | hättet gefunden |
| habe gefunden | haben gefunden | hätte gefunden | hätten gefunden |

### Conditional

| **Present** | | **Perfect** | |
| --- | --- | --- | --- |
| würde finden | würden finden | würde gefunden haben | würden gefunden haben |
| würdest finden | würdet finden | würdest gefunden haben | würdet gefunden haben |
| würde finden | würden finden | würde gefunden haben | würden gefunden haben |

### Imperative

| | |
| --- | --- |
| find(e)! | finden Sie! |
| findet! | finden wir! |

### Participles

| **Present** | **Past** |
| --- | --- |
| findend | gefunden |

### Related Words

| | | | |
| --- | --- | --- | --- |
| der Fund | find | die Findigkeit | resourcefulness |
| der/die Finder/in | finder | das Fundbüro | lost and found office |
| der Finderlohn | reward | Finden Sie nicht? | Don't you think so? |
| findig | clever, resourceful | Ich finde, daß... | I think that... |

# 54 fliegen to fly

strong
inseparable
transitive/intransitive

| | | | |
|---|---|---|---|
| ich | wir | | |
| du | ihr | | |
| er/sie/es | sie/Sie | | |

## Indicative

### Present Tense
| | |
|---|---|
| fliege | fliegen |
| fliegst | fliegt |
| fliegt | fliegen |

### Narrative Past
| | |
|---|---|
| flog | flogen |
| flogst | flogt |
| flog | flogen |

### Conversational Past
| | |
|---|---|
| bin geflogen | sind geflogen |
| bist geflogen | seid geflogen |
| ist geflogen | sind geflogen |

### Past Perfect
| | |
|---|---|
| war geflogen | waren geflogen |
| warst geflogen | wart geflogen |
| war geflogen | waren geflogen |

### Future
| | |
|---|---|
| werde fliegen | werden fliegen |
| wirst fliegen | werdet fliegen |
| wird fliegen | werden fliegen |

### Future Perfect
| | |
|---|---|
| werde geflogen sein | werden geflogen sein |
| wirst geflogen sein | werdet geflogen sein |
| wird geflogen sein | werden geflogen sein |

## Subjunctive

### Present
| | |
|---|---|
| fliege | fliegen |
| fliegest | flieget |
| fliege | fliegen |

### Past
| | |
|---|---|
| flöge | flögen |
| flögest | flöget |
| flöge | flögen |

### Present Perfect
| | |
|---|---|
| sei geflogen | seien geflogen |
| seiest geflogen | seiet geflogen |
| sei geflogen | seien geflogen |

### Past Perfect
| | |
|---|---|
| wäre geflogen | wären geflogen |
| wärest geflogen | wäret geflogen |
| wäre geflogen | wären geflogen |

## Conditional

### Present
| | |
|---|---|
| würde fliegen | würden fliegen |
| würdest fliegen | würdet fliegen |
| würde fliegen | würden fliegen |

### Perfect
| | |
|---|---|
| würde geflogen sein | würden geflogen sein |
| würdest geflogen sein | würdet geflogen sein |
| würde geflogen sein | würden geflogen sein |

## Imperative
| | |
|---|---|
| flieg(e)! | fliegen Sie! |
| fliegt! | fliegen wir! |

## Participles

### Present
fliegend

### Past
geflogen

## Related Words

| | | | |
|---|---|---|---|
| *der Flug* | flight | *der Fluggast* | air passenger |
| *das Flugzeug* | airplane | *die Flugkarte* | airline ticket |
| *der Flugplatz* | airport | *die Flugpost* | airmail |
| *die Fluglinie* | airline | *die Fliege* | fly (insect) |

# 55 **fragen** to ask

weak
inseparable
transitive/intransitive

| | ich | wir |
| --- | --- | --- |
| | du | ihr |
| | er/sie/es | sie/Sie |

## Indicative

### Present Tense
| | |
| --- | --- |
| frage | fragen |
| fragst | fragt |
| fragt | fragen |

### Narrative Past
| | |
| --- | --- |
| fragte | fragten |
| fragtest | fragtet |
| fragte | fragten |

### Conversational Past
| | |
| --- | --- |
| habe gefragt | haben gefragt |
| hast gefragt | habt gefragt |
| hat gefragt | haben gefragt |

### Past Perfect
| | |
| --- | --- |
| hatte gefragt | hatten gefragt |
| hattest gefragt | hattet gefragt |
| hatte gefragt | hatten gefragt |

### Future
| | |
| --- | --- |
| werde fragen | werden fragen |
| wirst fragen | werdet fragen |
| wird fragen | werden fragen |

### Future Perfect
| | |
| --- | --- |
| werde gefragt haben | werden gefragt haben |
| wirst gefragt haben | werdet gefragt haben |
| wird gefragt haben | werden gefragt haben |

## Subjunctive

### Present
| | |
| --- | --- |
| frage | fragen |
| fragest | fraget |
| frage | fragen |

### Past
| | |
| --- | --- |
| fragte | fragten |
| fragtest | fragtet |
| fragte | fragten |

### Present Perfect
| | |
| --- | --- |
| habe gefragt | haben gefragt |
| habest gefragt | habet gefragt |
| habe gefragt | haben gefragt |

### Past Perfect
| | |
| --- | --- |
| hätte gefragt | hätten gefragt |
| hättest gefragt | hättet gefragt |
| hätte gefragt | hätten gefragt |

## Conditional

### Present
| | |
| --- | --- |
| würde fragen | würden fragen |
| würdest fragen | würdet fragen |
| würde fragen | würden fragen |

### Perfect
| | |
| --- | --- |
| würde gefragt haben | würden gefragt haben |
| würdest gefragt haben | würdet gefragt haben |
| würde gefragt haben | würden gefragt haben |

## Imperative
| | |
| --- | --- |
| frag(e)! | fragen Sie! |
| fragt! | fragen wir! |

## Participles

| Present | Past |
| --- | --- |
| fragend | gefragt |

## Related Words

| | | | |
| --- | --- | --- | --- |
| *die Frage* | question | *das Frage-und-* | quiz |
| *fraglich* | questionable | *Antwort-Spiel* | |
| *fraglos* | without doubt | *die Anfrage* | inquiry |
| *fragwürdig* | dubious | *das Fragezeichen* | question mark |
| | | *das Fragewort* | question word, interrogative |

# 56 sich freuen (über) to be glad (about), pleased; (auf) to look forward to

weak
inseparable
transitive

|  | ich | wir |
| --- | --- | --- |
|  | du | ihr |
|  | er/sie/es | sie/Sie |

## Indicative

### Present Tense
freue mich      freuen uns
freust dich      freut euch
freut sich      freuen sich

### Narrative Past
freute mich      freuten uns
freutest dich      freutet euch
freute sich      freuten sich

### Conversational Past
habe mich gefreut      haben uns gefreut
hast dich gefreut      habt euch gefreut
hat sich gefreut      haben sich gefreut

### Past Perfect
hatte mich gefreut      hatten uns gefreut
hattest dich gefreut      hattet euch gefreut
hatte sich gefreut      hatten sich gefreut

### Future
werde mich freuen      werden uns freuen
wirst dich freuen      werdet euch freuen
wird sich freuen      werden sich freuen

### Future Perfect
werde mich gefreut haben      werden uns gefreut haben
wirst dich gefreut haben      werdet euch gefreut haben
wird sich gefreut haben      werden sich gefreut haben

## Subjunctive

### Present
freue mich      freuen uns
freuest dich      freuet euch
freue sich      freuen sich

### Past
freute mich      freuten uns
freutest dich      freutet euch
freute sich      freuten sich

### Present Perfect
habe mich gefreut      haben uns gefreut
habest dich gefreut      habet euch gefreut
habe sich gefreut      haben sich gefreut

### Past Perfect
hätte mich gefreut      hätten uns gefreut
hättest dich gefreut      hättet euch gefreut
hätte sich gefreut      hätten sich gefreut

## Conditional

### Present
würde mich freuen      würden uns freuen
würdest dich freuen      würdet euch freuen
würde sich freuen      würden sich freuen

### Perfect
würde mich gefreut haben      würden uns gefreut haben
würdest dich gefreut haben      würdet euch gefreut haben
würde sich gefreut haben      würden sich gefreut haben

## Imperative
freu(e) dich!      freuen Sie sich!
freut euch!      freuen wir uns!

## Participles

### Present
sich freuend

### Past
gefreut

## Related Words

| | | | |
| --- | --- | --- | --- |
| *die Freude* | joy | *Freut mich, Sie kennenzulernen.* | Nice to meet you. |
| *erfreulich* | enjoyable | | |

## 57 frieren  to be cold, freeze

strong
inseparable
intransitive
(reflexive)

ich    wir
du     ihr
er/sie/es    sie/Sie

## Indicative

### Present Tense

| | |
|---|---|
| friere | frieren |
| frierst | friert |
| friert | frieren |

### Narrative Past

| | |
|---|---|
| fror | froren |
| frorst | frort |
| fror | froren |

### Conversational Past

| | |
|---|---|
| habe gefroren | haben gefroren |
| hast gefroren | habt gefroren |
| hat gefroren | haben gefroren |

### Past Perfect

| | |
|---|---|
| hatte gefroren | hatten gefroren |
| hattest gefroren | hattet gefroren |
| hatte gefroren | hatten gefroren |

### Future

| | |
|---|---|
| werde frieren | werden frieren |
| wirst frieren | werdet frieren |
| wird frieren | werden frieren |

### Future Perfect

| | |
|---|---|
| werde gefroren haben | werden gefroren haben |
| wirst gefroren haben | werdet gefroren haben |
| wird gefroren haben | werden gefroren haben |

## Subjunctive

### Present

| | |
|---|---|
| friere | frieren |
| frierest | frieret |
| friere | frieren |

### Past

| | |
|---|---|
| fröre | frören |
| frörest | fröret |
| fröre | frören |

### Present Perfect

| | |
|---|---|
| habe gefroren | haben gefroren |
| habest gefroren | habet gefroren |
| habe gefroren | haben gefroren |

### Past Perfect

| | |
|---|---|
| hätte gefroren | hätten gefroren |
| hättest gefroren | hättet gefroren |
| hätte gefroren | hätten gefroren |

## Conditional

### Present

| | |
|---|---|
| würde frieren | würden frieren |
| würdest frieren | würdet frieren |
| würde frieren | würden frieren |

### Perfect

| | |
|---|---|
| würde gefroren haben | würden gefroren haben |
| würdest gefroren haben | würdet gefroren haben |
| würde gefroren haben | würden gefroren haben |

## Imperative

| | |
|---|---|
| frier(e)! | frieren Sie! |
| friert! | frieren wir! |

## Participles

### Present
frierend

### Past
gefroren

## Related Words

| | | | |
|---|---|---|---|
| *gefrieren* | to freeze | *die Gefriertruhe* | chest freezer |
| *zugefroren* | frozen over | *der Gefrierschrank* | upright freezer |
| *der Gefrierpunkt* | freezing point | | |

## 58 frühstücken to eat breakfast

weak
inseparable
intransitive

| | | ich | wir |
|---|---|---|---|
| | | du | ihr |
| | | er/sie/es | sie/Sie |

## Indicative

### Present Tense

| | |
|---|---|
| frühstücke | frühstücken |
| frühstückst | frühstückt |
| frühstückt | frühstücken |

### Narrative Past

| | |
|---|---|
| frühstückte | frühstückten |
| frühstücktest | frühstücktet |
| frühstückte | frühstückten |

### Conversational Past

| | |
|---|---|
| habe gefrühstückt | haben gefrühstückt |
| hast gefrühstückt | habt gefrühstückt |
| hat gefrühstückt | haben gefrühstückt |

### Past Perfect

| | |
|---|---|
| hatte gefrühstückt | hatten gefrühstückt |
| hattest gefrühstückt | hattet gefrühstückt |
| hatte gefrühstückt | hatten gefrühstückt |

### Future

| | |
|---|---|
| werde frühstücken | werden frühstücken |
| wirst frühstücken | werdet frühstücken |
| wird frühstücken | werden frühstücken |

### Future Perfect

| | |
|---|---|
| werde gefrühstückt haben | werden gefrühstückt haben |
| wirst gefrühstückt haben | werdet gefrühstückt haben |
| wird gefrühstückt haben | werden gefrühstückt haben |

## Subjunctive

### Present

| | |
|---|---|
| frühstücke | frühstücken |
| frühstückest | frühstücket |
| frühstücke | frühstücken |

### Past

| | |
|---|---|
| frühstückte | frühstückten |
| frühstücktest | frühstücktet |
| frühstückte | frühstückten |

### Present Perfect

| | |
|---|---|
| habe gefrühstückt | haben gefrühstückt |
| habest gefrühstückt | habet gefrühstückt |
| habe gefrühstückt | haben gefrühstückt |

### Past Perfect

| | |
|---|---|
| hätte gefrühstückt | hätten gefrühstückt |
| hättest gefrühstückt | hättet gefrühstückt |
| hätte gefrühstückt | hätten gefrühstückt |

## Conditional

### Present

| | |
|---|---|
| würde frühstücken | würden frühstücken |
| würdest frühstücken | würdet frühstücken |
| würde frühstücken | würden frühstücken |

### Perfect

| | |
|---|---|
| würde gefrühstückt haben | würden gefrühstückt haben |
| würdest gefrühstückt haben | würdet gefrühstückt haben |
| würde gefrühstückt haben | würden gefrühstückt haben |

## Imperative

| | |
|---|---|
| frühstück(e)! | frühstücken Sie! |
| frühstückt! | frühstücken wir! |

## Participles

| Present | Past |
|---|---|
| frühstückend | gefrühstückt |

## Related Words

| | | | |
|---|---|---|---|
| *das Frühstück* | breakfast | *das Frühstücksbrötchen* | breakfast roll |
| *das zweite Frühstück* | mid-morning snack | *früh* | early |

# 59 fühlen to feel, perceive

weak
inseparable
transitive/intransitive

| | ich | wir |
|---|---|---|
| | du | ihr |
| | er/sie/es | sie/Sie |

## Indicative

### Present Tense
| | |
|---|---|
| fühle | fühlen |
| fühlst | fühlt |
| fühlt | fühlen |

### Narrative Past
| | |
|---|---|
| fühlte | fühlten |
| fühltest | fühltet |
| fühlte | fühlten |

### Conversational Past
| | |
|---|---|
| habe gefühlt | haben gefühlt |
| hast gefühlt | habt gefühlt |
| hat gefühlt | haben gefühlt |

### Past Perfect
| | |
|---|---|
| hatte gefühlt | hatten gefühlt |
| hattest gefühlt | hattet gefühlt |
| hatte gefühlt | hatten gefühlt |

### Future
| | |
|---|---|
| werde fühlen | werden fühlen |
| wirst fühlen | werdet fühlen |
| wird fühlen | werden fühlen |

### Future Perfect
| | |
|---|---|
| werde gefühlt haben | werden gefühlt haben |
| wirst gefühlt haben | werdet gefühlt haben |
| wird gefühlt haben | werden gefühlt haben |

## Subjunctive

### Present
| | |
|---|---|
| fühle | fühlen |
| fühlest | fühlet |
| fühle | fühlen |

### Past
| | |
|---|---|
| fühlte | fühlten |
| fühltest | fühltet |
| fühlte | fühlten |

### Present Perfect
| | |
|---|---|
| habe gefühlt | haben gefühlt |
| habest gefühlt | habet gefühlt |
| habe gefühlt | haben gefühlt |

### Past Perfect
| | |
|---|---|
| hätte gefühlt | hätten gefühlt |
| hättest gefühlt | hättet gefühlt |
| hätte gefühlt | hätten gefühlt |

## Conditional

### Present
| | |
|---|---|
| würde fühlen | würden fühlen |
| würdest fühlen | würdet fühlen |
| würde fühlen | würden fühlen |

### Perfect
| | |
|---|---|
| würde gefühlt haben | würden gefühlt haben |
| würdest gefühlt haben | würdet gefühlt haben |
| würde gefühlt haben | würden gefühlt haben |

## Imperative
| | |
|---|---|
| fühl(e)! | fühlen Sie! |
| fühlt! | fühlen wir! |

## Participles

### Present
fühlend

### Past
gefühlt

## Related Words

| | | | |
|---|---|---|---|
| *das Gefühl* | feeling | *gefühlvoll* | full of feeling |
| *gefühllos* | numb | *fühlbar* | sensible |
| *die Gefühllosigkeit* | callousness; cruel act | *fühllos* | unfeeling |
| *gefühlsbetont* | emotional | *die Fühlung* | touch, contact |

# 60 fürchten to fear, be afraid

weak
inseparable
transitive/intransitive
(reflexive)

| | | ich | wir |
|---|---|---|---|
| | | du | ihr |
| | | er/sie/es | sie/Sie |

## Indicative

### Present Tense
| | |
|---|---|
| fürchte | fürchten |
| fürchtest | fürchtet |
| fürchtet | fürchten |

### Narrative Past
| | |
|---|---|
| fürchtete | fürchteten |
| fürchtetest | fürchtetet |
| fürchtete | fürchteten |

### Conversational Past
| | |
|---|---|
| habe gefürchtet | haben gefürchtet |
| hast gefürchtet | habt gefürchtet |
| hat gefürchtet | haben gefürchtet |

### Past Perfect
| | |
|---|---|
| hatte gefürchtet | hatten gefürchtet |
| hattest gefürchtet | hattet gefürchtet |
| hatte gefürchtet | hatten gefürchtet |

### Future
| | |
|---|---|
| werde fürchten | werden fürchten |
| wirst fürchten | werdet fürchten |
| wird fürchten | werden fürchten |

### Future Perfect
| | |
|---|---|
| werde gefürchtet haben | werden gefürchtet haben |
| wirst gefürchtet haben | werdet gefürchtet haben |
| wird gefürchtet haben | werden gefürchtet haben |

## Subjunctive

### Present
| | |
|---|---|
| fürchte | fürchtet |
| fürchtest | **fürchtet** |
| fürchte | fürchten |

### Past
| | |
|---|---|
| fürchtete | fürchteten |
| fürchtetest | fürchtetet |
| fürchtete | fürchteten |

### Present Perfect
| | |
|---|---|
| habe gefürchtet | haben gefürchtet |
| habest gefürchtet | habet gefürchtet |
| habe gefürchtet | haben gefürchtet |

### Past Perfect
| | |
|---|---|
| hätte gefürchtet | hätten gefürchtet |
| hättest gefürchtet | hättet gefürchtet |
| hätte gefürchtet | hätten gefürchtet |

## Conditional

### Present
| | |
|---|---|
| würde fürchten | würden fürchten |
| würdest fürchten | würdet fürchten |
| würde fürchten | würden fürchten |

### Perfect
| | |
|---|---|
| würde gefürchtet haben | würden gefürchtet haben |
| würdest gefürchtet haben | würdet gefürchtet haben |
| würde gefürchtet haben | würden gefürchtet haben |

## Imperative
| | |
|---|---|
| fürchte! | fürchten Sie! |
| fürchtet! | fürchten wir! |

## Participles

### Present
fürchtend

### Past
gefürchtet

## Related Words
| | | | |
|---|---|---|---|
| die Furcht | fear, fright | furchtsam | timid, fearful |
| furchtlos | fearless | die Furchtsamkeit | timidity |
| fürchterlich | horrible, dreadful | furchtbar | frightful, awful |

# 61 **geben** to give

strong
inseparable
transitive

| | | ich | wir |
|---|---|---|---|
| | | du | ihr |
| | | er/sie/es | sie/Sie |

## Indicative

### Present Tense

| | |
|---|---|
| gebe | geben |
| gibst | gebt |
| gibt | geben |

### Narrative Past

| | |
|---|---|
| gab | gaben |
| gabst | gabt |
| gab | gaben |

### Conversational Past

| | |
|---|---|
| habe gegeben | haben gegeben |
| hast gegeben | habt gegeben |
| hat gegeben | haben gegeben |

### Past Perfect

| | |
|---|---|
| hatte gegeben | hatten gegeben |
| hattest gegeben | hattet gegeben |
| hatte gegeben | hatten gegeben |

### Future

| | |
|---|---|
| werde geben | werden geben |
| wirst geben | werdet geben |
| wird geben | werden geben |

### Future Perfect

| | |
|---|---|
| werde gegeben haben | werden gegeben haben |
| wirst gegeben haben | werdet gegeben haben |
| wird gegeben haben | werden gegeben haben |

## Subjunctive

### Present

| | |
|---|---|
| gebe | geben |
| gebest | gebet |
| gebe | geben |

### Past

| | |
|---|---|
| gäbe | gäben |
| gäbest | gäbet |
| gäbe | gäben |

### Present Perfect

| | |
|---|---|
| habe gegeben | haben gegeben |
| habest gegeben | habet gegeben |
| habe gegeben | haben gegeben |

### Past Perfect

| | |
|---|---|
| hätte gegeben | hätten gegeben |
| hättest gegeben | hättet gegeben |
| hätte gegeben | hätten gegeben |

## Conditional

### Present

| | |
|---|---|
| würde geben | würden geben |
| würdest geben | würdet geben |
| würde geben | würden geben |

### Perfect

| | |
|---|---|
| würde gegeben haben | würden gegeben haben |
| würdest gegeben haben | würdet gegeben haben |
| würde gegeben haben | würden gegeben haben |

## Imperative

| | |
|---|---|
| gib! | geben Sie! |
| gebt! | geben wir! |

## Participles

### Present

gebend

### Past

gegeben

## Related Words

| | | | |
|---|---|---|---|
| *die Gabe* | gift, donation | *die Geberlaune* | generous mood |
| *der/die Geber/in* | giver, donor | *angeben* | to give facts; to brag |
| *begabt* | gifted | *der/die Angeber/in* | braggart |
| *ausgeben* | to give out; to spend | | |

## 62 gefallen to like, be pleasing

strong
inseparable
intransitive

| | | ich | wir |
|---|---|---|---|
| | | du | ihr |
| | | er/sie/es | sie/Sie |

## Indicative

### Present Tense
| | |
|---|---|
| gefalle | gefallen |
| gefällst | gefallt |
| gefällt | gefallen |

### Narrative Past
| | |
|---|---|
| gefiel | gefielen |
| gefielst | gefielt |
| gefiel | gefielen |

### Conversational Past
| | |
|---|---|
| habe gefallen | haben gefallen |
| hast gefallen | habt gefallen |
| hat gefallen | haben gefallen |

### Past Perfect
| | |
|---|---|
| hatte gefallen | hatten gefallen |
| hattest gefallen | hattet gefallen |
| hatte gefallen | hatten gefallen |

### Future
| | |
|---|---|
| werde gefallen | werden gefallen |
| wirst gefallen | werdet gefallen |
| wird gefallen | werden gefallen |

### Future Perfect
| | |
|---|---|
| werde gefallen haben | werden gefallen haben |
| wirst gefallen haben | werdet gefallen haben |
| wird gefallen haben | werden gefallen haben |

## Subjunctive

### Present
| | |
|---|---|
| gefalle | gefallen |
| gefallest | gefallet |
| gefalle | gefallen |

### Past
| | |
|---|---|
| gefiele | gefielen |
| gefielest | gefielet |
| gefiele | gefielen |

### Present Perfect
| | |
|---|---|
| habe gefallen | haben gefallen |
| habest gefallen | habet gefallen |
| habe gefallen | haben gefallen |

### Past Perfect
| | |
|---|---|
| hätte gefallen | hätten gefallen |
| hättest gefallen | hättet gefallen |
| hätte gefallen | hätten gefallen |

## Conditional

### Present
| | |
|---|---|
| würde gefallen | würden gefallen |
| würdest gefallen | würdet gefallen |
| würde gefallen | würden gefallen |

### Perfect
| | |
|---|---|
| würde gefallen haben | würden gefallen haben |
| würdest gefallen haben | würdet gefallen haben |
| würde gefallen haben | würden gefallen haben |

## Imperative
| | |
|---|---|
| gefall(e)! | gefallen Sie! |
| gefallt! | gefallen wir! |

## Participles

| Present | Past |
|---|---|
| gefallend | gefallen |

## Related Words

| | |
|---|---|
| der Gefallen | favor, kindness |
| das Gefallen | pleasure |
| gefällig | pleasing, agreeable |
| Gefallen finden an | to have a liking for |
| die Gefälligkeit | kindness |
| die Gefallsucht | desire to please |
| Es gefällt mir. | I like it. |

# 63 gehen to go, walk

strong
inseparable
intransitive

| | | ich | wir |
| | | du | ihr |
| | | er/sie/es | sie/Sie |

## Indicative

### Present Tense
| | |
|---|---|
| gehe | gehen |
| gehst | geht |
| geht | gehen |

### Narrative Past
| | |
|---|---|
| ging | gingen |
| gingst | gingt |
| ging | gingen |

### Conversational Past
| | |
|---|---|
| bin gegangen | sind gegangen |
| bist gegangen | seid gegangen |
| ist gegangen | sind gegangen |

### Past Perfect
| | |
|---|---|
| war gegangen | waren gegangen |
| warst gegangen | wart gegangen |
| war gegangen | waren gegangen |

### Future
| | |
|---|---|
| werde gehen | werden gehen |
| wirst gehen | werdet gehen |
| wird gehen | werden gehen |

### Future Perfect
| | |
|---|---|
| werde gegangen sein | werden gegangen sein |
| wirst gegangen sein | werdet gegangen sein |
| wird gegangen sein | werden gegangen sein |

## Subjunctive

### Present
| | |
|---|---|
| gehe | gehen |
| gehest | gehet |
| gehe | gehen |

### Past
| | |
|---|---|
| ginge | gingen |
| gingest | ginget |
| ginge | gingen |

### Present Perfect
| | |
|---|---|
| sei gegangen | seien gegangen |
| seiest gegangen | seiet gegangen |
| sei gegangen | seien gegangen |

### Past Perfect
| | |
|---|---|
| wäre gegangen | wären gegangen |
| wärest gegangen | wäret gegangen |
| wäre gegangen | wären gegangen |

## Conditional

### Present
| | |
|---|---|
| würde gehen | würden gehen |
| würdest gehen | würdet gehen |
| würde gehen | würden gehen |

### Perfect
| | |
|---|---|
| würde gegangen sein | würden gegangen sein |
| würdest gegangen sein | würdet gegangen sein |
| würde gegangen sein | würden gegangen sein |

## Imperative
| | |
|---|---|
| geh(e)! | gehen Sie! |
| geht! | gehen wir! |

## Participles

### Present
gehend

### Past
gegangen

## Related Words

| | | | |
|---|---|---|---|
| der Gehweg | footpath; sidewalk | der Ausgang | exit |
| der Gehsteig | sidewalk | der Eingang | entrance |
| der Gang | walk; gait; aisle | ausgehen | to go out |

# 64 genießen to enjoy

strong
inseparable
transitive

| | ich | wir |
| --- | --- | --- |
| | du | ihr |
| | er/sie/es | sie/Sie |

## Indicative

### Present Tense
| | |
| --- | --- |
| genieße | genießen |
| genießt | genießt |
| genießt | genießen |

### Narrative Past
| | |
| --- | --- |
| genoß | genossen |
| genossest | genoßt |
| genoß | genossen |

### Conversational Past
| | |
| --- | --- |
| habe genossen | haben genossen |
| hast genossen | habt genossen |
| hat genossen | haben genossen |

### Past Perfect
| | |
| --- | --- |
| hatte genossen | hatten genossen |
| hattest genossen | hattet genossen |
| hatte genossen | hatten genossen |

### Future
| | |
| --- | --- |
| werde genießen | werden genießen |
| wirst genießen | werdet genießen |
| wird genießen | werden genießen |

### Future Perfect
| | |
| --- | --- |
| werde genossen haben | werden genossen haben |
| wirst genossen haben | werdet genossen haben |
| wird genossen haben | werden genossen haben |

## Subjunctive

### Present
| | |
| --- | --- |
| genieße | genießen |
| genießest | genießet |
| genieße | genießen |

### Past
| | |
| --- | --- |
| genösse | genössen |
| genössest | genösset |
| genösse | genössen |

### Present Perfect
| | |
| --- | --- |
| habe genossen | haben genossen |
| habest genossen | habet genossen |
| habe genossen | haben genossen |

### Past Perfect
| | |
| --- | --- |
| hätte genossen | hätten genossen |
| hättest genossen | hättet genossen |
| hätte genossen | hätten genossen |

## Conditional

### Present
| | |
| --- | --- |
| würde genießen | würden genießen |
| würdest genießen | würdet genießen |
| würde genießen | würden genießen |

### Perfect
| | |
| --- | --- |
| würde genossen haben | würden genossen haben |
| würdest genossen haben | würdet genossen haben |
| würde genossen haben | würden genossen haben |

## Imperative
| | |
| --- | --- |
| genieß(e)! | genießen Sie! |
| genießt! | genießen wir! |

## Participles
| Present | Past |
| --- | --- |
| genießend | genossen |

## Related Words
| | | | |
| --- | --- | --- | --- |
| der Genuß | pleasure; consumption | ungenießbar | bad, inedible |
| | | die Genußsucht | thirst for pleasure |
| genußreich | pleasurable | in den Genuß kommen von | to enjoy |

# 65 gewinnen to win, gain

strong
inseparable
transitive/intransitive

| | | ich | wir |
| | | du | ihr |
| | | er/sie/es | sie/Sie |

## Indicative

### Present Tense
| | |
|---|---|
| gewinne | gewinnen |
| gewinnst | gewinnt |
| gewinnt | gewinnen |

### Narrative Past
| | |
|---|---|
| gewann | gewannen |
| gewannst | gewannt |
| gewann | gewannen |

### Conversational Past
| | |
|---|---|
| habe gewonnen | haben gewonnen |
| hast gewonnen | habt gewonnen |
| hat gewonnen | haben gewonnen |

### Past Perfect
| | |
|---|---|
| hatte gewonnen | hatten gewonnen |
| hattest gewonnen | hattet gewonnen |
| hatte gewonnen | hatten gewonnen |

### Future
| | |
|---|---|
| werde gewinnen | werden gewinnen |
| wirst gewinnen | werdet gewinnen |
| wird gewinnen | werden gewinnen |

### Future Perfect
| | |
|---|---|
| werde gewonnen haben | werden gewonnen haben |
| wirst gewonnen haben | werdet gewonnen haben |
| wird gewonnen haben | werden gewonnen haben |

## Subjunctive

### Present
| | |
|---|---|
| gewinne | gewinnen |
| gewinnest | gewinnet |
| gewinne | gewinnen |

### Past
| | |
|---|---|
| gewänne | gewännen |
| gewännest | gewännet |
| gewänne | gewännen |

### Present Perfect
| | |
|---|---|
| habe gewonnen | haben gewonnen |
| habest gewonnen | habet gewonnen |
| habe gewonnen | haben gewonnen |

### Past Perfect
| | |
|---|---|
| hätte gewonnen | hätten gewonnen |
| hättest gewonnen | hättet gewonnen |
| hätte gewonnen | hätten gewonnen |

## Conditional

### Present
| | |
|---|---|
| würde gewinnen | würden gewinnen |
| würdest gewinnen | würdet gewinnen |
| würde gewinnen | würden gewinnen |

### Perfect
| | |
|---|---|
| würde gewonnen haben | würden gewonnen haben |
| würdest gewonnen haben | würdet gewonnen haben |
| würde gewonnen haben | würden gewonnen haben |

## Imperative
| | |
|---|---|
| gewinn(e)! | gewinnen Sie! |
| gewinnt! | gewinnen wir! |

## Participles

| Present | Past |
|---|---|
| gewinnend | gewonnen |

## Related Words

| | | | |
|---|---|---|---|
| der Gewinn | gain, prize | die Gewinnsucht | greed |
| der Hauptgewinn | first prize | gewinnsüchtig | greedy |
| der/die Gewinner/in | winner | gewinnreich | profitable |
| | | die Gewinnlage | profit and loss situation |

# 66 sich gewöhnen (an) to become accustomed (to)

weak
inseparable
transitive

|  | ich | wir |
|---|---|---|
|  | du | ihr |
|  | er/sie/es | sie/Sie |

## Indicative

### Present Tense
gewöhne mich    gewöhnen uns
gewöhnst dich    gewöhnt euch
gewöhnt sich    gewöhnen sich

### Narrative Past
gewöhnte mich    gewöhnten uns
gewöhntest dich    gewöhntet euch
gewöhnte sich    gewöhnten sich

### Conversational Past
habe mich gewöhnt    haben uns gewöhnt
hast dich gewöhnt    habt euch gewöhnt
hat sich gewöhnt    haben sich gewöhnt

### Past Perfect
hatte mich gewöhnt    hatten uns gewöhnt
hattest dich gewöhnt    hattet euch gewöhnt
hatte sich gewöhnt    hatten sich gewöhnt

### Future
werde mich gewöhnen    werden uns gewöhnen
wirst dich gewöhnen    werdet euch gewöhnen
wird sich gewöhnen    werden sich gewöhnen

### Future Perfect
werde mich gewöhnt haben    werden uns gewöhnt haben
wirst dich gewöhnt haben    werdet euch gewöhnt haben
wird sich gewöhnt haben    werden sich gewöhnt haben

## Subjunctive

### Present
gewöhne mich    gewöhnen uns
gewöhnest dich    gewöhnet euch
gewöhne sich    gewöhnen sich

### Past
gewöhnte mich    gewöhnten uns
gewöhntest dich    gewöhntet euch
gewöhnte sich    gewöhnten sich

### Present Perfect
habe mich gewöhnt    haben uns gewöhnt
habest dich gewöhnt    habet euch gewöhnt
habe sich gewöhnt    haben sich gewöhnt

### Past Perfect
hätte mich gewöhnt    hätten uns gewöhnt
hättest dich gewöhnt    hättet euch gewöhnt
hätte sich gewöhnt    hätten sich gewöhnt

## Conditional

### Present
würde mich gewöhnen    würden uns gewöhnen
würdest dich gewöhnen    würdet euch gewöhnen
würde sich gewöhnen    würden sich gewöhnen

### Perfect
würde mich gewöhnt haben    würden uns gewöhnt haben
würdest dich gewöhnt haben    würdet euch gewöhnt haben
würde sich gewöhnt haben    würden sich gewöhnt haben

## Imperative
gewöhn(e) dich!    gewöhnen Sie sich!
gewöhnt euch!    gewöhnen wir uns!

## Participles
### Present
gewöhnend
### Past
gewöhnt

## Related Words

| | | | |
|---|---|---|---|
| *die Gewohnheit* | habit; custom | *gewohntermaßen* | as usual |
| *das Gewohnheits-* | common law | *gewöhnlich* | common; ordinary |
| *recht* | | | |

## 67 glauben to believe

weak
inseparable
transitive/intransitive

| | ich | wir |
|---|---|---|
| | du | ihr |
| | er/sie/es | sie/Sie |

## Indicative

### Present Tense
| | |
|---|---|
| glaube | glauben |
| glaubst | glaubt |
| glaubt | glauben |

### Narrative Past
| | |
|---|---|
| glaubte | glaubten |
| glaubtest | glaubtet |
| glaubte | glaubten |

### Conversational Past
| | |
|---|---|
| habe geglaubt | haben geglaubt |
| hast geglaubt | habt geglaubt |
| hat geglaubt | haben geglaubt |

### Past Perfect
| | |
|---|---|
| hatte geglaubt | hatten geglaubt |
| hattest geglaubt | hattet geglaubt |
| hatte geglaubt | hatten geglaubt |

### Future
| | |
|---|---|
| werde glauben | werden glauben |
| wirst glauben | werdet glauben |
| wird glauben | werden glauben |

### Future Perfect
| | |
|---|---|
| werde geglaubt haben | werden geglaubt haben |
| wirst geglaubt haben | werdet geglaubt haben |
| wird geglaubt haben | werden geglaubt haben |

## Subjunctive

### Present
| | |
|---|---|
| glaube | glauben |
| glaubest | glaubet |
| glaube | glauben |

### Past
| | |
|---|---|
| glaubte | glaubten |
| glaubtest | glaubtet |
| glaubte | glaubten |

### Present Perfect
| | |
|---|---|
| habe geglaubt | haben geglaubt |
| habest geglaubt | habet geglaubt |
| habe geglaubt | haben geglaubt |

### Past Perfect
| | |
|---|---|
| hätte geglaubt | hätten geglaubt |
| hättest geglaubt | hättet geglaubt |
| hätte geglaubt | hätten geglaubt |

## Conditional

### Present
| | |
|---|---|
| würde glauben | würden glauben |
| würdest glauben | würdet glauben |
| würde glauben | würden glauben |

### Perfect
| | |
|---|---|
| würde geglaubt haben | würden geglaubt haben |
| würdest geglaubt haben | würdet geglaubt haben |
| würde geglaubt haben | würden geglaubt haben |

## Imperative
| | |
|---|---|
| glaub(e)! | glauben Sie! |
| glaubt! | glauben wir! |

## Participles

### Present
glaubend

### Past
geglaubt

## Related Words

| | |
|---|---|
| *der Glaube* | belief, faith |
| *der Aberglaube* | superstition |
| *glaubhaft* | credible |
| *unglaublich* | incredible |
| *gläubig* | faithful; devout |
| *die Gläubigkeit* | confidence; devoutness |
| *der Gläubiger/in* | creditor |

# 68 grüßen to greet, salute, send regards

weak
inseparable
transitive/intransitive

| | | ich | wir |
|---|---|---|---|
| | | du | ihr |
| | | er/sie/es | sie/Sie |

## Indicative

### Present Tense
| | |
|---|---|
| grüße | grüßen |
| grüßt | grüßt |
| grüßt | grüßen |

### Narrative Past
| | |
|---|---|
| grüßte | grüßten |
| grüßtest | grüßtet |
| grüßte | grüßten |

### Conversational Past
| | |
|---|---|
| habe gegrüßt | haben gegrüßt |
| hast gegrüßt | habt gegrüßt |
| hat gegrüßt | haben gegrüßt |

### Past Perfect
| | |
|---|---|
| hatte gegrüßt | hatten gegrüßt |
| hattest gegrüßt | hattet gegrüßt |
| hatte gegrüßt | hatten gegrüßt |

### Future
| | |
|---|---|
| werde grüßen | werden grüßen |
| wirst grüßen | werdet grüßen |
| wird grüßen | werden grüßen |

### Future Perfect
| | |
|---|---|
| werde gegrüßt haben | werden gegrüßt haben |
| wirst gegrüßt haben | werdet gegrüßt haben |
| wird gegrüßt haben | werden gegrüßt haben |

## Subjunctive

### Present
| | |
|---|---|
| grüße | grüßen |
| grüßest | grüßet |
| grüße | grüßen |

### Past
| | |
|---|---|
| grüßte | grüßten |
| grüßtest | grüßtet |
| grüßte | grüßten |

### Present Perfect
| | |
|---|---|
| habe gegrüßt | haben gegrüßt |
| habest gegrüßt | habet gegrüßt |
| habe gegrüßt | haben gegrüßt |

### Past Perfect
| | |
|---|---|
| hätte gegrüßt | hätten gegrüßt |
| hättest gegrüßt | hättet gegrüßt |
| hätte gegrüßt | hätten gegrüßt |

## Conditional

### Present
| | |
|---|---|
| würde grüßen | würden grüßen |
| würdest grüßen | würdet grüßen |
| würde grüßen | würden grüßen |

### Perfect
| | |
|---|---|
| würde gegrüßt haben | würden gegrüßt haben |
| würdest gegrüßt haben | würdet gegrüßt haben |
| würde gegrüßt haben | würden gegrüßt haben |

## Imperative
| | |
|---|---|
| grüß! | grüßen Sie! |
| grüßt! | grüßen wir! |

## Participles

### Present
grüßend

### Past
gegrüßt

## Related Words

| | | | |
|---|---|---|---|
| *der Gruß* | greeting | *der Geburtstagsgruß* | birthday greetings |
| *die Grußformel* | salutation | *herzliche Grüße* | kind regards |
| *Grüß Gott!* | Hello! Good day! | *Grüßen Sie ihn von mir.* | Send him my regards. |

## 69 haben to have, possess

weak
inseparable
  transitive
(auxiliary)

|  | ich | wir |
|---|---|---|
|  | du | ihr |
|  | er/sie/es | sie/Sie |

## Indicative

### Present Tense

| | | Narrative Past | |
|---|---|---|---|
| habe | haben | hatte | hatten |
| hast | habt | hattest | hattet |
| hat | haben | hatte | hatten |

### Conversational Past

| | | Past Perfect | |
|---|---|---|---|
| habe gehabt | haben gehabt | hatte gehabt | hatten gehabt |
| hast gehabt | habt gehabt | hattest gehabt | hattet gehabt |
| hat gehabt | haben gehabt | hatte gehabt | hatten gehabt |

### Future

| | | Future Perfect | |
|---|---|---|---|
| werde haben | werden haben | werde gehabt haben | werden gehabt haben |
| wirst haben | werdet haben | wirst gehabt haben | werdet gehabt haben |
| wird haben | werden haben | wird gehabt haben | werden gehabt haben |

## Subjunctive

### Present

| | | Past | |
|---|---|---|---|
| habe | haben | hätte | hätten |
| habest | habet | hättest | hättet |
| habe | haben | hätte | hätten |

### Present Perfect

| | | Past Perfect | |
|---|---|---|---|
| habe gehabt | haben gehabt | hätte gehabt | hätten gehabt |
| habest gehabt | habet gehabt | hättest gehabt | hättet gehabt |
| habe gehabt | haben gehabt | hätte gehabt | hätten gehabt |

## Conditional

### Present

| | | Perfect | |
|---|---|---|---|
| würde haben | würden haben | würde gehabt haben | würden gehabt haben |
| würdest haben | würdet haben | würdest gehabt haben | würdet gehabt haben |
| würde haben | würden haben | würde gehabt haben | würden gehabt haben |

## Imperative

| | | Participles | |
|---|---|---|---|
| hab! | haben Sie! | **Present** | **Past** |
| habt! | haben wir! | habend | gehabt |

## Related Words

| | | | |
|---|---|---|---|
| *die Habe* | possessions | *habhaft werden* | to get hold of, secure |
| *die Habgier* | greed | *vorhaben* | to plan, intend |
| *habgierig* | greedy, covetous | *anhaben* | to wear |
| *der Habenichts* | beggar | | |

# 70 halten to hold, keep, stop; consider

strong
inseparable
transitive/intransitive
(reflexive)

| | | ich | wir |
| --- | --- | --- | --- |
| | | du | ihr |
| | | er/sie/es | sie/Sie |

## Indicative

### Present Tense

| | |
| --- | --- |
| halte | halten |
| hältst | haltet |
| hält | halten |

### Narrative Past

| | |
| --- | --- |
| hielt | hielten |
| hieltest | hieltet |
| hielt | hielten |

### Conversational Past

| | |
| --- | --- |
| habe gehalten | haben gehalten |
| hast gehalten | habt gehalten |
| hat gehalten | haben gehalten |

### Past Perfect

| | |
| --- | --- |
| hatte gehalten | hatten gehalten |
| hattest gehalten | hattet gehalten |
| hatte gehalten | hatten gehalten |

### Future

| | |
| --- | --- |
| werde halten | werden halten |
| wirst halten | werdet halten |
| wird halten | werden halten |

### Future Perfect

| | |
| --- | --- |
| werde gehalten haben | werden gehalten haben |
| wirst gehalten haben | werdet gehalten haben |
| wird gehalten haben | werden gehalten haben |

## Subjunctive

### Present

| | |
| --- | --- |
| halte | halten |
| haltest | haltet |
| halte | halten |

### Past

| | |
| --- | --- |
| hielte | hielten |
| hieltest | hieltet |
| hielte | hielten |

### Present Perfect

| | |
| --- | --- |
| habe gehalten | haben gehalten |
| habest gehalten | habet gehalten |
| habe gehalten | haben gehalten |

### Past Perfect

| | |
| --- | --- |
| hätte gehalten | hätten gehalten |
| hättest gehalten | hättet gehalten |
| hätte gehalten | hätten gehalten |

## Conditional

### Present

| | |
| --- | --- |
| würde halten | würden halten |
| würdest halten | würdet halten |
| würde halten | würden halten |

### Perfect

| | |
| --- | --- |
| würde gehalten haben | würden gehalten haben |
| würdest gehalten haben | würdet gehalten haben |
| würde gehalten haben | würden gehalten haben |

## Imperative

| | |
| --- | --- |
| halte! | halten Sie! |
| haltet! | halten wir! |

## Participles

| Present | Past |
| --- | --- |
| haltend | gehalten |

## Related Words

| | | | |
| --- | --- | --- | --- |
| der Halt | support | die Haltestelle | (bus) stop |
| die Haltung | posture, attitude | 'Halteverbot' | 'No stopping' |
| haltlos | unsteady, unfounded | Was hältst du davon? | What do you think of it? |
| | | die Haltlosigkeit | weakness of character |

# 71 **handeln** to act; trade (in goods); deal with

| weak | | | ich | wir |
|------|--|--|-----|-----|
| inseparable | | | du | ihr |
| intransitive | | | er/sie/es | sie/Sie |
| (reflexive) | | | | |

## Indicative

### Present Tense
| | | | |
|--|--|--|--|
| handele | handeln | | |
| handelst | handelt | | |
| handelt | handeln | | |

### Narrative Past
| | |
|--|--|
| handelte | handelten |
| handeltest | handeltet |
| handelte | handelten |

### Conversational Past
| | |
|--|--|
| habe gehandelt | haben gehandelt |
| hast gehandelt | habt gehandelt |
| hat gehandelt | haben gehandelt |

### Past Perfect
| | |
|--|--|
| hatte gehandelt | hatten gehandelt |
| hattest gehandelt | hattet gehandelt |
| hatte gehandelt | hatten gehandelt |

### Future
| | |
|--|--|
| werde handeln | werden handeln |
| wirst handeln | werdet handeln |
| wird handeln | werden handeln |

### Future Perfect
| | |
|--|--|
| werde gehandelt haben | werden gehandelt haben |
| wirst gehandelt haben | werdet gehandelt haben |
| wird gehandelt haben | werden gehandelt haben |

## Subjunctive

### Present
| | |
|--|--|
| handele | handeln |
| handelest | handelt |
| handele | handeln |

### Past
| | |
|--|--|
| handelte | handelten |
| handeltest | handeltet |
| handelte | handelten |

### Present Perfect
| | |
|--|--|
| habe gehandelt | haben gehandelt |
| habest gehandelt | habet gehandelt |
| habe gehandelt | haben gehandelt |

### Past Perfect
| | |
|--|--|
| hätte gehandelt | hätten gehandelt |
| hättest gehandelt | hättet gehandelt |
| hätte gehandelt | hätten gehandelt |

## Conditional

### Present
| | |
|--|--|
| würde handeln | würden handeln |
| würdest handeln | würdet handeln |
| würde handeln | würden handeln |

### Perfect
| | |
|--|--|
| würde gehandelt haben | würden gehandelt haben |
| würdest gehandelt haben | würdet gehandelt haben |
| würde gehandelt haben | würden gehandelt haben |

## Imperative
| | |
|--|--|
| handel(e)! | handeln Sie! |
| handelt! | handeln wir! |

## Participles
| Present | Past |
|---------|------|
| handelnd | gehandelt |

## Related Words

| | | | |
|--|--|--|--|
| der Handel | trade | die Handlung | act, deed; story |
| der Großhandel | wholesale | die Handlungsweise | conduct, behavior |
| der Einzelhandel | retail | mißhandeln | to mistreat, abuse |
| die Handels- | corporation | verhandeln | to negotiate |
| gesellschaft | | behandeln | to treat |

## 72 heiraten to marry

weak
inseparable
transitive

| | ich | wir |
|---|---|---|
| | du | ihr |
| | er/sie/es | sie/Sie |

## Indicative

### Present Tense

| | |
|---|---|
| heirate | heiraten |
| heiratest | heiratet |
| heiratet | heiraten |

### Narrative Past

| | |
|---|---|
| heiratete | heirateten |
| heiratetest | heiratetet |
| heiratete | heirateten |

### Conversational Past

| | |
|---|---|
| habe geheiratet | haben geheiratet |
| hast geheiratet | habt geheiratet |
| hat geheiratet | haben geheiratet |

### Past Perfect

| | |
|---|---|
| hatte geheiratet | hatten geheiratet |
| hattest geheiratet | hattet geheiratet |
| hatte geheiratet | hatten geheiratet |

### Future

| | |
|---|---|
| werde heiraten | werden heiraten |
| wirst heiraten | werdet heiraten |
| wird heiraten | werden heiraten |

### Future Perfect

| | |
|---|---|
| werde geheiratet haben | werden geheiratet haben |
| wirst geheiratet haben | werdet geheiratet haben |
| wird geheiratet haben | werden geheiratet haben |

## Subjunctive

### Present

| | |
|---|---|
| heirate | heiraten |
| heiratest | heiratet |
| heirate | heiraten |

### Past

| | |
|---|---|
| heiratete | heirateten |
| heiratetest | heiratetet |
| heiratete | heirateten |

### Present Perfect

| | |
|---|---|
| habe geheiratet | haben geheiratet |
| habest geheiratet | habet geheiratet |
| habe geheiratet | haben geheiratet |

### Past Perfect

| | |
|---|---|
| hätte geheiratet | hätten geheiratet |
| hättest geheiratet | hättet geheiratet |
| hätte geheiratet | hätten geheiratet |

## Conditional

### Present

| | |
|---|---|
| würde heiraten | würden heiraten |
| würdest heiraten | würdet heiraten |
| würde heiraten | würden heiraten |

### Perfect

| | |
|---|---|
| würde geheiratet haben | würden geheiratet haben |
| würdest geheiratet haben | würdet geheiratet haben |
| würde geheiratet haben | würden geheiratet haben |

## Imperative

| | |
|---|---|
| heirate! | heiraten Sie! |
| heiratet! | heiraten wir! |

## Participles

| Present | Past |
|---|---|
| heiratend | geheiratet |

## Related Words

| | | | |
|---|---|---|---|
| *die Heirat* | wedding; marriage | *aus Liebe heiraten* | to marry for love |
| *der Heiratsantrag* | marriage proposal | *das Hochzeitsfest* | wedding celebration |
| *die Heiratsanzeige* | wedding announcement | *die Heiratsurkunde* | marriage certificate |

# 73 heißen to be named, called

weak
inseparable
transitive/intransitive

| | ich | wir |
| --- | --- | --- |
| | du | ihr |
| | er/sie/es | sie/Sie |

## Indicative

### Present Tense
| | |
| --- | --- |
| heiße | heißen |
| heißt | heißt |
| heißt | heißen |

### Narrative Past
| | |
| --- | --- |
| hieß | hießen |
| hießest | hießt |
| hieß | hießen |

### Conversational Past
| | |
| --- | --- |
| habe geheißen | haben geheißen |
| hast geheißen | habt geheißen |
| hat geheißen | haben geheißen |

### Past Perfect
| | |
| --- | --- |
| hatte geheißen | hatten geheißen |
| hattest geheißen | hattet geheißen |
| hatte geheißen | hatten geheißen |

### Future
| | |
| --- | --- |
| werde heißen | werden heißen |
| wirst heißen | werdet heißen |
| wird heißen | werden heißen |

### Future Perfect
| | |
| --- | --- |
| werde geheißen haben | werden geheißen haben |
| wirst geheißen haben | werdet geheißen haben |
| wird geheißen haben | werden geheißen haben |

## Subjunctive

### Present
| | |
| --- | --- |
| heiße | heißen |
| heißest | heißet |
| heiße | heißen |

### Past
| | |
| --- | --- |
| hieße | hießen |
| hießest | hießet |
| hieße | hießen |

### Present Perfect
| | |
| --- | --- |
| habe geheißen | haben geheißen |
| habest geheißen | habet geheißen |
| habe geheißen | haben geheißen |

### Past Perfect
| | |
| --- | --- |
| hätte geheißen | hätten geheißen |
| hättest geheißen | hättet geheißen |
| hätte geheißen | hätten geheißen |

## Conditional

### Present
| | |
| --- | --- |
| würde heißen | würden heißen |
| würdest heißen | würdet heißen |
| würde heißen | würden heißen |

### Perfect
| | |
| --- | --- |
| würde geheißen haben | würden geheißen haben |
| würdest geheißen haben | würdet geheißen haben |
| würde geheißen haben | würden geheißen haben |

## Imperative
| | |
| --- | --- |
| heiß! | heißen Sie! |
| heißt! | heißen wir! |

## Participles

| Present | Past |
| --- | --- |
| heißend | geheißen |

## Related Words

| | | | |
| --- | --- | --- | --- |
| *Wie heißen Sie?* | What is your name? | *das heißt...* | that is (to say)... |
| | | *es heißt, daß...* | it is said that... |
| *Wie heißt das auf englisch?* | How do you say that in English? | *Ich heiße...* | My name is... |

# 74 helfen to help, assist

strong
inseparable
intransitive

|  | ich | wir |
| --- | --- | --- |
|  | du | ihr |
|  | er/sie/es | sie/Sie |

## Indicative

### Present Tense
| helfe | helfen |
| --- | --- |
| hilfst | helft |
| hilft | helfen |

### Narrative Past
| half | halfen |
| --- | --- |
| halfst | halft |
| half | halfen |

### Conversational Past
| habe geholfen | haben geholfen |
| --- | --- |
| hast geholfen | habt geholfen |
| hat geholfen | haben geholfen |

### Past Perfect
| hatte geholfen | hatten geholfen |
| --- | --- |
| hattest geholfen | hattet geholfen |
| hatte geholfen | hatten geholfen |

### Future
| werde helfen | werden helfen |
| --- | --- |
| wirst helfen | werdet helfen |
| wird helfen | werden helfen |

### Future Perfect
| werde geholfen haben | werden geholfen haben |
| --- | --- |
| wirst geholfen haben | werdet geholfen haben |
| wird geholfen haben | werden geholfen haben |

## Subjunctive

### Present
| helfe | helfen |
| --- | --- |
| helfest | helfet |
| helfe | helfen |

### Past
| hülfe | hülfen |
| --- | --- |
| hülfest | hülfet |
| hülfe | hülfen |

### Present Perfect
| habe geholfen | haben geholfen |
| --- | --- |
| habest geholfen | habet geholfen |
| habe geholfen | haben geholfen |

### Past Perfect
| hätte geholfen | hätten geholfen |
| --- | --- |
| hättest geholfen | hättet geholfen |
| hätte geholfen | hätten geholfen |

## Conditional

### Present
| würde helfen | würden helfen |
| --- | --- |
| würdest helfen | würdet helfen |
| würde helfen | würden helfen |

### Perfect
| würde geholfen haben | würden geholfen haben |
| --- | --- |
| würdest geholfen haben | würdet geholfen haben |
| würde geholfen haben | würden geholfen haben |

## Imperative
| hilf! | helfen Sie! |
| --- | --- |
| helft! | helfen wir! |

## Participles

### Present
helfend

### Past
geholfen

## Related Words

| die Hilfe | help | hilfreich | helpful |
| --- | --- | --- | --- |
| die Unfallhilfe | emergency help | hilflos | helpless |
| Erste Hilfe | first aid | die Hilfsbereitschaft | helpfulness |
| der/die Helfer/in | helper | Hilfe! | Help! |

# 75 **hoffen** to hope, expect

| | | | | |
|---|---|---|---|---|
| weak | | | ich | wir |
| inseparable | | | du | ihr |
| transitive/intransitive | | | er/sie/es | sie/Sie |

## Indicative

### Present Tense

| | |
|---|---|
| hoffe | hoffen |
| hoffst | hofft |
| hofft | hoffen |

### Narrative Past

| | |
|---|---|
| hoffte | hofften |
| hofftest | hofftet |
| hoffte | hofften |

### Conversational Past

| | |
|---|---|
| habe gehofft | haben gehofft |
| hast gehofft | habt gehofft |
| hat gehofft | haben gehofft |

### Past Perfect

| | |
|---|---|
| hatte gehofft | hatten gehofft |
| hattest gehofft | hattet gehofft |
| hatte gehofft | hatten gehofft |

### Future

| | |
|---|---|
| werde hoffen | werden hoffen |
| wirst hoffen | werdet hoffen |
| wird hoffen | werden hoffen |

### Future Perfect

| | |
|---|---|
| werde gehofft haben | werden gehofft haben |
| wirst gehofft haben | werdet gehofft haben |
| wird gehofft haben | werden gehofft haben |

## Subjunctive

### Present

| | |
|---|---|
| hoffe | hoffen |
| hoffest | hoffet |
| hoffe | hoffen |

### Past

| | |
|---|---|
| hoffte | hofften |
| hofftest | hofftet |
| hoffte | hofften |

### Present Perfect

| | |
|---|---|
| habe gehofft | haben gehofft |
| habest gehofft | habet gehofft |
| habe gehofft | haben gehofft |

### Past Perfect

| | |
|---|---|
| hätte gehofft | hätten gehofft |
| hättest gehofft | hättet gehofft |
| hätte gehofft | hätten gehofft |

## Conditional

### Present

| | |
|---|---|
| würde hoffen | würden hoffen |
| würdest hoffen | würdet hoffen |
| würde hoffen | würden hoffen |

### Perfect

| | |
|---|---|
| würde gehofft haben | würden gehofft haben |
| würdest gehofft haben | würdet gehofft haben |
| würde gehofft haben | würden gehofft haben |

## Imperative

| | |
|---|---|
| hoff(e)! | hoffen Sie! |
| hofft! | hoffen wir! |

## Participles

| Present | Past |
|---|---|
| hoffend | gehofft |

## Related Words

| | | | |
|---|---|---|---|
| *die Hoffnung* | hope | *hoffnungsfreudig* | hopeful |
| *hoffentlich* | hopefully | *hoffnungsvoll* | hopeful |
| *hoffnungslos* | hopeless | *die Hoffnungslosigkeit* | hopelessness, despair |

# 76 holen to fetch, get

weak
inseparable
transitive

ich   wir
du   ihr
er/sie/es   sie/Sie

## Indicative

**Present Tense**

| | |
|---|---|
| hole | holen |
| holst | holt |
| holt | holen |

**Narrative Past**

| | |
|---|---|
| holte | holten |
| holtest | holtet |
| holte | holten |

**Conversational Past**

| | |
|---|---|
| habe geholt | haben geholt |
| hast geholt | habt geholt |
| hat geholt | haben geholt |

**Past Perfect**

| | |
|---|---|
| hatte geholt | hatten geholt |
| hattest geholt | hattet geholt |
| hatte geholt | hatten geholt |

**Future**

| | |
|---|---|
| werde holen | werden holen |
| wirst holen | werdet holen |
| wird holen | werden holen |

**Future Perfect**

| | |
|---|---|
| werde geholt haben | werden geholt haben |
| wirst geholt haben | werdet geholt haben |
| wird geholt haben | werden geholt haben |

## Subjunctive

**Present**

| | |
|---|---|
| hole | holen |
| holest | holet |
| hole | holen |

**Past**

| | |
|---|---|
| holte | holten |
| holtest | holtet |
| holte | holten |

**Present Perfect**

| | |
|---|---|
| habe geholt | haben geholt |
| habest geholt | habet geholt |
| habe geholt | haben geholt |

**Past Perfect**

| | |
|---|---|
| hätte geholt | hätten geholt |
| hättest geholt | hättet geholt |
| hätte geholt | hätten geholt |

## Conditional

**Present**

| | |
|---|---|
| würde holen | würden holen |
| würdest holen | würdet holen |
| würde holen | würden holen |

**Perfect**

| | |
|---|---|
| würde geholt haben | würden geholt haben |
| würdest geholt haben | würdet geholt haben |
| würde geholt haben | würden geholt haben |

## Imperative

| | |
|---|---|
| hol(e)! | holen Sie! |
| holt! | holen wir! |

## Participles

**Present**

**Past**

| | |
|---|---|
| holend | geholt |

## Related Words

| | | | |
|---|---|---|---|
| *abholen* | to collect; meet; pick up | *einholen* | to buy, catch up |
| | | *überholen* | to overtake; to pass |
| *sich erholen* | to recuperate, recover | *wiederholen* | to repeat |
| | | *die Wiederholung* | repeat; rerun |
| *aufholen* | to catch up | | |

# 77 hören to hear, obey

weak
inseparable
transitive/intransitive

ich wir
du ihr
er/sie/es sie/Sie

## Indicative

### Present Tense
| | |
|---|---|
| höre | hören |
| hörst | hört |
| hört | hören |

### Narrative Past
| | |
|---|---|
| hörte | hörten |
| hörtest | hörtet |
| hörte | hörten |

### Conversational Past
| | |
|---|---|
| habe gehört | haben gehört |
| hast gehört | habt gehört |
| hat gehört | haben gehört |

### Past Perfect
| | |
|---|---|
| hatte gehört | hatten gehört |
| hattest gehört | hattet gehört |
| hatte gehört | hatten gehört |

### Future
| | |
|---|---|
| werde hören | werden hören |
| wirst hören | werdet hören |
| wird hören | werden hören |

### Future Perfect
| | |
|---|---|
| werde gehört haben | werden gehört haben |
| wirst gehört haben | werdet gehört haben |
| wird gehört haben | werden gehört haben |

## Subjunctive

### Present
| | |
|---|---|
| höre | hören |
| hörest | höret |
| höre | hören |

### Past
| | |
|---|---|
| hörte | hörten |
| hörtest | hörtet |
| hörte | hörten |

### Present Perfect
| | |
|---|---|
| habe gehört | haben gehört |
| habest gehört | habet gehört |
| habe gehört | haben gehört |

### Past Perfect
| | |
|---|---|
| hätte gehört | hätten gehört |
| hättest gehört | hättet gehört |
| hätte gehört | hätten gehört |

## Conditional

### Present
| | |
|---|---|
| würde hören | würden hören |
| würdest hören | würdet hören |
| würde hören | würden hören |

### Perfect
| | |
|---|---|
| würde gehört haben | würden gehört haben |
| würdest gehört haben | würdet gehört haben |
| würde gehört haben | würden gehört haben |

## Imperative
| | |
|---|---|
| hör(e)! | hören Sie! |
| hört! | hören wir! |

## Participles

### Present
hörend

### Past
gehört

## Related Words

| | | | |
|---|---|---|---|
| *das Gehör* | hearing | *das Hörgerät* | hearing aid |
| *der Hörer* | telephone receiver | *zuhören* | to listen |
| | | *aufhören* | to stop |
| *der/die Hörer/in* | listener | *verhören* | to interrogate |
| *der Hörfehler* | defective hearing | *sich verhören* | to misunderstand, to hear wrong |
| *das Hörspiel* | radio play | | |

# 78 sich interessieren (für) to be interested (in)

weak
inseparable
transitive/intransitive

| ich | wir |
|-----|-----|
| du | ihr |
| er/sie/es | sie/Sie |

## Indicative

### Present Tense
interessiere mich   interessieren uns
interessierst dich   interessiert euch
interessiert sich   interessieren sich

### Narrative Past
interessierte mich   interessierten uns
interessiertest dich   interessiertet euch
interessierte sich   interessierten sich

### Conversational Past
habe mich   haben uns
  interessiert   interessiert
hast dich   habt euch
  interessiert   interessiert
hat sich   haben sich
  interessiert   interessiert

### Past Perfect
hatte mich interessiert   hatten uns
   interessiert
hattest dich   hattet euch
  interessiert   interessiert
hatte sich interessiert   hatten sich
   interessiert

### Future
werde mich   werden uns
  interessieren   interessieren
wirst dich   werdet euch
  interessieren   interessieren
wird sich   werden sich
  interessieren   interessieren

### Future Perfect
werde mich   werden uns
  interessiert haben   interessiert haben
wirst dich interessiert   werdet euch
  haben   interessiert haben
wird sich interessiert   werden sich
  haben   interessiert haben

## Subjunctive

### Present
interessiere mich   interessieren uns
interessierest dich   interessieret euch
interessiere sich   interessieren sich

### Past
interessierte mich   interessierten uns
interessiertest dich   interessiertet euch
interessierte sich   interessierten sich

### Present Perfect
habe mich   haben uns
  interessiert   interessiert
habest dich   habet euch
  interessiert   interessiert
habe sich   haben sich
  interessiert   interessiert

### Past Perfect
hätte mich interessiert   hätten uns
   interessiert
hättest dich interes-   hättet euch
  siert   interessiert
hätte sich interessiert   hätten sich
   interessiert

## Conditional

### Present
würde mich   würden uns
  interessieren   interessieren
würdest dich   würdet euch
  interessieren   interessieren
würde sich   würden sich
  interessieren   interessieren

### Perfect
würde mich   würden uns
  interessiert haben   interessiert haben
würdest dich   würdet euch
  interessiert haben   interessiert haben
würde sich   würden sich
  interessiert haben   interessiert haben

## Imperative
interessier(e)   interessieren Sie
dich!   sich!
interessiert euch!   interessieren wir
   uns!

## Participles

### Present
interessierend

### Past
interessiert

# 79 **kämpfen** to fight, struggle

weak
inseparable
transitive/intransitive

ich wir
du ihr
er/sie/es sie/Sie

## Indicative

### Present Tense

| | |
|---|---|
| kämpfe | kämpfen |
| kämpfst | kämpft |
| kämpft | kämpfen |

### Narrative Past

| | |
|---|---|
| kämpfte | kämpften |
| kämpftest | kämpftet |
| kämpfte | kämpften |

### Conversational Past

| | |
|---|---|
| habe gekämpft | haben gekämpft |
| hast gekämpft | habt gekämpft |
| hat gekämpft | haben gekämpft |

### Past Perfect

| | |
|---|---|
| hatte gekämpft | hatten gekämpft |
| hattest gekämpft | hattet gekämpft |
| hatte gekämpft | hatten gekämpft |

### Future

| | |
|---|---|
| werde kämpfen | werden kämpfen |
| wirst kämpfen | werdet kämpfen |
| wird kämpfen | werden kämpfen |

### Future Perfect

| | |
|---|---|
| werde gekämpft haben | werden gekämpft haben |
| wirst gekämpft haben | werdet gekämpft haben |
| wird gekämpft haben | werden gekämpft haben |

## Subjunctive

### Present

| | |
|---|---|
| kämpfe | kämpfen |
| kämpfest | kämpfet |
| kämpfe | kämpfen |

### Past

| | |
|---|---|
| kämpfte | kämpften |
| kämpftest | kämpftet |
| kämpfte | kämpften |

### Present Perfect

| | |
|---|---|
| habe gekämpft | haben gekämpft |
| habest gekämpft | habet gekämpft |
| habe gekämpft | haben gekämpft |

### Past Perfect

| | |
|---|---|
| hätte gekämpft | hätten gekämpft |
| hättest gekämpft | hättet gekämpft |
| hätte gekämpft | hätten gekämpft |

## Conditional

### Present

| | |
|---|---|
| würde kämpfen | würden kämpfen |
| würdest kämpfen | würdet kämpfen |
| würde kämpfen | würden kämpfen |

### Perfect

| | |
|---|---|
| würde gekämpft haben | würden gekämpft haben |
| würdest gekämpft haben | würdet gekämpft haben |
| würde gekämpft haben | würden gekämpft haben |

## Imperative

| | |
|---|---|
| kämpf(e)! | kämpfen Sie! |
| kämpft! | kämpfen wir! |

## Participles

| Present | Past |
|---|---|
| kämpfend | gekämpft |

## Related Words

| | | | |
|---|---|---|---|
| der Kampf | fight | kampflos | without a fight |
| der/die Kämpfer/in | fighter | kampflustig | belligerent |
| die Kampfansage | challenge | der/die Kampfrichter/in | judge, umpire, referee |

# 80 **kaufen**  to buy, purchase

weak
inseparable
transitive/intransitive

| | | ich | wir |
|---|---|---|---|
| | | du | ihr |
| | | er/sie/es | sie/Sie |

## Indicative

### Present Tense
| | |
|---|---|
| kaufe | kaufen |
| kaufst | kauft |
| kauft | kaufen |

### Narrative Past
| | |
|---|---|
| kaufte | kauften |
| kauftest | kauftet |
| kaufte | kauften |

### Conversational Past
| | |
|---|---|
| habe gekauft | haben gekauft |
| hast gekauft | habt gekauft |
| hat gekauft | haben gekauft |

### Past Perfect
| | |
|---|---|
| hatte gekauft | hatten gekauft |
| hattest gekauft | hattet gekauft |
| hatte gekauft | hatten gekauft |

### Future
| | |
|---|---|
| werde kaufen | werden kaufen |
| wirst kaufen | werdet kaufen |
| wird kaufen | werden kaufen |

### Future Perfect
| | |
|---|---|
| werde gekauft haben | werden gekauft haben |
| wirst gekauft haben | werdet gekauft haben |
| wird gekauft haben | werden gekauft haben |

## Subjunctive

### Present
| | |
|---|---|
| kaufe | kaufen |
| kaufest | kaufet |
| kaufe | kaufen |

### Past
| | |
|---|---|
| kaufte | kauften |
| kauftest | kauftet |
| kaufte | kauften |

### Present Perfect
| | |
|---|---|
| habe gekauft | haben gekauft |
| habest gekauft | habet gekauft |
| habe gekauft | haben gekauft |

### Past Perfect
| | |
|---|---|
| hätte gekauft | hätten gekauft |
| hättest gekauft | hättet gekauft |
| hätte gekauft | hätten gekauft |

## Conditional

### Present
| | |
|---|---|
| würde kaufen | würden kaufen |
| würdest kaufen | würdet kaufen |
| würde kaufen | würden kaufen |

### Perfect
| | |
|---|---|
| würde gekauft haben | würden gekauft haben |
| würdest gekauft haben | würdet gekauft haben |
| würde gekauft haben | würden gekauft haben |

## Imperative
| | |
|---|---|
| kauf(e)! | kaufen Sie! |
| kauft! | kaufen wir! |

## Participles

### Present
kaufend

### Past
gekauft

## Related Words

| | | | |
|---|---|---|---|
| *der Kauf* | purchase | *der Verkauf* | sale |
| *der/die Käufer/in* | buyer, customer | *unverkäuflich* | not for sale |
| *der/die Ver-käufer/in* | salesperson | *verkaufen* | to sell |
| *das Kaufhaus* | department store | *einkaufen* | to shop |
| *käuflich* | for sale | | |

# 81 kennen to know, be familiar with

mixed
inseparable
transitive

| | | ich | wir |
|---|---|---|---|
| | | du | ihr |
| | | er/sie/es | sie/Sie |

## Indicative

| Present Tense | | Narrative Past | |
|---|---|---|---|
| kenne | kennen | kannte | kannten |
| kennst | kennt | kanntest | kanntet |
| kennt | kennen | kannte | kannten |

| Conversational Past | | Past Perfect | |
|---|---|---|---|
| habe gekannt | haben gekannt | hatte gekannt | hatten gekannt |
| hast gekannt | habt gekannt | hattest gekannt | hattet gekannt |
| hat gekannt | haben gekannt | hatte gekannt | hatten gekannt |

| Future | | Future Perfect | |
|---|---|---|---|
| werde kennen | werden kennen | werde gekannt haben | werden gekannt haben |
| wirst kennen | werdet kennen | wirst gekannt haben | werdet gekannt haben |
| wird kennen | werden kennen | wird gekannt haben | werden gekannt haben |

## Subjunctive

| Present | | Past | |
|---|---|---|---|
| kenne | kennen | kennte | kennten |
| kennest | kennet | kenntest | kenntet |
| kenne | kennen | kennte | kennten |

| Present Perfect | | Past Perfect | |
|---|---|---|---|
| habe gekannt | haben gekannt | hätte gekannt | hätten gekannt |
| habest gekannt | habet gekannt | hättest gekannt | hättet gekannt |
| habe gekannt | haben gekannt | hätte gekannt | hätten gekannt |

## Conditional

| Present | | Perfect | |
|---|---|---|---|
| würde kennen | würden kennen | würde gekannt haben | würden gekannt haben |
| würdest kennen | würdet kennen | würdest gekannt haben | würdet gekannt haben |
| würde kennen | würden kennen | würde gekannt haben | würden gekannt haben |

## Imperative

kenn(e)!     kennen Sie!
kennt!       kennen wir!

## Participles

| Present | Past |
|---|---|
| kennend | gekannt |

## Related Words

| | | | |
|---|---|---|---|
| *der/die Kenner/in* | expert | *der/die Bekannte* | acquaintance |
| *erkennen* | to recognize | *kennenlernen* | to become acquainted with |
| *kenntlich* | recognizable | | |
| *bekannt* | well known | *sich auskennen* | to know one's way around |

# 82 kennenlernen to become acquainted with

weak
separable
transitive

|  | | ich | wir |
|  | | du | ihr |
|  | | er/sie/es | sie/Sie |

## Indicative

### Present Tense
| | |
|---|---|
| lerne kennen | lernen kennen |
| lernst kennen | lernt kennen |
| lernt kennen | lernen kennen |

### Narrative Past
| | |
|---|---|
| lernte kennen | lernten kennen |
| lerntest kennen | lerntet kennen |
| lernte kennen | lernten kennen |

### Conversational Past
| | |
|---|---|
| habe kennen-gelernt | haben kennen-gelernt |
| hast kennen-gelernt | habt kennen-gelernt |
| hat kennen-gelernt | haben kennen-gelernt |

### Past Perfect
| | |
|---|---|
| hatte kennengelernt | hatten kennengelernt |
| hattest kennengelernt | hattet kennengelernt |
| hatte kennengelernt | hatten kennengelernt |

### Future
| | |
|---|---|
| werde kennen-lernen | werden kennen-lernen |
| wirst kennen-lernen | werdet kennen-lernen |
| wird kennen-lernen | werden kennen-lernen |

### Future Perfect
| | |
|---|---|
| werde kennengelernt haben | werden kennengelernt haben |
| wirst kennengelernt haben | werdet kennengelernt haben |
| wird kennengelernt haben | werden kennengelernt haben |

## Subjunctive

### Present
| | |
|---|---|
| lerne kennen | lernen kennen |
| lernest kennen | lernet kennen |
| lerne kennen | lernen kennen |

### Past
| | |
|---|---|
| lernte kennen | lernten kennen |
| lerntest kennen | lerntet kennen |
| lernte kennen | lernten kennen |

### Present Perfect
| | |
|---|---|
| habe kennen-gelernt | haben kennen-gelernt |
| habest kennen-gelernt | habet kennen-gelernt |
| habe kennen-gelernt | haben kennen-gelernt |

### Past Perfect
| | |
|---|---|
| hätte kennengelernt | hätten kennengelernt |
| hättest kennengelernt | hättet kennengelernt |
| hätte kennengelernt | hätten kennengelernt |

## Conditional

### Present
| | |
|---|---|
| würde kennen-lernen | würden kennen-lernen |
| würdest kennen-lernen | würdet kennen-lernen |
| würde kennen-lernen | würden kennen-lernen |

### Perfect
| | |
|---|---|
| würde kennengelernt haben | würden kennengelernt haben |
| würdest kennengelernt haben | würdet kennengelernt haben |
| würde kennengelernt haben | würden kennengelernt haben |

## Imperative
| | |
|---|---|
| lern(e) kennen! | lernen Sie kennen! |
| lernt kennen! | lernen wir kennen! |

## Participles
| Present | Past |
|---|---|
| kennenlernend | kennengelernt |

## Related Words
| | | | |
|---|---|---|---|
| *lernen* | to learn | *Schön, Sie* | Nice to meet you. |
| *kennen* | to know | *kennenzulernen.* | |

## 83 **kochen** to cook, boil

weak
inseparable
transitive/intransitive

| | ich | wir |
| --- | --- | --- |
| | du | ihr |
| | er/sie/es | sie/Sie |

## Indicative

### Present Tense

| | |
| --- | --- |
| koche | kochen |
| kochst | kocht |
| kocht | kochen |

### Narrative Past

| | |
| --- | --- |
| kochte | kochten |
| kochtest | kochtet |
| kochte | kochten |

### Conversational Past

| | |
| --- | --- |
| habe gekocht | haben gekocht |
| hast gekocht | habt gekocht |
| hat gekocht | haben gekocht |

### Past Perfect

| | |
| --- | --- |
| hatte gekocht | hatten gekocht |
| hattest gekocht | hattet gekocht |
| hatte gekocht | hatten gekocht |

### Future

| | |
| --- | --- |
| werde kochen | werden kochen |
| wirst kochen | werdet kochen |
| wird kochen | werden kochen |

### Future Perfect

| | |
| --- | --- |
| werde gekocht haben | werden gekocht haben |
| wirst gekocht haben | werdet gekocht haben |
| wird gekocht haben | werden gekocht haben |

## Subjunctive

### Present

| | |
| --- | --- |
| koche | kochen |
| kochest | kochet |
| koche | kochen |

### Past

| | |
| --- | --- |
| kochte | kochten |
| kochtest | kochtet |
| kochte | kochten |

### Present Perfect

| | |
| --- | --- |
| habe gekocht | haben gekocht |
| habest gekocht | habet gekocht |
| habe gekocht | haben gekocht |

### Past Perfect

| | |
| --- | --- |
| hätte gekocht | hätten gekocht |
| hättest gekocht | hättet gekocht |
| hätte gekocht | hätten gekocht |

## Conditional

### Present

| | |
| --- | --- |
| würde kochen | würden kochen |
| würdest kochen | würdet kochen |
| würde kochen | würden kochen |

### Perfect

| | |
| --- | --- |
| würde gekocht haben | würden gekocht haben |
| würdest gekocht haben | würdet gekocht haben |
| würde gekocht haben | würden gekocht haben |

## Imperative

| | |
| --- | --- |
| koch(e)! | kochen Sie! |
| kocht! | kochen wir! |

## Participles

### Present

kochend

### Past

gekocht

## Related Words

| | | | |
| --- | --- | --- | --- |
| *der Koch* | cook (male) | *der Kochtopf* | saucepan |
| *die Köchin* | cook (female) | *der Kochlöffel* | wooden spoon |
| *das Kochbuch* | cookbook | *abkochen* | to blanch |
| *die Kochkunst* | culinary art | *einkochen* | to preserve |

# 84 **kommen** to come

strong
inseparable
intransitive

ich   wir
du   ihr
er/sie/es   sie/Sie

## Indicative

### Present Tense
| | |
|---|---|
| komme | kommen |
| kommst | kommt |
| kommt | kommen |

### Narrative Past
| | |
|---|---|
| kam | kamen |
| kamst | kamt |
| kam | kamen |

### Conversational Past
| | |
|---|---|
| bin gekommen | sind gekommen |
| bist gekommen | seid gekommen |
| ist gekommen | sind gekommen |

### Past Perfect
| | |
|---|---|
| war gekommen | waren gekommen |
| warst gekommen | wart gekommen |
| war gekommen | waren gekommen |

### Future
| | |
|---|---|
| werde kommen | werden kommen |
| wirst kommen | werdet kommen |
| wird kommen | werden kommen |

### Future Perfect
| | |
|---|---|
| werde gekommen sein | werden gekommen sein |
| wirst gekommen sein | werdet gekommen sein |
| wird gekommen sein | werden gekommen sein |

## Subjunctive

### Present
| | |
|---|---|
| komme | kommen |
| kommest | kommet |
| komme | kommen |

### Past
| | |
|---|---|
| käme | kämen |
| kämest | kämet |
| käme | kämen |

### Present Perfect
| | |
|---|---|
| sei gekommen | seien gekommen |
| seiest gekommen | seiet gekommen |
| sei gekommen | seien gekommen |

### Past Perfect
| | |
|---|---|
| wäre gekommen | wären gekommen |
| wärest gekommen | wäret gekommen |
| wäre gekommen | wären gekommen |

## Conditional

### Present
| | |
|---|---|
| würde kommen | würden kommen |
| würdest kommen | würdet kommen |
| würde kommen | würden kommen |

### Perfect
| | |
|---|---|
| würde gekommen sein | würden gekommen sein |
| würdest gekommen sein | würdet gekommen sein |
| würde gekommen sein | würden gekommen sein |

## Imperative
| | |
|---|---|
| komm(e)! | kommen Sie! |
| kommt! | kommen wir! |

## Participles
| Present | Past |
|---|---|
| kommend | gekommen |

## Related Words
| | | | |
|---|---|---|---|
| *ankommen* | to arrive | *das Einkommen* | income |
| *vorankommen* | to make progress | *das Übereinkommen* | agreement |
| *das Abkommen* | treaty, pact | | |

# 85 **können** can, to be able to, know

strong
inseparable
transitive/intransitive
modal

| ich | wir |
|-----|-----|
| du | ihr |
| er/sie/es | sie/Sie |

## Indicative

### Present Tense

| | |
|---|---|
| kann | können |
| kannst | könnt |
| kann | können |

### Narrative Past

| | |
|---|---|
| konnte | konnten |
| konntest | konntet |
| konnte | konnten |

### Conversational Past

| | |
|---|---|
| habe gekonnt | haben gekonnt |
| hast gekonnt | habt gekonnt |
| hat gekonnt | haben gekonnt |

### Past Perfect

| | |
|---|---|
| hatte gekonnt | hatten gekonnt |
| hattest gekonnt | hattet gekonnt |
| hatte gekonnt | hatten gekonnt |

### Future

| | |
|---|---|
| werde können | werden können |
| wirst können | werdet können |
| wird können | werden können |

### Future Perfect

| | |
|---|---|
| werde gekonnt haben | werden gekonnt haben |
| wirst gekonnt haben | werdet gekonnt haben |
| wird gekonnt haben | werden gekonnt haben |

## Subjunctive

### Present

| | |
|---|---|
| könne | können |
| könnest | könnet |
| könne | können |

### Past

| | |
|---|---|
| könnte | könnten |
| könntest | könntet |
| könnte | könnten |

### Present Perfect

| | |
|---|---|
| habe gekonnt | haben gekonnt |
| habest gekonnt | habet gekonnt |
| habe gekonnt | haben gekonnt |

### Past Perfect

| | |
|---|---|
| hätte gekonnt | hätten gekonnt |
| hättest gekonnt | hättet gekonnt |
| hätte gekonnt | hätten gekonnt |

## Conditional

### Present

| | |
|---|---|
| würde können | würden können |
| würdest können | würdet können |
| würde können | würden können |

### Perfect

| | |
|---|---|
| würde gekonnt haben | würden gekonnt haben |
| würdest gekonnt haben | würdet gekonnt haben |
| würde gekonnt haben | würden gekonnt haben |

## Imperative

—   —

## Participles

### Present

könnend

### Past

gekonnt

## Related Words

| | |
|---|---|
| *das Können* | ability, knowledge |
| *Ich kann nichts dafür.* | It's not my fault. |
| *der/die Könner/in* | expert |
| *Ich kann nicht mehr.* | I'm at the end of my tether. |

## 86 kosten to cost; taste, try

weak
inseparable
transitive/intransitive

|  | ich | wir |
| --- | --- | --- |
|  | du | ihr |
|  | er/sie/es | sie/Sie |

## Indicative

### Present Tense
| koste | kosten |
| --- | --- |
| kostest | kostet |
| kostet | kosten |

### Narrative Past
| kostete | kosteten |
| --- | --- |
| kostetest | kostetet |
| kostete | kosteten |

### Conversational Past
| habe gekostet | haben gekostet |
| --- | --- |
| hast gekostet | habt gekostet |
| hat gekostet | haben gekostet |

### Past Perfect
| hatte gekostet | hatten gekostet |
| --- | --- |
| hattest gekostet | hattet gekostet |
| hatte gekostet | hatten gekostet |

### Future
| werde kosten | werden kosten |
| --- | --- |
| wirst kosten | werdet kosten |
| wird kosten | werden kosten |

### Future Perfect
| werde gekostet haben | werden gekostet haben |
| --- | --- |
| wirst gekostet haben | werdet gekostet haben |
| wird gekostet haben | werden gekostet haben |

## Subjunctive

### Present
| koste | kosten |
| --- | --- |
| kostest | kostet |
| koste | kosten |

### Past
| kostete | kosteten |
| --- | --- |
| kostetest | kostetet |
| kostete | kosteten |

### Present Perfect
| habe gekostet | haben gekostet |
| --- | --- |
| habest gekostet | habet gekostet |
| habe gekostet | haben gekostet |

### Past Perfect
| hätte gekostet | hätten gekostet |
| --- | --- |
| hättest gekostet | hättet gekostet |
| hätte gekostet | hätten gekostet |

## Conditional

### Present
| würde kosten | würden kosten |
| --- | --- |
| würdest kosten | würdet kosten |
| würde kosten | würden kosten |

### Perfect
| würde gekostet haben | würden gekostet haben |
| --- | --- |
| würdest gekostet haben | würdet gekostet haben |
| würde gekostet haben | würden gekostet haben |

## Imperative
| koste! | kosten Sie! |
| --- | --- |
| kostet! | kosten wir! |

## Participles

### Present
kostend

### Past
gekostet

## Related Words

| die Kosten | costs | der Kosten-voranschlag | estimate |
| --- | --- | --- | --- |
| kostbar | valuable; costly | | |
| kostspielig | expensive, costly | köstlich | delicious, savory |
| kostenlos | free of charge | die Kostprobe | sample, taste |

122

# 87 kriegen to get, obtain

weak
inseparable
transitive

| | | ich | wir |
| | | du | ihr |
| | | er/sie/es | sie/Sie |

## Indicative

### Present Tense
| kriege | kriegen |
| kriegst | kriegt |
| kriegt | kriegen |

### Narrative Past
| kriegte | kriegten |
| kriegtest | kriegtet |
| kriegte | kriegten |

### Conversational Past
| habe gekriegt | haben gekriegt |
| hast gekriegt | habt gekriegt |
| hat gekriegt | haben gekriegt |

### Past Perfect
| hatte gekriegt | hatten gekriegt |
| hattest gekriegt | hattet gekriegt |
| hatte gekriegt | hatten gekriegt |

### Future
| werde kriegen | werden kriegen |
| wirst kriegen | werdet kriegen |
| wird kriegen | werden kriegen |

### Future Perfect
| werde gekriegt haben | werden gekriegt haben |
| wirst gekriegt haben | werdet gekriegt haben |
| wird gekriegt haben | werden gekriegt haben |

## Subjunctive

### Present
| kriege | kriegen |
| kriegest | krieget |
| kriege | kriegen |

### Past
| kriegte | kriegten |
| kriegtest | kriegtet |
| kriegte | kriegten |

### Present Perfect
| habe gekriegt | haben gekriegt |
| habest gekriegt | habet gekriegt |
| habe gekriegt | haben gekriegt |

### Past Perfect
| hätte gekriegt | hätten gekriegt |
| hättest gekriegt | hättet gekriegt |
| hätte gekriegt | hätten gekriegt |

## Conditional

### Present
| würde kriegen | würden kriegen |
| würdest kriegen | würdet kriegen |
| würde kriegen | würden kriegen |

### Perfect
| würde gekriegt haben | würden gekriegt haben |
| würdest gekriegt haben | würdet gekriegt haben |
| würde gekriegt haben | würden gekriegt haben |

## Imperative
| krieg(e)! | kriegen Sie! |
| kriegt! | kriegen wir! |

## Participles

### Present
kriegend

### Past
gekriegt

## Related Words

| *ein Kind kriegen* | to have a baby | *sie kriegen sich* | they get each other, boy gets girl |
| *es mit der Angst kriegen* | to get scared | | |
| | | *das werden wir schon kriegen* | we'll manage that all |

# 88 lachen to laugh

weak
inseparable
intransitive

| | | ich | wir |
| --- | --- | --- | --- |
| | | du | ihr |
| | | er/sie/es | sie/Sie |

## Indicative

**Present Tense**

| | |
| --- | --- |
| lache | lachen |
| lachst | lacht |
| lacht | lachen |

**Narrative Past**

| | |
| --- | --- |
| lachte | lachten |
| lachtest | lachtet |
| lachte | lachten |

**Conversational Past**

| | |
| --- | --- |
| habe gelacht | haben gelacht |
| hast gelacht | habt gelacht |
| hat gelacht | haben gelacht |

**Past Perfect**

| | |
| --- | --- |
| hatte gelacht | hatten gelacht |
| hattest gelacht | hattet gelacht |
| hatte gelacht | hatten gelacht |

**Future**

| | |
| --- | --- |
| werde lachen | werden lachen |
| wirst lachen | werdet lachen |
| wird lachen | werden lachen |

**Future Perfect**

| | |
| --- | --- |
| werde gelacht haben | werden gelacht haben |
| wirst gelacht haben | werdet gelacht haben |
| wird gelacht haben | werden gelacht haben |

## Subjunctive

**Present**

| | |
| --- | --- |
| lache | lachen |
| lachest | lachet |
| lache | lachen |

**Past**

| | |
| --- | --- |
| lachte | lachten |
| lachtest | lachtet |
| lachte | lachten |

**Present Perfect**

| | |
| --- | --- |
| habe gelacht | haben gelacht |
| habest gelacht | habet gelacht |
| habe gelacht | haben gelacht |

**Past Perfect**

| | |
| --- | --- |
| hätte gelacht | hätten gelacht |
| hättest gelacht | hättet gelacht |
| hätte gelacht | hätten gelacht |

## Conditional

**Present**

| | |
| --- | --- |
| würde lachen | würden lachen |
| würdest lachen | würdet lachen |
| würde lachen | würden lachen |

**Perfect**

| | |
| --- | --- |
| würde gelacht haben | würden gelacht haben |
| würdest gelacht haben | würdet gelacht haben |
| würde gelacht haben | würden gelacht haben |

## Imperative

| | |
| --- | --- |
| lach(e)! | lachen Sie! |
| lacht! | lachen wir! |

## Participles

| Present | Past |
| --- | --- |
| lachend | gelacht |

## Related Words

| | | | |
| --- | --- | --- | --- |
| *die Lache* | laugh | *auslachen* | to laugh at, ridicule |
| *das Lachen* | laughter | *verlachen* | to deride |
| *lachhaft* | laughable | *lächeln* | to smile |
| *lächerlich* | ridiculous | *das Lächeln* | smile |

# 89 lassen to let, leave, allow, have

strong
inseparable
transitive/intransitive

| | | ich | wir |
| | | du | ihr |
| | | er/sie/es | sie/Sie |

## Indicative
### Present Tense

| | | | |
|---|---|---|---|
| lasse | lassen | | |
| läßt | laßt | | |
| läßt | lassen | | |

### Narrative Past

| | |
|---|---|
| ließ | ließen |
| ließest | ließt |
| ließ | ließen |

### Conversational Past

| | |
|---|---|
| habe gelassen | haben gelassen |
| hast gelassen | habt gelassen |
| hat gelassen | haben gelassen |

### Past Perfect

| | |
|---|---|
| hatte gelassen | hatten gelassen |
| hattest gelassen | hattet gelassen |
| hatte gelassen | hatten gelassen |

### Future

| | |
|---|---|
| werde lassen | werden lassen |
| wirst lassen | werdet lassen |
| wird lassen | werden lassen |

### Future Perfect

| | |
|---|---|
| werde gelassen haben | werden gelassen haben |
| wirst gelassen haben | werdet gelassen haben |
| wird gelassen haben | werden gelassen haben |

## Subjunctive
### Present

| | |
|---|---|
| lasse | lassen |
| lassest | lasset |
| lasse | lassen |

### Past

| | |
|---|---|
| ließe | ließen |
| ließest | ließet |
| ließe | ließen |

### Present Perfect

| | |
|---|---|
| habe gelassen | haben gelassen |
| habest gelassen | habet gelassen |
| habe gelassen | haben gelassen |

### Past Perfect

| | |
|---|---|
| hätte gelassen | hätten gelassen |
| hättest gelassen | hättet gelassen |
| hätte gelassen | hätten gelassen |

## Conditional
### Present

| | |
|---|---|
| würde lassen | würden lassen |
| würdest lassen | würdet lassen |
| würde lassen | würden lassen |

### Perfect

| | |
|---|---|
| würde gelassen haben | würden gelassen haben |
| würdest gelassen haben | würdet gelassen haben |
| würde gelassen haben | würden gelassen haben |

## Imperative

| | |
|---|---|
| laß! | lassen Sie! |
| laßt! | lassen wir! |

## Participles

| Present | Past |
|---|---|
| lassend | gelassen |

## Related Words

| | |
|---|---|
| sich verlassen auf | to rely on |
| entlassen | to dismiss, fire |
| sich niederlassen | to settle |
| Laß mich in Ruhe! | Leave me alone! |
| anlassen | to keep on; leave on; turn on |
| der Anlaß | motive, reason |
| Laß das! | Stop that! |

# 90 laufen to run, walk, go

strong
inseparable
transitive/intransitive

|  | ich | wir |
| --- | --- | --- |
|  | du | ihr |
|  | er/sie/es | sie/Sie |

## Indicative

### Present Tense
| laufe | laufen |
| --- | --- |
| läufst | lauft |
| läuft | laufen |

### Narrative Past
| lief | liefen |
| --- | --- |
| liefst | lieft |
| lief | liefen |

### Conversational Past
| bin gelaufen | sind gelaufen |
| --- | --- |
| bist gelaufen | seid gelaufen |
| ist gelaufen | sind gelaufen |

### Past Perfect
| war gelaufen | waren gelaufen |
| --- | --- |
| warst gelaufen | wart gelaufen |
| war gelaufen | waren gelaufen |

### Future
| werde laufen | werden laufen |
| --- | --- |
| wirst laufen | werdet laufen |
| wird laufen | werden laufen |

### Future Perfect
| werde gelaufen sein | werden gelaufen sein |
| --- | --- |
| wirst gelaufen sein | werdet gelaufen sein |
| wird gelaufen sein | werden gelaufen sein |

## Subjunctive

### Present
| laufe | laufen |
| --- | --- |
| laufest | laufet |
| laufe | laufen |

### Past
| liefe | liefen |
| --- | --- |
| liefest | liefet |
| liefe | liefen |

### Present Perfect
| sei gelaufen | seien gelaufen |
| --- | --- |
| seiest gelaufen | seiet gelaufen |
| sei gelaufen | seien gelaufen |

### Past Perfect
| wäre gelaufen | wären gelaufen |
| --- | --- |
| wärest gelaufen | wäret gelaufen |
| wäre gelaufen | wären gelaufen |

## Conditional

### Present
| würde laufen | würden laufen |
| --- | --- |
| würdest laufen | würdet laufen |
| würde laufen | würden laufen |

### Perfect
| würde gelaufen sein | würden gelaufen sein |
| --- | --- |
| würdest gelaufen sein | würdet gelaufen sein |
| würde gelaufen sein | würden gelaufen sein |

## Imperative
| lauf(e)! | laufen Sie! |
| --- | --- |
| lauft! | laufen wir! |

## Participles
### Present
laufend

### Past
gelaufen

## Related Words
| der Lauf | run, race |
| --- | --- |
| der/die Läufer/in | runner |
| anlaufen | to start |

| auflaufen | to rise, swell; accumulate |
| --- | --- |
| zulaufen | to run up to |
| auslaufen | to run out; leak |

# 91 leben to live

weak
inseparable
transitive/intransitive

|  | ich | wir |
|---|---|---|
|  | du | ihr |
|  | er/sie/es | sie/Sie |

## Indicative

### Present Tense
| | |
|---|---|
| lebe | leben |
| lebst | lebt |
| lebt | leben |

### Narrative Past
| | |
|---|---|
| lebte | lebten |
| lebtest | lebtet |
| lebte | lebten |

### Conversational Past
| | |
|---|---|
| habe gelebt | haben gelebt |
| hast gelebt | habt gelebt |
| hat gelebt | haben gelebt |

### Past Perfect
| | |
|---|---|
| hatte gelebt | hatten gelebt |
| hattest gelebt | hattet gelebt |
| hatte gelebt | hatten gelebt |

### Future
| | |
|---|---|
| werde leben | werden leben |
| wirst leben | werdet leben |
| wird leben | werden leben |

### Future Perfect
| | |
|---|---|
| werde gelebt haben | werden gelebt haben |
| wirst gelebt haben | werdet gelebt haben |
| wird gelebt haben | werden gelebt haben |

## Subjunctive

### Present
| | |
|---|---|
| lebe | leben |
| lebest | lebet |
| lebe | leben |

### Past
| | |
|---|---|
| lebte | lebten |
| lebtest | lebtet |
| lebte | lebten |

### Present Perfect
| | |
|---|---|
| habe gelebt | haben gelebt |
| habest gelebt | habet gelebt |
| habe gelebt | haben gelebt |

### Past Perfect
| | |
|---|---|
| hätte gelebt | hätten gelebt |
| hättest gelebt | hättet gelebt |
| hätte gelebt | hätten gelebt |

## Conditional

### Present
| | |
|---|---|
| würde leben | würden leben |
| würdest leben | würdet leben |
| würde leben | würden leben |

### Perfect
| | |
|---|---|
| würde gelebt haben | würden gelebt haben |
| würdest gelebt haben | würdet gelebt haben |
| würde gelebt haben | würden gelebt haben |

## Imperative
| | |
|---|---|
| leb(e)! | leben Sie! |
| lebt! | leben wir! |

## Participles

### Present
lebend

### Past
gelebt

## Related Words

| | | | |
|---|---|---|---|
| *das Leben* | life | *der Lebensstandard* | living standard |
| *die Lebensdauer* | life span | *der Lebensstil* | lifestyle |
| *der Lebensraum* | living space | *die Lebensmittel* | food, provisions |
| *die Lebens-versicherung* | life insurance | *lebensnotwendig* | vital, essential |

## 92 legen to lay, put, place

weak
inseparable
transitive

|  | ich | wir |
| --- | --- | --- |
|  | du | ihr |
|  | er/sie/es | sie/Sie |

## Indicative

### Present Tense
| | |
| --- | --- |
| lege | legen |
| legst | legt |
| legt | legen |

### Narrative Past
| | |
| --- | --- |
| legte | legten |
| legtest | legtet |
| legte | legten |

### Conversational Past
| | |
| --- | --- |
| habe gelegt | haben gelegt |
| hast gelegt | habt gelegt |
| hat gelegt | haben gelegt |

### Past Perfect
| | |
| --- | --- |
| hatte gelegt | hatten gelegt |
| hattest gelegt | hattet gelegt |
| hatte gelegt | hatten gelegt |

### Future
| | |
| --- | --- |
| werde legen | werden legen |
| wirst legen | werdet legen |
| wird legen | werden legen |

### Future Perfect
| | |
| --- | --- |
| werde gelegt haben | werden gelegt haben |
| wirst gelegt haben | werdet gelegt haben |
| wird gelegt haben | werden gelegt haben |

## Subjunctive

### Present
| | |
| --- | --- |
| lege | legen |
| legest | leget |
| lege | legen |

### Past
| | |
| --- | --- |
| legte | legten |
| legtest | legtet |
| legte | legten |

### Present Perfect
| | |
| --- | --- |
| habe gelegt | haben gelegt |
| habest gelegt | habet gelegt |
| habe gelegt | haben gelegt |

### Past Perfect
| | |
| --- | --- |
| hätte gelegt | hätten gelegt |
| hättest gelegt | hättet gelegt |
| hätte gelegt | hätten gelegt |

## Conditional

### Present
| | |
| --- | --- |
| würde legen | würden legen |
| würdest legen | würdet legen |
| würde legen | würden legen |

### Perfect
| | |
| --- | --- |
| würde gelegt haben | würden gelegt haben |
| würdest gelegt haben | würdet gelegt haben |
| würde gelegt haben | würden gelegt haben |

## Imperative
| | |
| --- | --- |
| leg(e)! | legen Sie! |
| legt! | legen wir! |

## Participles

### Present
legend

### Past
gelegt

## Related Words

| | | | |
| --- | --- | --- | --- |
| die Lage | position, situation | auslegen | to lay out; to lend s.o. money |
| die Anlage | investment | | |
| Geld anlegen | to invest | in den Mund legen | to suggest |
| überlegen | to consider | Wert legen auf | to place value on |

## 93 **leihen** to lend, borrow

strong
inseparable
transitive
(reflexive)

| | | | |
|---|---|---|---|
| ich | wir | | |
| du | ihr | | |
| er/sie/es | sie/Sie | | |

## Indicative

### Present Tense

leihe — leihen
leihst — leiht
leiht — leihen

### Narrative Past

lieh — liehen
liehst — lieht
lieh — liehen

### Conversational Past

habe geliehen — haben geliehen
hast geliehen — habt geliehen
hat geliehen — haben geliehen

### Past Perfect

hatte geliehen — hatten geliehen
hattest geliehen — hattet geliehen
hatte geliehen — hatten geliehen

### Future

werde leihen — werden leihen

wirst leihen — werdet leihen

wird leihen — werden leihen

### Future Perfect

werde geliehen haben — werden geliehen haben

wirst geliehen haben — werdet geliehen haben

wird geliehen haben — werden geliehen haben

## Subjunctive

### Present

leihe — leihen
leihest — leihet
leihe — leihen

### Past

liehe — liehen
liehest — liehet
liehe — liehen

### Present Perfect

habe geliehen — haben geliehen
habest geliehen — habet geliehen
habe geliehen — haben geliehen

### Past Perfect

hätte geliehen — hätten geliehen
hättest geliehen — hättet geliehen
hätte geliehen — hätten geliehen

## Conditional

### Present

würde leihen — würden leihen

würdest leihen — würdet leihen

würde leihen — würden leihen

### Perfect

würde geliehen haben — würden geliehen haben

würdest geliehen haben — würdet geliehen haben

würde geliehen haben — würden geliehen haben

## Imperative

leih(e)! — leihen Sie!
leiht! — leihen wir!

## Participles

### Present

leihend

### Past

geliehen

## Related Words

| | | | |
|---|---|---|---|
| *die Anleihe* | loan | *der Autoverleih* | car rental |
| *die Leihzinsen* | interest on loan | *die Leihgebühr* | rental fee |
| *verleihen* | to rent out | *das Leihgeschäft* | loan office |

# 94 lernen to learn, study

weak
inseparable
transitive/intransitive

| | | ich | wir |
| --- | --- | --- | --- |
| | | du | ihr |
| | | er/sie/es | sie/Sie |

## Indicative

### Present Tense
| | |
| --- | --- |
| lerne | lernen |
| lernst | lernt |
| lernt | lernen |

### Narrative Past
| | |
| --- | --- |
| lernte | lernten |
| lerntest | lerntet |
| lernte | lernten |

### Conversational Past
| | |
| --- | --- |
| habe gelernt | haben gelernt |
| hast gelernt | habt gelernt |
| hat gelernt | haben gelernt |

### Past Perfect
| | |
| --- | --- |
| hatte gelernt | hatten gelernt |
| hattest gelernt | hattet gelernt |
| hatte gelernt | hatten gelernt |

### Future
| | |
| --- | --- |
| werde lernen | werden lernen |
| wirst lernen | werdet lernen |
| wird lernen | werden lernen |

### Future Perfect
| | |
| --- | --- |
| werde gelernt haben | werden gelernt haben |
| wirst gelernt haben | werdet gelernt haben |
| wird gelernt haben | werden gelernt haben |

## Subjunctive

### Present
| | |
| --- | --- |
| lerne | lernen |
| lernest | lernet |
| lerne | lernen |

### Past
| | |
| --- | --- |
| lernte | lernten |
| lerntest | lerntet |
| lernte | lernten |

### Present Perfect
| | |
| --- | --- |
| habe gelernt | haben gelernt |
| habest gelernt | habet gelernt |
| habe gelernt | haben gelernt |

### Past Perfect
| | |
| --- | --- |
| hätte gelernt | hätten gelernt |
| hättest gelernt | hättet gelernt |
| hätte gelernt | hätten gelernt |

## Conditional

### Present
| | |
| --- | --- |
| würde lernen | würden lernen |
| würdest lernen | würdet lernen |
| würde lernen | würden lernen |

### Perfect
| | |
| --- | --- |
| würde gelernt haben | würden gelernt haben |
| würdest gelernt haben | würdet gelernt haben |
| würde gelernt haben | würden gelernt haben |

## Imperative
| | |
| --- | --- |
| lern(e)! | lernen Sie! |
| lernt! | lernen wir! |

## Participles

| Present | Past |
| --- | --- |
| lernend | gelernt |

## Related Words

| | | | |
| --- | --- | --- | --- |
| *das Lernen* | learning process | *kennenlernen* | to get to know |
| *lernfähig* | capable of learning | *jemanden anlernen* | to train someone |
| | | *umlernen* | to retrain |
| *verlernen* | to forget something already learnt | *lernbehindert* | educationally handicapped |

## 95 lesen to read

strong
inseparable
transitive/intransitive

| | ich | wir |
| | du | ihr |
| | er/sie/es | sie/Sie |

## Indicative

### Present Tense

| | |
|---|---|
| lese | lesen |
| liest | lest |
| liest | lesen |

### Narrative Past

| | |
|---|---|
| las | lasen |
| lasest | last |
| las | lasen |

### Conversational Past

| | |
|---|---|
| habe gelesen | haben gelesen |
| hast gelesen | habt gelesen |
| hat gelesen | haben gelesen |

### Past Perfect

| | |
|---|---|
| hatte gelesen | hatten gelesen |
| hattest gelesen | hattet gelesen |
| hatte gelesen | hatten gelesen |

### Future

| | |
|---|---|
| werde lesen | werden lesen |
| wirst lesen | werdet lesen |
| wird lesen | werden lesen |

### Future Perfect

| | |
|---|---|
| werde gelesen haben | werden gelesen haben |
| wirst gelesen haben | werdet gelesen haben |
| wird gelesen haben | werden gelesen haben |

## Subjunctive

### Present

| | |
|---|---|
| lese | lesen |
| lesest | leset |
| lese | lesen |

### Past

| | |
|---|---|
| läse | läsen |
| läsest | läset |
| läse | läsen |

### Present Perfect

| | |
|---|---|
| habe gelesen | haben gelesen |
| habest gelesen | habet gelesen |
| habe gelesen | haben gelesen |

### Past Perfect

| | |
|---|---|
| hätte gelesen | hätten gelesen |
| hättest gelesen | hättet gelesen |
| hätte gelesen | hätten gelesen |

## Conditional

### Present

| | |
|---|---|
| würde lesen | würden lesen |
| würdest lesen | würdet lesen |
| würde lesen | würden lesen |

### Perfect

| | |
|---|---|
| würde gelesen haben | würden gelesen haben |
| würdest gelesen haben | würdet gelesen haben |
| würde gelesen haben | würden gelesen haben |

## Imperative

| | |
|---|---|
| lies! | lesen Sie! |
| lest! | lesen wir! |

## Participles

### Present

lesend

### Past

gelesen

## Related Words

| | | | |
|---|---|---|---|
| die Lesung | reading | leserlich | legible |
| der/die Leser/in | reader; subscriber | nachlesen | to read again; check |
| vorlesen | to read aloud | das Lesezimmer | reading room |
| lesenswert | worth reading | das Lesezeichen | bookmark |

## 96 lieben  to love

weak
inseparable
transitive/intransitive

| | ich | wir |
| | du | ihr |
| | er/sie/es | sie/Sie |

## Indicative

### Present Tense
| | |
|---|---|
| liebe | lieben |
| liebst | liebt |
| liebt | lieben |

### Narrative Past
| | |
|---|---|
| liebte | liebten |
| liebtest | liebtet |
| liebte | liebten |

### Conversational Past
| | |
|---|---|
| habe geliebt | haben geliebt |
| hast geliebt | habt geliebt |
| hat geliebt | haben geliebt |

### Past Perfect
| | |
|---|---|
| hatte geliebt | hatten geliebt |
| hattest geliebt | hattet geliebt |
| hatte geliebt | hatten geliebt |

### Future
| | |
|---|---|
| werde lieben | werden lieben |
| wirst lieben | werdet lieben |
| wird lieben | werden lieben |

### Future Perfect
| | |
|---|---|
| werde geliebt haben | werden geliebt haben |
| wirst geliebt haben | werdet geliebt haben |
| wird geliebt haben | werden geliebt haben |

## Subjunctive

### Present
| | |
|---|---|
| liebe | lieben |
| liebest | liebet |
| liebe | lieben |

### Past
| | |
|---|---|
| liebte | liebten |
| liebtest | liebtet |
| liebte | liebten |

### Present Perfect
| | |
|---|---|
| habe geliebt | haben geliebt |
| habest geliebt | habet geliebt |
| habe geliebt | haben geliebt |

### Past Perfect
| | |
|---|---|
| hätte geliebt | hätten geliebt |
| hättest geliebt | hättet geliebt |
| hätte geliebt | hätten geliebt |

## Conditional

### Present
| | |
|---|---|
| würde lieben | würden lieben |
| würdest lieben | würdet lieben |
| würde lieben | würden lieben |

### Perfect
| | |
|---|---|
| würde geliebt haben | würden geliebt haben |
| würdest geliebt haben | würdet geliebt haben |
| würde geliebt haben | würden geliebt haben |

## Imperative
| | |
|---|---|
| lieb(e)! | lieben Sie! |
| liebt! | lieben wir! |

## Participles

### Present
liebend

### Past
geliebt

## Related Words

| | | | |
|---|---|---|---|
| *die Liebe* | love | *der/die Liebhaber/in* | lover |
| *lieb* | dear; beloved; kind | *lieb haben* | to be fond of, like |
| *die Liebesaffäre* | love affair | *liebkosen* | caress, fondle, cuddle |

# 97 liegen to lie, be situated

strong
inseparable
intransitive

| | | ich | wir |
|---|---|---|---|
| | | du | ihr |
| | | er/sie/es | sie/Sie |

## Indicative

### Present Tense
| | |
|---|---|
| liege | liegen |
| liegst | liegt |
| liegt | liegen |

### Narrative Past
| | |
|---|---|
| lag | lagen |
| lagst | lagt |
| lag | lagen |

### Conversational Past
| | |
|---|---|
| habe gelegen | haben gelegen |
| hast gelegen | habt gelegen |
| hat gelegen | haben gelegen |

### Past Perfect
| | |
|---|---|
| hatte gelegen | hatten gelegen |
| hattest gelegen | hattet gelegen |
| hatte gelegen | hatten gelegen |

### Future
| | |
|---|---|
| werde liegen | werden liegen |
| wirst liegen | werdet liegen |
| wird liegen | werden liegen |

### Future Perfect
| | |
|---|---|
| werde gelegen haben | werden gelegen haben |
| wirst gelegen haben | werdet gelegen haben |
| wird gelegen haben | werden gelegen haben |

## Subjunctive

### Present
| | |
|---|---|
| liege | liegen |
| liegest | liegt |
| liege | liegen |

### Past
| | |
|---|---|
| läge | lägen |
| lägest | läge |
| läge | lägen |

### Present Perfect
| | |
|---|---|
| habe gelegen | haben gelegen |
| habest gelegen | habet gelegen |
| habe gelegen | haben gelegen |

### Past Perfect
| | |
|---|---|
| hätte gelegen | hätten gelegen |
| hättest gelegen | hättet gelegen |
| hätte gelegen | hätten gelegen |

## Conditional

### Present
| | |
|---|---|
| würde liegen | würden liegen |
| würdest liegen | würdet liegen |
| würde liegen | würden liegen |

### Perfect
| | |
|---|---|
| würde gelegen haben | würden gelegen haben |
| würdest gelegen haben | würdet gelegen haben |
| würde gelegen haben | würden gelegen haben |

## Imperative
| | |
|---|---|
| lieg(e)! | liegen Sie! |
| liegt! | liegen wir! |

## Participles
| Present | Past |
|---|---|
| liegend | gelegen |

## Related Words

| | | | |
|---|---|---|---|
| *die Liege* | couch | *der Anlieger* | resident |
| *liegen bleiben* | to keep lying; stay in bed | *naheliegen* | to be close |
| | | *unterliegen* | to be defeated |
| *liegen lassen* | to let lie; leave behind or alone | *sich in den Haaren liegen* | to fight |

## 98 machen to do, make

weak
inseparable
transitive/intransitive
(reflexive)

ich wir
du ihr
er/sie/es sie/Sie

## Indicative

### Present Tense
mache        machen
machst       macht
macht        machen

### Narrative Past
machte       machten
machtest     machtet
machte       machten

### Conversational Past
habe gemacht    haben gemacht
hast gemacht    habt gemacht
hat gemacht     haben gemacht

### Past Perfect
hatte gemacht     hatten gemacht
hattest gemacht   hattet gemacht
hatte gemacht     hatten gemacht

### Future
werde machen    werden machen
wirst machen    werdet machen
wird machen     werden machen

### Future Perfect
werde gemacht haben    werden gemacht haben
wirst gemacht haben    werdet gemacht haben
wird gemacht haben     werden gemacht haben

## Subjunctive

### Present
mache        machen
machest      machet
mache        machen

### Past
machte       machten
machtest     machtet
machte       machten

### Present Perfect
habe gemacht     haben gemacht
habest gemacht   habet gemacht
habe gemacht     haben gemacht

### Past Perfect
hätte gemacht     hätten gemacht
hättest gemacht   hättet gemacht
hätte gemacht     hätten gemacht

## Conditional

### Present
würde machen     würden machen
würdest machen   würdet machen
würde machen     würden machen

### Perfect
würde gemacht haben    würden gemacht haben
würdest gemacht       würdet gemacht haben
haben
würde gemacht haben    würden gemacht haben

## Imperative
mach!        machen Sie!
macht!       machen wir!

## Participles
### Present
machend

### Past
gemacht

## Related Words
| | | | |
|---|---|---|---|
| *aufmachen* | to open | *sich machen* | to develop, come along |
| *zumachen* | to shut, close | *Das macht nichts.* | Never mind. |
| *anmachen* | to attach, fasten; to come on to | *Spaß machen* | to have fun |
| | | *Was macht das?* | How much is it? |

# 99 meinen to be of the opinion, think, mean

weak
inseparable
transitive/intransitive

|         |         |
|---------|---------|
| ich     | wir     |
| du      | ihr     |
| er/sie/es | sie/Sie |

## Indicative

### Present Tense
| | |
|---|---|
| meine | meinen |
| meinst | meint |
| meint | meinen |

### Narrative Past
| | |
|---|---|
| meinte | meinten |
| meintest | meintet |
| meinte | meinten |

### Conversational Past
| | |
|---|---|
| habe gemeint | haben gemeint |
| hast gemeint | habt gemeint |
| hat gemeint | haben gemeint |

### Past Perfect
| | |
|---|---|
| hatte gemeint | hatten gemeint |
| hattest gemeint | hattet gemeint |
| hatte gemeint | hatten gemeint |

### Future
| | |
|---|---|
| werde meinen | werden meinen |
| wirst meinen | werdet meinen |
| wird meinen | werden meinen |

### Future Perfect
| | |
|---|---|
| werde gemeint haben | werden gemeint haben |
| wirst gemeint haben | werdet gemeint haben |
| wird gemeint haben | werden gemeint haben |

## Subjunctive

### Present
| | |
|---|---|
| meine | meinen |
| meinest | meinet |
| meine | meinen |

### Past
| | |
|---|---|
| meinte | meinten |
| meintest | meintet |
| meinte | meinten |

### Present Perfect
| | |
|---|---|
| habe gemeint | haben gemeint |
| habest gemeint | habet gemeint |
| habe gemeint | haben gemeint |

### Past Perfect
| | |
|---|---|
| hätte gemeint | hätten gemeint |
| hättest gemeint | hättet gemeint |
| hätte gemeint | hätten gemeint |

## Conditional

### Present
| | |
|---|---|
| würde meinen | würden meinen |
| würdest meinen | würdet meinen |
| würde meinen | würden meinen |

### Perfect
| | |
|---|---|
| würde gemeint haben | würden gemeint haben |
| würdest gemeint haben | würdet gemeint haben |
| würde gemeint haben | würden gemeint haben |

## Imperative
| | |
|---|---|
| mein(e)! | meinen Sie! |
| meint! | meinen wir! |

## Participles

### Present
meinend

### Past
gemeint

## Related Words

| | | | |
|---|---|---|---|
| *die Meinung* | opinion | *der Meinungs-austausch* | exchange of ideas |
| *einer Meinung sein* | to agree | *er meint, daß...* | he says that... |
| *die Meinungs-verschiedenheit* | difference of opinion | | |

135

# 100 merken to notice, remember

weak
inseparable
intransitive
(reflexive)

| | |
|---|---|
| ich | wir |
| du | ihr |
| er/sie/es | sie/Sie |

## Indicative

### Present Tense
| | |
|---|---|
| merke | merken |
| merkst | merkt |
| merkt | merken |

### Narrative Past
| | |
|---|---|
| merkte | merkten |
| merktest | merktet |
| merkte | merkten |

### Conversational Past
| | |
|---|---|
| habe gemerkt | haben gemerkt |
| hast gemerkt | habt gemerkt |
| hat gemerkt | haben gemerkt |

### Past Perfect
| | |
|---|---|
| hatte gemerkt | hatten gemerkt |
| hattest gemerkt | hattet gemerkt |
| hatte gemerkt | hatten gemerkt |

### Future
| | |
|---|---|
| werde merken | werden merken |
| wirst merken | werdet merken |
| wird merken | werden merken |

### Future Perfect
| | |
|---|---|
| werde gemerkt haben | werden gemerkt haben |
| wirst gemerkt haben | werdet gemerkt haben |
| wird gemerkt haben | werden gemerkt haben |

## Subjunctive

### Present
| | |
|---|---|
| merke | merken |
| merkest | merket |
| merke | merken |

### Past
| | |
|---|---|
| merkte | merkten |
| merktest | merktet |
| merkte | merkten |

### Present Perfect
| | |
|---|---|
| habe gemerkt | haben gemerkt |
| habest gemerkt | habet gemerkt |
| habe gemerkt | haben gemerkt |

### Past Perfect
| | |
|---|---|
| hätte gemerkt | hätten gemerkt |
| hättest gemerkt | hättet gemerkt |
| hätte gemerkt | hätten gemerkt |

## Conditional

### Present
| | |
|---|---|
| würde merken | würden merken |
| würdest merken | würdet merken |
| würde merken | würden merken |

### Perfect
| | |
|---|---|
| würde gemerkt haben | würden gemerkt haben |
| würdest gemerkt haben | würdet gemerkt haben |
| würde gemerkt haben | würden gemerkt haben |

## Imperative
| | |
|---|---|
| merk(e)! | merken Sie! |
| merkt! | merken wir! |

## Participles
| Present | Past |
|---|---|
| merkend | gemerkt |

## Related Words

| | | | |
|---|---|---|---|
| *das Merkmal* | mark, sign | *bemerken* | to observe, perceive, remark |
| *merklich* | noticeable | | |
| *merkwürdig* | noteworthy | *die Bemerkung* | remark |
| *die Anmerkung* | annotation | *bemerkenswert* | remarkable |

# 101 messen to measure; compete

| | | | ich | wir |
|---|---|---|---|---|
| strong | | | du | ihr |
| inseparable | | | er/sie/es | sie/Sie |
| transitive/intransitive | | | | |
| (reflexive) | | | | |

## Indicative

### Present Tense

| | |
|---|---|
| messe | messen |
| mißt | meßt |
| mißt | messen |

### Narrative Past

| | |
|---|---|
| maß | maßen |
| maßest | maßt |
| maß | maßen |

### Conversational Past

| | |
|---|---|
| habe gemessen | haben gemessen |
| hast gemessen | habt gemessen |
| hat gemessen | haben gemessen |

### Past Perfect

| | |
|---|---|
| hatte gemessen | hatten gemessen |
| hattest gemessen | hattet gemessen |
| hatte gemessen | hatten gemessen |

### Future

| | |
|---|---|
| werde messen | werden messen |
| wirst messen | werdet messen |
| wird messen | werden messen |

### Future Perfect

| | |
|---|---|
| werde gemessen haben | werden gemessen haben |
| wirst gemessen haben | werdet gemessen haben |
| wird gemessen haben | werden gemessen haben |

## Subjunctive

### Present

| | |
|---|---|
| messe | messen |
| messest | messet |
| messe | messen |

### Past

| | |
|---|---|
| mäße | mäßen |
| mäßest | mäßet |
| mäße | mäßen |

### Present Perfect

| | |
|---|---|
| habe gemessen | haben gemessen |
| habest gemessen | habet gemessen |
| habe gemessen | haben gemessen |

### Past Perfect

| | |
|---|---|
| hätte gemessen | hätten gemessen |
| hättest gemessen | hättet gemessen |
| hätte gemessen | hätten gemessen |

## Conditional

### Present

| | |
|---|---|
| würde messen | würden messen |
| würdest messen | würdet messen |
| würde messen | würden messen |

### Perfect

| | |
|---|---|
| würde gemessen haben | würden gemessen haben |
| würdest gemessen haben | würdet gemessen haben |
| würde gemessen haben | würden gemessen haben |

## Imperative

| | |
|---|---|
| miß! | messen Sie! |
| meßt! | messen wir! |

## Participles

### Present

messend

### Past

gemessen

## Related Words

| | | | |
|---|---|---|---|
| das Maß | measure | die Abmessung | dimension |
| die Messung | measurement | das Ausmaß | extent |
| meßbar | measurable | die Bemessung | calculation |
| unermeßlich | immeasurable, vast | | |

## 102 mieten to rent, hire

weak
inseparable
transitive

| | | ich | wir |
|---|---|---|---|
| | | du | ihr |
| | | er/sie/es | sie/Sie |

## Indicative

### Present Tense
| | |
|---|---|
| miete | mieten |
| mietest | mietet |
| mietet | mieten |

### Narrative Past
| | |
|---|---|
| mietete | mieteten |
| mietetest | mietetet |
| mietete | mieteten |

### Conversational Past
| | |
|---|---|
| habe gemietet | haben gemietet |
| hast gemietet | habt gemietet |
| hat gemietet | haben gemietet |

### Past Perfect
| | |
|---|---|
| hatte gemietet | hatten gemietet |
| hattest gemietet | hattet gemietet |
| hatte gemietet | hatten gemietet |

### Future
| | |
|---|---|
| werde mieten | werden mieten |
| wirst mieten | werdet mieten |
| wird mieten | werden mieten |

### Future Perfect
| | |
|---|---|
| werde gemietet haben | werden gemietet haben |
| wirst gemietet haben | werdet gemietet haben |
| wird gemietet haben | werden gemietet haben |

## Subjunctive

### Present
| | |
|---|---|
| miete | mieten |
| mietest | mietet |
| miete | mieten |

### Past
| | |
|---|---|
| mietete | mieteten |
| mietetest | mietetet |
| mietete | mieteten |

### Present Perfect
| | |
|---|---|
| habe gemietet | haben gemietet |
| habest gemietet | habet gemietet |
| habe gemietet | haben gemietet |

### Past Perfect
| | |
|---|---|
| hätte gemietet | hätten gemietet |
| hättest gemietet | hättet gemietet |
| hätte gemietet | hätten gemietet |

## Conditional

### Present
| | |
|---|---|
| würde mieten | würden mieten |
| würdest mieten | würdet mieten |
| würde mieten | würden mieten |

### Perfect
| | |
|---|---|
| würde gemietet haben | würden gemietet haben |
| würdest gemietet haben | würdet gemietet haben |
| würde gemietet haben | würden gemietet haben |

## Imperative
| | |
|---|---|
| miete! | mieten Sie! |
| mietet! | mieten wir! |

## Participles

### Present
mietend

### Past
gemietet

## Related Words

| | | | |
|---|---|---|---|
| *die Miete* | rent | *der/die Mieter/in* | tenant |
| *der Mietvertrag* | lease, contract | *der/die Vermieter/in* | landlord |
| *vermieten* | to rent out | *der Mietpreis* | rental charge |
| *die Autover-mietung* | car rental | *die Mieterhöhung* | increase in rent |

# 103 mögen to want, like

strong
inseparable
transitive/intransitive
modal

|  | ich | wir |
|--|-----|-----|
|  | du | ihr |
|  | er/sie/es | sie/Sie |

## Indicative

### Present Tense

| mag | mögen |
|-----|-------|
| magst | mögt |
| mag | mögen |

### Narrative Past

| mochte | mochten |
|--------|---------|
| mochtest | mochtet |
| mochte | mochten |

### Conversational Past

| habe gemocht | haben gemocht |
|--------------|---------------|
| hast gemocht | habt gemocht |
| hat gemocht | haben gemocht |

### Past Perfect

| hatte gemocht | hatten gemocht |
|---------------|----------------|
| hattest gemocht | hattet gemocht |
| hatte gemocht | hatten gemocht |

### Future

| werde mögen | werden mögen |
|-------------|--------------|
| wirst mögen | werdet mögen |
| wird mögen | werden mögen |

### Future Perfect

| werde gemocht haben | werden gemocht haben |
|---------------------|----------------------|
| wirst gemocht haben | werdet gemocht haben |
| wird gemocht haben | werden gemocht haben |

## Subjunctive

### Present

| möge | mögen |
|------|-------|
| mögest | möget |
| möge | mögen |

### Past

| möchte | möchten |
|--------|---------|
| möchtest | möchtet |
| möchte | möchten |

### Present Perfect

| habe gemocht | haben gemocht |
|--------------|---------------|
| habest gemocht | habet gemocht |
| habe gemocht | haben gemocht |

### Past Perfect

| hätte gemocht | hätten gemocht |
|---------------|----------------|
| hättest gemocht | hättet gemocht |
| hätte gemocht | hätten gemocht |

## Conditional

### Present

| würde mögen | würden mögen |
|-------------|--------------|
| würdest mögen | würdet mögen |
| würde mögen | würden mögen |

### Perfect

| würde gemocht haben | würden gemocht haben |
|---------------------|----------------------|
| würdest gemocht haben | würdet gemocht haben |
| würde gemocht haben | würden gemocht haben |

## Imperative

——    ——

## Participles

### Present

mögend

### Past

gemocht

## Related Words

| möglich | possible | so schnell wie möglich | as fast as possible |
|---------|----------|------------------------|---------------------|
| unmöglich | impossible | Das mag sein. | That may be. |
| die Möglichkeit | possibility | | |

# 104 müssen must, to have to

weak
inseparable
intransitive
modal

|  | ich | wir |
| --- | --- | --- |
|  | du | ihr |
|  | er/sie/es | sie/Sie |

## Indicative

### Present Tense
| | | Narrative Past | |
| --- | --- | --- | --- |
| muß | müssen | mußte | mußten |
| mußt | müßt | mußtest | mußtet |
| muß | müssen | mußte | mußten |

### Conversational Past
| | | Past Perfect | |
| --- | --- | --- | --- |
| habe gemußt | haben gemußt | hatte gemußt | hatten gemußt |
| hast gemußt | habt gemußt | hattest gemußt | hattet gemußt |
| hat gemußt | haben gemußt | hatte gemußt | hatten gemußt |

### Future
| | | Future Perfect | |
| --- | --- | --- | --- |
| werde müssen | werden müssen | werde gemußt haben | werden gemußt haben |
| wirst müssen | werdet müssen | wirst gemußt haben | werdet gemußt haben |
| wird müssen | werden müssen | wird gemußt haben | werden gemußt haben |

## Subjunctive

### Present
| | | Past | |
| --- | --- | --- | --- |
| müsse | müssen | müßte | müßten |
| müssest | müsset | müßtest | müßtet |
| müsse | müssen | müßte | müßten |

### Present Perfect
| | | Past Perfect | |
| --- | --- | --- | --- |
| habe gemußt | haben gemußt | hätte gemußt | hätten gemußt |
| habest gemußt | habet gemußt | hättest gemußt | hättet gemußt |
| habe gemußt | haben gemußt | hätte gemußt | hätten gemußt |

## Conditional

### Present
| | | Perfect | |
| --- | --- | --- | --- |
| würde müssen | würden müssen | würde gemußt haben | würden gemußt haben |
| würdest müssen | würdet müssen | würdest gemußt haben | würdet gemußt haben |
| würde müssen | würden müssen | würde gemußt haben | würden gemußt haben |

## Imperative
| | |
| --- | --- |
| — | — |
| — | — |

## Participles
| Present | Past |
| --- | --- |
| müssend | gemußt |

## Related Words

| | | | |
| --- | --- | --- | --- |
| *Kein Mensch muß müssen.* | There's no such thing as "must." | *Das Konzert ist ein Muß.* | The concert is a must. |

# 105 nehmen to take, receive

strong
inseparable
transitive/intransitive

| | | ich | wir |
|---|---|---|---|
| | | du | ihr |
| | | er/sie/es | sie/Sie |

## Indicative

### Present Tense
| | |
|---|---|
| nehme | nehmen |
| nimmst | nehmt |
| nimmt | nehmen |

### Narrative Past
| | |
|---|---|
| nahm | nahmen |
| nahmst | nahmt |
| nahm | nahmen |

### Conversational Past
| | |
|---|---|
| habe genommen | haben genommen |
| hast genommen | habt genommen |
| hat genommen | haben genommen |

### Past Perfect
| | |
|---|---|
| hatte genommen | hatten genommen |
| hattest genommen | hattet genommen |
| hatte genommen | hatten genommen |

### Future
| | |
|---|---|
| werde nehmen | werden nehmen |
| wirst nehmen | werdet nehmen |
| wird nehmen | werden nehmen |

### Future Perfect
| | |
|---|---|
| werde genommen haben | werden genommen haben |
| wirst genommen haben | werdet genommen haben |
| wird genommen haben | werden genommen haben |

## Subjunctive

### Present
| | |
|---|---|
| nehme | nehmen |
| nehmest | nehmet |
| nehme | nehmen |

### Past
| | |
|---|---|
| nähme | nähmen |
| nähmest | nähmet |
| nähme | nähmen |

### Present Perfect
| | |
|---|---|
| habe genommen | haben genommen |
| habest genommen | habet genommen |
| habe genommen | haben genommen |

### Past Perfect
| | |
|---|---|
| hätte genommen | hätten genommen |
| hättest genommen | hättet genommen |
| hätte genommen | hätten genommen |

## Conditional

### Present
| | |
|---|---|
| würde nehmen | würden nehmen |
| würdest nehmen | würdet nehmen |
| würde nehmen | würden nehmen |

### Perfect
| | |
|---|---|
| würde genommen haben | würden genommen haben |
| würdest genommen haben | würdet genommen haben |
| würde genommen haben | würden genommen haben |

## Imperative
| | |
|---|---|
| nimm! | nehmen Sie! |
| nehmt! | nehmen wir! |

## Participles

### Present
nehmend

### Past
genommen

## Related Words

| | |
|---|---|
| *aufnehmen* | to pick up; lift up |
| *die Aufnahme* | recording, integration; picture |
| *ausnehmen* | to take out |
| *die Ausnahme* | exception |
| *mitnehmen* | to take along |
| *übernehmen* | to take over; receive |
| *unternehmen* | to undertake |
| *das Unternehmen* | enterprise |
| *wegnehmen* | to take away |
| *zunehmen* | to increase; grow; gain weight |

# 106 nennen to name, call

mixed
inseparable
transitive
(reflexive)

ich    wir
du    ihr
er/sie/es    sie/Sie

## Indicative

### Present Tense

| | |
|---|---|
| nenne | nennen |
| nennst | nennt |
| nennt | nennen |

### Narrative Past

| | |
|---|---|
| nannte | nannten |
| nanntest | nanntet |
| nannte | nannten |

### Conversational Past

| | |
|---|---|
| habe genannt | haben genannt |
| hast genannt | habt genannt |
| hat genannt | haben genannt |

### Past Perfect

| | |
|---|---|
| hatte genannt | hatten genannt |
| hattest genannt | hattet genannt |
| hatte genannt | hatten genannt |

### Future

| | |
|---|---|
| werde nennen | werden nennen |
| wirst nennen | werdet nennen |
| wird nennen | werden nennen |

### Future Perfect

| | |
|---|---|
| werde genannt haben | werden genannt haben |
| wirst genannt haben | werdet genannt haben |
| wird genannt haben | werden genannt haben |

## Subjunctive

### Present

| | |
|---|---|
| nenne | nennen |
| nennest | nennet |
| nenne | nennen |

### Past

| | |
|---|---|
| nennte | nennten |
| nenntest | nenntet |
| nennte | nennten |

### Present Perfect

| | |
|---|---|
| habe genannt | haben genannt |
| habest genannt | habet genannt |
| habe genannt | haben genannt |

### Past Perfect

| | |
|---|---|
| hätte genannt | hätten genannt |
| hättest genannt | hättet genannt |
| hätte genannt | hätten genannt |

## Conditional

### Present

| | |
|---|---|
| würde nennen | würden nennen |
| würdest nennen | würdet nennen |
| würde nennen | würden nennen |

### Perfect

| | |
|---|---|
| würde genannt haben | würden genannt haben |
| würdest genannt haben | würdet genannt haben |
| würde genannt haben | würden genannt haben |

## Imperative

| | |
|---|---|
| nenn(e)! | nennen Sie! |
| nennt! | nennen wir! |

## Participles

### Present
nennend

### Past
genannt

## Related Words

| | | | |
|---|---|---|---|
| *die Nennung* | naming, mention | *nennenswert* | worth mentioning; considerable |
| *nennbar* | mentionable | | |

# 107 nützen  to use

weak
inseparable
transitive/intransitive

## Indicative

### Present Tense
| | | | |
|---|---|---|---|
| nütze | nützen | nützte | nützten |
| nützt | nützt | nütztest | nütztet |
| nützt | nützen | nützte | nützten |

### Narrative Past

### Conversational Past
| | |
|---|---|
| habe genützt | haben genützt |
| hast genützt | habt genützt |
| hat genützt | haben genützt |

### Past Perfect
| | |
|---|---|
| hatte genützt | hatten genützt |
| hattest genützt | hattet genützt |
| hatte genützt | hatten genützt |

### Future
| | |
|---|---|
| werde nützen | werden nützen |
| wirst nützen | werdet nützen |
| wird nützen | werden nützen |

### Future Perfect
| | |
|---|---|
| werde genützt haben | werden genützt haben |
| wirst genützt haben | werdet genützt haben |
| wird genützt haben | werden genützt haben |

## Subjunctive

### Present
| | |
|---|---|
| nütze | nützen |
| nützest | nützet |
| nütze | nützen |

### Past
| | |
|---|---|
| nützte | nützten |
| nütztest | nütztet |
| nützte | nützten |

### Present Perfect
| | |
|---|---|
| habe genützt | haben genützt |
| habest genützt | habet genützt |
| habe genützt | haben genützt |

### Past Perfect
| | |
|---|---|
| hätte genützt | hätten genützt |
| hättest genützt | hättet genützt |
| hätte genützt | hätten genützt |

## Conditional

### Present
| | |
|---|---|
| würde nützen | würden nützen |
| würdest nützen | würdet nützen |
| würde nützen | würden nützen |

### Perfect
| | |
|---|---|
| würde genützt haben | würden genützt haben |
| würdest genützt haben | würdet genützt haben |
| würde genützt haben | würden genützt haben |

## Imperative
| | |
|---|---|
| nütz(e)! | nützen Sie! |
| nützt! | nützen wir! |

## Participles

### Present
nützend

### Past
genützt

## Related Words
| | | | |
|---|---|---|---|
| *nütze* | useful | *der Nutzwert* | economic value |
| *nutzbringend* | profitable | *benützen* | to use, make use of |
| *nützlich* | useful, helpful | *der/die Benützer/in* | user |
| *nutzlos* | useless | | |

# 108 öffnen to open

weak
inseparable
transitive
(reflexive)

|  | |
|---|---|
| ich | wir |
| du | ihr |
| er/sie/es | sie/Sie |

## Indicative

| Present Tense | | Narrative Past | |
|---|---|---|---|
| öffne | öffnen | öffnete | öffneten |
| öffnest | öffnet | öffnetest | öffnetet |
| öffnet | öffnen | öffnete | öffneten |

| Conversational Past | | Past Perfect | |
|---|---|---|---|
| habe geöffnet | haben geöffnet | hatte geöffnet | hatten geöffnet |
| hast geöffnet | habt geöffnet | hattest geöffnet | hattet geöffnet |
| hat geöffnet | haben geöffnet | hatte geöffnet | hatten geöffnet |

| Future | | Future Perfect | |
|---|---|---|---|
| werde öffnen | werden öffnen | werde geöffnet haben | werden geöffnet haben |
| wirst öffnen | werdet öffnen | wirst geöffnet haben | werdet geöffnet haben |
| wird öffnen | werden öffnen | wird geöffnet haben | werden geöffnet haben |

## Subjunctive

| Present | | Past | |
|---|---|---|---|
| öffne | öffnen | öffnete | öffneten |
| öffnest | öffnet | öffnetest | öffnetet |
| öffne | öffnen | öffnete | öffneten |

| Present Perfect | | Past Perfect | |
|---|---|---|---|
| habe geöffnet | haben geöffnet | hätte geöffnet | hätten geöffnet |
| habest geöffnet | habet geöffnet | hättest geöffnet | hättet geöffnet |
| habe geöffnet | haben geöffnet | hätte geöffnet | hätten geöffnet |

## Conditional

| Present | | Perfect | |
|---|---|---|---|
| würde öffnen | würden öffnen | würde geöffnet haben | würden geöffnet haben |
| würdest öffnen | würdet öffnen | würdest geöffnet haben | würdet geöffnet haben |
| würde öffnen | würden öffnen | würde geöffnet haben | würden geöffnet haben |

## Imperative

| | |
|---|---|
| öffne! | öffnen Sie! |
| öffnet! | öffnen wir! |

## Participles

| Present | Past |
|---|---|
| öffnend | geöffnet |

## Related Words

| | | | |
|---|---|---|---|
| *offen* | open | *öffentlich* | public |
| *die Öffnung* | opening | *offen halten* | to leave open |
| *die Öffnungszeiten* | opening hours | *offen lassen* | to leave open |
| *ein Konto eröffnen* | to open an account | *veröffentlichen* | to publish, print |

# 109 passen to fit, be suitable for; pass

weak
inseparable
intransitive

| | | ich | wir |
|---|---|---|---|
| | | du | ihr |
| | | er/sie/es | sie/Sie |

## Indicative

### Present Tense

| | |
|---|---|
| passe | passen |
| paßt | paßt |
| paßt | passen |

### Narrative Past

| | |
|---|---|
| paßte | paßten |
| paßtest | paßtet |
| paßte | paßten |

### Conversational Past

| | |
|---|---|
| habe gepaßt | haben gepaßt |
| hast gepaßt | habt gepaßt |
| hat gepaßt | haben gepaßt |

### Past Perfect

| | |
|---|---|
| hatte gepaßt | hatten gepaßt |
| hattest gepaßt | hattet gepaßt |
| hatte gepaßt | hatten gepaßt |

### Future

| | |
|---|---|
| werde passen | werden passen |
| wirst passen | werdet passen |
| wird passen | werden passen |

### Future Perfect

| | |
|---|---|
| werde gepaßt haben | werden gepaßt haben |
| wirst gepaßt haben | werdet gepaßt haben |
| wird gepaßt haben | werden gepaßt haben |

## Subjunctive

### Present

| | |
|---|---|
| passe | passen |
| passest | passet |
| passe | passen |

### Past

| | |
|---|---|
| paßte | paßten |
| paßtest | paßtet |
| paßte | paßten |

### Present Perfect

| | |
|---|---|
| habe gepaßt | haben gepaßt |
| habest gepaßt | habet gepaßt |
| habe gepaßt | haben gepaßt |

### Past Perfect

| | |
|---|---|
| hätte gepaßt | hätten gepaßt |
| hättest gepaßt | hättet gepaßt |
| hätte gepaßt | hätten gepaßt |

## Conditional

### Present

| | |
|---|---|
| wtirde passen | würden passen |
| würdest passen | würdet passen |
| würde passen | würden passen |

### Perfect

| | |
|---|---|
| würde gepaßt haben | würden gepaßt haben |
| würdest gepaßt haben | würdet gepaßt haben |
| würde gepaßt haben | würden gepaßt haben |

## Imperative

| | |
|---|---|
| paß! | passen Sie! |
| paßt! | passen wir! |

## Participles

| Present | Past |
|---|---|
| passend | gepaßt |

## Related Words

| | | | |
|---|---|---|---|
| *passend* | fit, suitable | *aufpassen* | to take care of |
| *der Paß* | passport | *Paß auf!* | Watch out! |
| *anpassen* | to fit on, adapt, adjust | | |

# 110 passieren to happen, take place; pass, cross

weak
inseparable
transitive/intransitive

ich wir
du ihr
er/sie/es sie/Sie

## Indicative

### Present Tense

| | |
|---|---|
| passiere | passieren |
| passierst | passiert |
| passiert | passieren |

### Narrative Past

| | |
|---|---|
| passierte | passierten |
| passiertest | passiertet |
| passierte | passierten |

### Conversational Past

| | |
|---|---|
| bin/habe passiert | sind/haben passiert |
| bist/hast passiert | seid/habt passiert |
| ist/hat passiert | sind/haben passiert |

### Past Perfect

| | |
|---|---|
| war/hatte passiert | waren/hatten passiert |
| warst/hattest passiert | wart/hattet passiert |
| war/hatte passiert | waren/hatten passiert |

### Future

| | |
|---|---|
| werde passieren | werden passieren |
| wirst passieren | werdet passieren |
| wird passieren | werden passieren |

### Future Perfect

| | |
|---|---|
| werde passiert sein | werden passiert sein |
| wirst passiert sein | werdet passiert sein |
| wird passiert sein | werden passiert sein |

## Subjunctive

### Present

| | |
|---|---|
| passiere | passieren |
| passierest | passieret |
| passiere | passieren |

### Past

| | |
|---|---|
| passierte | passierten |
| passiertest | passiertet |
| passierte | passierten |

### Present Perfect

| | |
|---|---|
| sei/habe passiert | seien/haben passiert |
| seiest/habest passiert | seiet/habet passiert |
| sei/habe passiert | seien/haben passiert |

### Past Perfect

| | |
|---|---|
| wäre/hätte passiert | wären/hätten passiert |
| wärest/hättest passiert | wäret/hättet passiert |
| wäre/hätte passiert | wären/hätten passiert |

## Conditional

### Present

| | |
|---|---|
| würde passieren | würden passieren |
| würdest passieren | würdet passieren |
| würde passieren | würden passieren |

### Perfect

| | |
|---|---|
| würde passiert sein | würden passiert sein |
| würdest passiert sein | würdet passiert sein |
| würde passiert sein | würden passiert sein |

## Imperative

| | |
|---|---|
| passier(e)! | passieren Sie! |
| passiert! | passieren wir! |

## Participles

| Present | Past |
|---|---|
| passierend | passiert |

## Related Words

| | | | |
|---|---|---|---|
| der Passierschein | pass, permit | die Passierstelle | crossing point |
| passierbar | passable | der Paß | passport; passage |

# 111 probieren to try; taste

weak
inseparable
transitive/intransitive

ich   wir
du   ihr
er/sie/es   sie/Sie

## Indicative

### Present Tense
| | |
|---|---|
| probiere | probieren |
| probierst | probiert |
| probiert | probieren |

### Narrative Past
| | |
|---|---|
| probierte | probierten |
| probiertest | probiertet |
| probierte | probierten |

### Conversational Past
| | |
|---|---|
| habe probiert | haben probiert |
| hast probiert | habt probiert |
| hat probiert | haben probiert |

### Past Perfect
| | |
|---|---|
| hatte probiert | hatten probiert |
| hattest probiert | hattet probiert |
| hatte probiert | hatten probiert |

### Future
| | |
|---|---|
| werde probieren | werden probieren |
| wirst probieren | werdet probieren |
| wird probieren | werden probieren |

### Future Perfect
| | |
|---|---|
| werde probiert haben | werden probiert haben |
| wirst probiert haben | werdet probiert haben |
| wird probiert haben | werden probiert haben |

## Subjunctive

### Present
| | |
|---|---|
| probiere | probieren |
| probierest | probieret |
| probiere | probieren |

### Past
| | |
|---|---|
| probierte | probierten |
| probiertest | probiertet |
| probierte | probierten |

### Present Perfect
| | |
|---|---|
| habe probiert | haben probiert |
| habest probiert | habet probiert |
| habe probiert | haben probiert |

### Past Perfect
| | |
|---|---|
| hätte probiert | hätten probiert |
| hättest probiert | hättet probiert |
| hätte probiert | hätten probiert |

## Conditional

### Present
| | |
|---|---|
| würde probieren | würden probieren |
| würdest probieren | würdet probieren |
| würde probieren | würden probieren |

### Perfect
| | |
|---|---|
| würde probiert haben | würden probiert haben |
| würdest probiert haben | würdet probiert haben |
| würde probiert haben | würden probiert haben |

## Imperative
| | |
|---|---|
| probier(e)! | probieren Sie! |
| probiert! | probieren wir! |

## Participles
| Present | Past |
|---|---|
| probierend | probiert |

## Related Words
| | |
|---|---|
| *die Probe* | experiment; test |
| *das Probestück* | sample, specimen |
| *anprobieren* | to try on |
| *die Anprobe* | fitting |
| *ausprobieren* | to try out, test |

# 112 putzen to clean

weak
inseparable
transitive
(reflexive)

ich wir
du ihr
er/sie/es sie/Sie

## Indicative

### Present Tense

| | | |
|---|---|---|
| putze | putzen | |
| putzt | putzt | |
| putzt | putzen | |

### Narrative Past

| | |
|---|---|
| putzte | putzten |
| putztest | putztet |
| putzte | putzten |

### Conversational Past

| | |
|---|---|
| habe geputzt | haben geputzt |
| hast geputzt | habt geputzt |
| hat geputzt | haben geputzt |

### Past Perfect

| | |
|---|---|
| hatte geputzt | hatten geputzt |
| hattest geputzt | hattet geputzt |
| hatte geputzt | hatten geputzt |

### Future

| | |
|---|---|
| werde putzen | werden putzen |
| wirst putzen | werdet putzen |
| wird putzen | werden putzen |

### Future Perfect

| | |
|---|---|
| werde geputzt haben | werden geputzt haben |
| wirst geputzt haben | werdet geputzt haben |
| wird geputzt haben | werden geputzt haben |

## Subjunctive

### Present

| | |
|---|---|
| putze | putzen |
| putzest | putzet |
| putze | putzen |

### Past

| | |
|---|---|
| putzte | putzten |
| putztest | putztet |
| putzte | putzten |

### Present Perfect

| | |
|---|---|
| habe geputzt | haben geputzt |
| habest geputzt | habet geputzt |
| habe geputzt | haben geputzt |

### Past Perfect

| | |
|---|---|
| hätte geputzt | hätten geputzt |
| hättest geputzt | hättet geputzt |
| hätte geputzt | hätten geputzt |

## Conditional

### Present

| | |
|---|---|
| würde putzen | würden putzen |
| würdest putzen | würdet putzen |
| würde putzen | würden putzen |

### Perfect

| | |
|---|---|
| würde geputzt haben | würden geputzt haben |
| würdest geputzt haben | würdet geputzt haben |
| würde geputzt haben | würden geputzt haben |

## Imperative

| | |
|---|---|
| putz(e)! | putzen Sie! |
| putzt! | putzen wir! |

## Participles

### Present

putzend

### Past

geputzt

## Related Words

| | | | |
|---|---|---|---|
| die Putzfrau | cleaning lady | sich aufputzen | to dress up |
| putzig | droll, funny | ausputzen | to clean out |
| der Putzlappen | cleaning rag | sich die Nase putzen | to blow one's nose |
| das Putzzeug | cleaning utensils | sich die Zähne putzen | to brush one's teeth |

# 113 reden to talk, speak

weak
inseparable
transitive/intransitive

| | | ich | wir |
|---|---|---|---|
| | | du | ihr |
| | | er/sie/es | sie/Sie |

## Indicative

### Present Tense
| | |
|---|---|
| rede | reden |
| redest | redet |
| redet | reden |

### Narrative Past
| | |
|---|---|
| redete | redeten |
| redetest | redetet |
| redete | redeten |

### Conversational Past
| | |
|---|---|
| habe geredet | haben geredet |
| hast geredet | habt geredet |
| hat geredet | haben geredet |

### Past Perfect
| | |
|---|---|
| hatte geredet | hatten geredet |
| hattest geredet | hattet geredet |
| hatte geredet | hatten geredet |

### Future
| | |
|---|---|
| werde reden | werden reden |
| wirst reden | werdet reden |
| wird reden | werden reden |

### Future Perfect
| | |
|---|---|
| werde geredet haben | werden geredet haben |
| wirst geredet haben | werdet geredet haben |
| wird geredet haben | werden geredet haben |

## Subjunctive

### Present
| | |
|---|---|
| rede | reden |
| redest | redet |
| rede | reden |

### Past
| | |
|---|---|
| redete | redeten |
| redetest | redetet |
| redete | redeten |

### Present Perfect
| | |
|---|---|
| habe geredet | haben geredet |
| habest geredet | habet geredet |
| habe geredet | haben geredet |

### Past Perfect
| | |
|---|---|
| hätte geredet | hätten geredet |
| hättest geredet | hättet geredet |
| hätte geredet | hätten geredet |

## Conditional

### Present
| | |
|---|---|
| würde reden | würden reden |
| würdest reden | würdet reden |
| würde reden | würden reden |

### Perfect
| | |
|---|---|
| würde geredet haben | würden geredet haben |
| würdest geredet haben | würdet geredet haben |
| würde geredet haben | würden geredet haben |

## Imperative
| | |
|---|---|
| red(e)! | reden Sie! |
| redet! | reden wir! |

## Participles
| Present | Past |
|---|---|
| redend | geredet |

## Related Words

| | | | |
|---|---|---|---|
| *die Rede* | speech | *anreden* | to adress someone |
| *der/die Redner/in* | speaker | *sich verabreden* | to arrange to meet |
| *die Redefigur* | figure of speech | *sich einreden* | to convince oneself |
| *das Gerede* | empty talk | *jemanden überreden* | to pursuade someone |

## 114 **regnen** to rain

weak
inseparable
intransitive
impersonal

ich  wir
du  ihr
er/sie/es  sie/Sie

## Indicative

### Present Tense
—   —
—   —
regnet   —

### Narrative Past
—   —
—   —
regnete   —

### Conversational Past
—   —
—   —
hat geregnet   —

### Past Perfect
—   —
—   —
hatte geregnet   —

### Future
—   —
—   —
wird regnen   —

### Future Perfect
—   —
—   —
wird geregnet haben   —

## Subjunctive

### Present
—   —
—   —
regne   —

### Past
—   —
—   —
regnete   —

### Present Perfect
—   —
—   —
habe geregnet   —

### Past Perfect
—   —
—   —
hätte geregnet   —

## Conditional

### Present
—   —
—   —
würde regnen   —

### Perfect
—   —
—   —
würde geregnet haben   —

## Imperative
—  —
—  —

## Participles

### Present
regnend

### Past
geregnet

## Related Words

| | | | |
|---|---|---|---|
| *der Regen* | rain | *der Regenmantel* | raincoat |
| *regnerisch* | rainy | *der Regenschauer* | rain shower |
| *der Regenbogen* | rainbow | *der Regenschirm* | umbrella |
| *der Regenfall* | rainfall | *der Regenguß* | heavy shower |

# 115 reisen to travel

weak
inseparable
intransitive

|  | ich | wir |
|---|---|---|
|  | du | ihr |
|  | er/sie/es | sie/Sie |

## Indicative

### Present Tense
| reise | reisen |
|---|---|
| reist | reist |
| reist | reisen |

### Narrative Past
| reiste | reisten |
|---|---|
| reistest | reistet |
| reiste | reisten |

### Conversational Past
| bin gereist | sind gereist |
|---|---|
| bist gereist | seid gereist |
| ist gereist | sind gereist |

### Past Perfect
| war gereist | waren gereist |
|---|---|
| warst gereist | wart gereist |
| war gereist | waren gereist |

### Future
| werde reisen | werden reisen |
|---|---|
| wirst reisen | werdet reisen |
| wird reisen | werden reisen |

### Future Perfect
| werde gereist sein | werden gereist sein |
|---|---|
| wirst gereist sein | werdet gereist sein |
| wird gereist sein | werden gereist sein |

## Subjunctive

### Present
| reise | reisen |
|---|---|
| reisest | reiset |
| reise | reisen |

### Past
| reiste | reisten |
|---|---|
| reistest | reistet |
| reiste | reisten |

### Present Perfect
| sei gereist | seien gereist |
|---|---|
| seiest gereist | seiet gereist |
| sei gereist | seien gereist |

### Past Perfect
| wäre gereist | wären gereist |
|---|---|
| wärest gereist | wäret gereist |
| wäre gereist | wären gereist |

## Conditional

### Present
| würde reisen | würden reisen |
|---|---|
| würdest reisen | würdet reisen |
| würde reisen | würden reisen |

### Perfect
| würde gereist sein | würden gereist sein |
|---|---|
| würdest gereist sein | würdet gereist sein |
| würde gereist sein | würden gereist sein |

## Imperative
| reis(e)! | reisen Sie! |
|---|---|
| reist! | reisen wir! |

## Participles

### Present
reisend

### Past
gereist

## Related Words

| *die Reise* | journey | *der Reisescheck* | traveller's check |
|---|---|---|---|
| *die Hinreise* | outgoing trip | *der Reisepaß* | passport |
| *die Rückreise* | return trip | *die Reisetasche* | travelling bag |
| *das Reisebüro* | travel agency | *das Reiseziel* | destination |

## 116 reparieren to repair

weak
inseparable
transitive

ich wir
du ihr
er/sie/es sie/Sie

## Indicative

### Present Tense

| | |
|---|---|
| repariere | reparieren |
| reparierst | repariert |
| repariert | reparieren |

### Narrative Past

| | |
|---|---|
| reparierte | reparierten |
| repariertest | repariertet |
| reparierte | reparierten |

### Conversational Past

| | |
|---|---|
| habe repariert | haben repariert |
| hast repariert | habt repariert |
| hat repariert | haben repariert |

### Past Perfect

| | |
|---|---|
| hatte repariert | hatten repariert |
| hattest repariert | hattet repariert |
| hatte repariert | hatten repariert |

### Future

| | |
|---|---|
| werde reparieren | werden reparieren |
| wirst reparieren | werdet reparieren |
| wird reparieren | werden reparieren |

### Future Perfect

| | |
|---|---|
| werde repariert haben | werden repariert haben |
| wirst repariert haben | werdet repariert haben |
| wird repariert haben | werden repariert haben |

## Subjunctive

### Present

| | |
|---|---|
| repariere | reparieren |
| reparierest | reparieret |
| repariere | reparieren |

### Past

| | |
|---|---|
| reparierte | reparierten |
| repariertest | repariertet |
| reparierte | reparierten |

### Present Perfect

| | |
|---|---|
| habe repariert | haben repariert |
| habest repariert | habet repariert |
| habe repariert | haben repariert |

### Past Perfect

| | |
|---|---|
| hätte repariert | hätten repariert |
| hättest repariert | hättet repariert |
| hätte repariert | hätten repariert |

## Conditional

### Present

| | |
|---|---|
| würde reparieren | würden reparieren |
| würdest reparieren | würdet reparieren |
| würde reparieren | würden reparieren |

### Perfect

| | |
|---|---|
| würde repariert haben | würden repariert haben |
| würdest repariert haben | würdet repariert haben |
| würde repariert haben | würden repariert haben |

## Imperative

| | |
|---|---|
| reparier(e)! | reparieren Sie! |
| repariert! | reparieren wir! |

## Participles

| Present | Past |
|---|---|
| reparierend | repariert |

## Related Words

| | | | |
|---|---|---|---|
| *die Reparatur* | repair | *der Reparaturkasten* | repair kit, tool box |
| *reparaturbedürftig* | in need of repair | *die Reparaturwerkstatt* | service station |
| *reparaturfähig* | repairable | | |

# 117 **reservieren** to reserve, book

weak        ich   wir
inseparable       du   ihr
transitive       er/sie/es   sie/Sie

## Indicative

### Present Tense
reserviere      reservieren
reservierst      reserviert
reserviert      reservieren

### Narrative Past
reservierte      reservierten
reserviertest      reserviertet
reservierte      reservierten

### Conversational Past
habe reserviert      haben reserviert
hast reserviert      habt reserviert
hat reserviert      haben reserviert

### Past Perfect
hatte reserviert      hatten reserviert
hattest reserviert      hattet reserviert
hatte reserviert      hatten reserviert

### Future
werde reservieren      werden reservieren
wirst reservieren      werdet reservieren
wird reservieren      werden reservieren

### Future Perfect
werde reserviert haben      werden reserviert haben
wirst reserviert haben      werdet reserviert haben
wird reserviert haben      werden reserviert haben

## Subjunctive

### Present
reserviere      reservieren
reservierest      reservieret
reserviere      reservieren

### Past
reservierte      reservierten
reserviertest      reserviertet
reservierte      reservierten

### Present Perfect
habe reserviert      haben reserviert
habest reserviert      habet reserviert
habe reserviert      haben reserviert

### Past Perfect
hätte reserviert      hätten reserviert
hättest reserviert      hättet reserviert
hätte reserviert      hätten reserviert

## Conditional

### Present
würde reservieren      würden reservieren
würdest reservieren      würdet reservieren
würde reservieren      würden reservieren

### Perfect
würde reserviert haben      würden reserviert haben
würdest reserviert haben      würdet reserviert haben
würde reserviert haben      würden reserviert haben

## Imperative
reservier(e)!      reservieren Sie!
reserviert!      reservieren wir!

## Participles
### Present
reservierend
### Past
reserviert

## Related Words
*die Reservierung*      reservation      *die Reserviertheit*      reserve, reservedness

## 118 riechen to smell, scent

|  | ich | wir |
|  | du | ihr |
|  | er/sie/es | sie/Sie |

### Indicative

**Present Tense**

| rieche | riechen |
| riechst | riecht |
| riecht | riechen |

**Narrative Past**

| roch | rochen |
| rochst | rocht |
| roch | rochen |

**Conversational Past**

| habe gerochen | haben gerochen |
| hast gerochen | habt gerochen |
| hat gerochen | haben gerochen |

**Past Perfect**

| hatte gerochen | hatten gerochen |
| hattest gerochen | hattet gerochen |
| hatte gerochen | hatten gerochen |

**Future**

| werde riechen | werden riechen |
| wirst riechen | werdet riechen |
| wird riechen | werden riechen |

**Future Perfect**

| werde gerochen haben | werden gerochen haben |
| wirst gerochen haben | werdet gerochen haben |
| wird gerochen haben | werden gerochen haben |

### Subjunctive

**Present**

| rieche | riechen |
| riechest | riechet |
| rieche | riechen |

**Past**

| röche | röchet |
| röchest | röchet |
| röche | röchen |

**Present Perfect**

| habe gerochen | haben gerochen |
| habest gerochen | habet gerochen |
| habe gerochen | haben gerochen |

**Past Perfect**

| hätte gerochen | hätten gerochen |
| hättest gerochen | hättet gerochen |
| hätte gerochen | hätten gerochen |

### Conditional

**Present**

| würde riechen | würden riechen |
| würdest riechen | würdet riechen |
| würde riechen | würden riechen |

**Perfect**

| würde gerochen haben | würden gerochen haben |
| würdest gerochen haben | würdet gerochen haben |
| würde gerochen haben | würden gerochen haben |

### Imperative

| riech(e)! | riechen Sie! |
| riecht! | riechen wir! |

### Participles

| **Present** | **Past** |
| riechend | gerochen |

### Related Words

| *der Geruch* | smell, odor | *geruchlos* | odorless |
| *Das kann ich doch nicht riechen!* | How am I to know? | *der Geruchssinn* | sense of smell |
|  |  | *Lunte riechen* | to get wind of it |

154

## 119 **rufen** to call, shout

| | | | ich | wir |
|---|---|---|---|---|
| strong | | | ich | wir |
| inseparable | | | du | ihr |
| transitive/intransitive | | | er/sie/es | sie/Sie |

### Indicative

**Present Tense**

| | |
|---|---|
| rufe | rufen |
| rufst | ruft |
| ruft | rufen |

**Narrative Past**

| | |
|---|---|
| rief | riefen |
| riefst | rieft |
| rief | riefen |

**Conversational Past**

| | |
|---|---|
| habe gerufen | haben gerufen |
| hast gerufen | habt gerufen |
| hat gerufen | haben gerufen |

**Past Perfect**

| | |
|---|---|
| hatte gerufen | hatten gerufen |
| hattest gerufen | hattet gerufen |
| hatte gerufen | hatten gerufen |

**Future**

| | |
|---|---|
| werde rufen | werden rufen |
| wirst rufen | werdet rufen |
| wird rufen | werden rufen |

**Future Perfect**

| | |
|---|---|
| werde gerufen haben | werden gerufen haben |
| wirst gerufen haben | werdet gerufen haben |
| wird gerufen haben | werden gerufen haben |

### Subjunctive

**Present**

| | |
|---|---|
| rufe | rufen |
| rufest | rufet |
| rufe | rufen |

**Past**

| | |
|---|---|
| riefe | riefen |
| riefest | riefet |
| riefe | riefen |

**Present Perfect**

| | |
|---|---|
| habe gerufen | haben gerufen |
| habest gerufen | habet gerufen |
| habe gerufen | haben gerufen |

**Past Perfect**

| | |
|---|---|
| hätte gerufen | hätten gerufen |
| hättest gerufen | hättet gerufen |
| hätte gerufen | hätten gerufen |

### Conditional

**Present**

| | |
|---|---|
| würde rufen | würden rufen |
| würdest rufen | würdet rufen |
| würde rufen | würden rufen |

**Perfect**

| | |
|---|---|
| würde gerufen haben | würden gerufen haben |
| würdest gerufen haben | würdet gerufen haben |
| würde gerufen haben | würden gerufen haben |

### Imperative

| | |
|---|---|
| ruf(e)! | rufen Sie! |
| ruft! | rufen wir! |

### Participles

| **Present** | **Past** |
|---|---|
| rufend | gerufen |

### Related Words

| | | | |
|---|---|---|---|
| *der Ruf* | call; reputation | *ausrufen* | to cry out, exclaim |
| *anrufen* | to telephone | *nachrufen* | to shout after |
| *der Anruf* | telephone call; reputation | *der Nachruf* | obituary |
| | | *die Rufnummer* | phone number |

# 120 sagen to say, tell, speak

weak
inseparable
transitive/intransitive

| | | ich | wir |
|---|---|---|---|
| | | du | ihr |
| | | er/sie/es | sie/Sie |

## Indicative

### Present Tense
| | |
|---|---|
| sage | sagen |
| sagst | sagt |
| sagt | sagen |

### Narrative Past
| | |
|---|---|
| sagte | sagten |
| sagtest | sagtet |
| sagte | sagten |

### Conversational Past
| | |
|---|---|
| habe gesagt | haben gesagt |
| hast gesagt | habt gesagt |
| hat gesagt | haben gesagt |

### Past Perfect
| | |
|---|---|
| hatte gesagt | hatten gesagt |
| hattest gesagt | hattet gesagt |
| hatte gesagt | hatten gesagt |

### Future
| | |
|---|---|
| werde sagen | werden sagen |
| wirst sagen | werdet sagen |
| wird sagen | werden sagen |

### Future Perfect
| | |
|---|---|
| werde gesagt haben | werden gesagt haben |
| wirst gesagt haben | werdet gesagt haben |
| wird gesagt haben | werden gesagt haben |

## Subjunctive

### Present
| | |
|---|---|
| sage | sagen |
| sagest | saget |
| sage | sagen |

### Past
| | |
|---|---|
| sagte | sagten |
| sagtest | sagtet |
| sagte | sagten |

### Present Perfect
| | |
|---|---|
| habe gesagt | haben gesagt |
| habest gesagt | habet gesagt |
| habe gesagt | haben gesagt |

### Past Perfect
| | |
|---|---|
| hätte gesagt | hätten gesagt |
| hättest gesagt | hättet gesagt |
| hätte gesagt | hätten gesagt |

## Conditional

### Present
| | |
|---|---|
| würde sagen | würden sagen |
| würdest sagen | würdet sagen |
| würde sagen | würden sagen |

### Perfect
| | |
|---|---|
| würde gesagt haben | würden gesagt haben |
| würdest gesagt haben | würdet gesagt haben |
| würde gesagt haben | würden gesagt haben |

## Imperative
| | |
|---|---|
| sag(e)! | sagen Sie! |
| sagt! | sagen wir! |

## Participles
| Present | Past |
|---|---|
| sagend | gesagt |

## Related Words
| | | | |
|---|---|---|---|
| *die Sage* | legend | *die Aussage* | statement |
| *die Ansage* | announcement | *die Wettervorhersage* | weather forcast |
| *das Hörensagen* | rumour | *Wie gesagt...* | As I said... |

# 121 schauen to see, look, view

weak
inseparable
transitive/intransitive

ich       wir
du        ihr
er/sie/es  sie/Sie

## Indicative

### Present Tense
| | | |
|---|---|---|
| schaue | schauen |
| schaust | schaut |
| schaut | schauen |

### Narrative Past
| | |
|---|---|
| schaute | schauten |
| schautest | schautet |
| schaute | schauten |

### Conversational Past
| | |
|---|---|
| habe geschaut | haben geschaut |
| hast geschaut | habt geschaut |
| hat geschaut | haben geschaut |

### Past Perfect
| | |
|---|---|
| hatte geschaut | hatten geschaut |
| hattest geschaut | hattet geschaut |
| hatte geschaut | hatten geschaut |

### Future
| | |
|---|---|
| werde schauen | werden schauen |
| wirst schauen | werdet schauen |
| wird schauen | werden schauen |

### Future Perfect
| | |
|---|---|
| werde geschaut haben | werden geschaut haben |
| wirst geschaut haben | werdet geschaut haben |
| wird geschaut haben | werden geschaut haben |

## Subjunctive

### Present
| | |
|---|---|
| schaue | schauen |
| schauest | schauet |
| schaue | schauen |

### Past
| | |
|---|---|
| schaute | schauten |
| schautest | schautet |
| schaute | schauten |

### Present Perfect
| | |
|---|---|
| habe geschaut | haben geschaut |
| habest geschaut | habet geschaut |
| habe geschaut | haben geschaut |

### Past Perfect
| | |
|---|---|
| hätte geschaut | hätten geschaut |
| hättest geschaut | hättet geschaut |
| hätte geschaut | hätten geschaut |

## Conditional

### Present
| | |
|---|---|
| würde schauen | würden schauen |
| würdest schauen | würdet schauen |
| würde schauen | würden schauen |

### Perfect
| | |
|---|---|
| würde geschaut haben | würden geschaut haben |
| würdest geschaut haben | würdet geschaut haben |
| würde geschaut haben | würden geschaut haben |

## Imperative
| | |
|---|---|
| schau! | schauen Sie! |
| schaut! | schauen wir! |

## Participles

### Present
schauend

### Past
geschaut

## Related Words
| | | | |
|---|---|---|---|
| *die Schau* | show | *das Schaufenster* | shop window |
| *schaulustig* | curious | *die Schaustellung* | exhibition |

# 122 schenken to give, present

weak
inseparable
transitive

|  | ich | wir |
| --- | --- | --- |
|  | du | ihr |
|  | er/sie/es | sie/Sie |

## Indicative

### Present Tense
| | |
| --- | --- |
| schenke | schenken |
| schenkst | schenkt |
| schenkt | schenken |

### Narrative Past
| | |
| --- | --- |
| schenkte | schenkten |
| schenktest | schenktet |
| schenkte | schenkten |

### Conversational Past
| | |
| --- | --- |
| habe geschenkt | haben geschenkt |
| hast geschenkt | habt geschenkt |
| hat geschenkt | haben geschenkt |

### Past Perfect
| | |
| --- | --- |
| hatte geschenkt | hatten geschenkt |
| hattest geschenkt | hattet geschenkt |
| hatte geschenkt | hatten geschenkt |

### Future
| | |
| --- | --- |
| werde schenken | werden schenken |
| wirst schenken | werdet schenken |
| wird schenken | werden schenken |

### Future Perfect
| | |
| --- | --- |
| werde geschenkt haben | werden geschenkt haben |
| wirst geschenkt haben | werdet geschenkt haben |
| wird geschenkt haben | werden geschenkt haben |

## Subjunctive

### Present
| | |
| --- | --- |
| schenke | schenken |
| schenkest | schenket |
| schenke | schenken |

### Past
| | |
| --- | --- |
| schenkte | schenkten |
| schenktest | schenktet |
| schenkte | schenkten |

### Present Perfect
| | |
| --- | --- |
| habe geschenkt | haben geschenkt |
| habest geschenkt | habet geschenkt |
| habe geschenkt | haben geschenkt |

### Past Perfect
| | |
| --- | --- |
| hätte geschenkt | hätten geschenkt |
| hättest geschenkt | hättet geschenkt |
| hätte geschenkt | hätten geschenkt |

## Conditional

### Present
| | |
| --- | --- |
| würde schenken | würden schenken |
| würdest schenken | würdet schenken |
| würde schenken | würden schenken |

### Perfect
| | |
| --- | --- |
| würde geschenkt haben | würden geschenkt haben |
| würdest geschenkt haben | würdet geschenkt haben |
| würde geschenkt haben | würden geschenkt haben |

## Imperative
| | |
| --- | --- |
| schenk(e)! | schenken Sie! |
| schenkt! | schenken wir! |

## Participles

### Present
schenkend

### Past
geschenkt

## Related Words

| | | | |
| --- | --- | --- | --- |
| *das Geschenk* | present | *ausschenken* | to serve drinks |
| *das Weihnachts-geschenk* | Christmas present | *am Ausschank* | at the bar |
| *die Schenkung* | donation | *einschenken* | to fill (a glass) |

## 123 schicken to send

| | | | |
|---|---|---|---|
| weak | | ich | wir |
| inseparable | | du | ihr |
| transitive | | er/sie/es | sie/Sie |

## Indicative

### Present Tense
| | |
|---|---|
| schicke | schicken |
| schickst | schickt |
| schickt | schicken |

### Narrative Past
| | |
|---|---|
| schickte | schickten |
| schicktest | schicktet |
| schickte | schickten |

### Conversational Past
| | |
|---|---|
| habe geschickt | haben geschickt |
| hast geschickt | habt geschickt |
| hat geschickt | haben geschickt |

### Past Perfect
| | |
|---|---|
| hatte geschickt | hatten geschickt |
| hattest geschickt | hattet geschickt |
| hatte geschickt | hatten geschickt |

### Future
| | |
|---|---|
| werde schicken | werden schicken |
| wirst schicken | werdet schicken |
| wird schicken | werden schicken |

### Future Perfect
| | |
|---|---|
| werde geschickt haben | werden geschickt haben |
| wirst geschickt haben | werdet geschickt haben |
| wird geschickt haben | werden geschickt haben |

## Subjunctive

### Present
| | |
|---|---|
| schicke | schicken |
| schickest | schicket |
| schicke | schicken |

### Past
| | |
|---|---|
| schickte | schickten |
| schicktest | schicktet |
| schickte | schickten |

### Present Perfect
| | |
|---|---|
| habe geschickt | haben geschickt |
| habest geschickt | habet geschickt |
| habe geschickt | haben geschickt |

### Past Perfect
| | |
|---|---|
| hätte geschickt | hätten geschickt |
| hättest geschickt | hättet geschickt |
| hätte geschickt | hätten geschickt |

## Conditional

### Present
| | |
|---|---|
| würde schicken | würden schicken |
| würdest schicken | würdet schicken |
| würde schicken | würden schicken |

### Perfect
| | |
|---|---|
| würde geschickt haben | würden geschickt haben |
| würdest geschickt haben | würdet geschickt haben |
| würde geschickt haben | würden geschickt haben |

## Imperative
| | |
|---|---|
| schick(e)! | schicken Sie! |
| schickt! | schicken wir! |

## Participles

### Present
schickend

### Past
geschickt

## Related Words

| | | | |
|---|---|---|---|
| *ausschicken* | to send out, dispatch | *sich anschicken* | prepare, get ready for |
| *einschicken* | to send in | *abschicken* | to mail |

## 124 schlafen to sleep

strong
inseparable
intransitive

| | ich | wir |
| --- | --- | --- |
| | du | ihr |
| | er/sie/es | sie/Sie |

## Indicative

### Present Tense

| | |
| --- | --- |
| schlafe | schlafen |
| schläfst | schlaft |
| schläft | schlafen |

### Narrative Past

| | |
| --- | --- |
| schlief | schliefen |
| schliefst | schlieft |
| schlief | schliefen |

### Conversational Past

| | |
| --- | --- |
| habe geschlafen | haben geschlafen |
| hast geschlafen | habt geschlafen |
| hat geschlafen | haben geschlafen |

### Past Perfect

| | |
| --- | --- |
| hatte geschlafen | hatten geschlafen |
| hattest geschlafen | hattet geschlafen |
| hatte geschlafen | hatten geschlafen |

### Future

| | |
| --- | --- |
| werde schlafen | werden schlafen |
| wirst schlafen | werdet schlafen |
| wird schlafen | werden schlafen |

### Future Perfect

| | |
| --- | --- |
| werde geschlafen haben | werden geschlafen haben |
| wirst geschlafen haben | werdet geschlafen haben |
| wird geschlafen haben | werden geschlafen haben |

## Subjunctive

### Present

| | |
| --- | --- |
| schlafe | schlafen |
| schlafest | schlafet |
| schlafe | schlafen |

### Past

| | |
| --- | --- |
| schliefe | schliefen |
| schliefest | schliefet |
| schliefe | schliefen |

### Present Perfect

| | |
| --- | --- |
| habe geschlafen | haben geschlafen |
| habest geschlafen | habet geschlafen |
| habe geschlafen | haben geschlafen |

### Past Perfect

| | |
| --- | --- |
| hätte geschlafen | hätten geschlafen |
| hättest geschlafen | hättet geschlafen |
| hätte geschlafen | hätten geschlafen |

## Conditional

### Present

| | |
| --- | --- |
| würde schlafen | würden schlafen |
| würdest schlafen | würdet schlafen |
| würde schlafen | würden schlafen |

### Perfect

| | |
| --- | --- |
| würde geschlafen haben | würden geschlafen haben |
| würdest geschlafen haben | würdet geschlafen haben |
| würde geschlafen haben | würden geschlafen haben |

## Imperative

| | |
| --- | --- |
| schlaf(e)! | schlafen Sie! |
| schlaft! | schlafen wir! |

## Participles

| Present | Past |
| --- | --- |
| schlafend | geschlafen |

## Related Words

| | | | |
| --- | --- | --- | --- |
| der Schlaf | sleep | ausschlafen | to sleep one's fill |
| der/die | sleeping person | einschlafen | to fall asleep |
| Schläfer/in | | verschlafen | to oversleep |
| schläfrig | sleepy | das Schlafzimmer | bedroom |
| schlaflos | sleepless | | |

# 125 schließen to close, shut, lock

strong
inseparable
transitive/intransitive

| | ich | wir |
|---|---|---|
| | du | ihr |
| | er/sie/es | sie/Sie |

## Indicative

### Present Tense
| | |
|---|---|
| schließe | schließen |
| schließt | schließt |
| schließt | schließen |

### Narrative Past
| | |
|---|---|
| schloß | schlossen |
| schloßt | schloßt |
| schloß | schlossen |

### Conversational Past
| | |
|---|---|
| habe geschlossen | haben geschlossen |
| hast geschlossen | habt geschlossen |
| hat geschlossen | haben geschlossen |

### Past Perfect
| | |
|---|---|
| hatte geschlossen | hatten geschlossen |
| hattest geschlossen | hattet geschlossen |
| hatte geschlossen | hatten geschlossen |

### Future
| | |
|---|---|
| werde schließen | werden schließen |
| wirst schließen | werdet schließen |
| wird schließen | werden schließen |

### Future Perfect
| | |
|---|---|
| werde geschlossen haben | werden geschlossen haben |
| wirst geschlossen haben | werdet geschlossen haben |
| wird geschlossen haben | werden geschlossen haben |

## Subjunctive

### Present
| | |
|---|---|
| schließe | schließen |
| schließest | schließet |
| schließe | schließen |

### Past
| | |
|---|---|
| schlösse | schlössen |
| schlössest | schlösset |
| schlösse | schlössen |

### Present Perfect
| | |
|---|---|
| habe geschlossen | haben geschlossen |
| habest geschlossen | habet geschlossen |
| habe geschlossen | haben geschlossen |

### Past Perfect
| | |
|---|---|
| hätte geschlossen | hätten geschlossen |
| hättest geschlossen | hättet geschlossen |
| hätte geschlossen | hätten geschlossen |

## Conditional

### Present
| | |
|---|---|
| würde schließen | würden schließen |
| würdest schließen | würdet schließen |
| würde schließen | würden schließen |

### Perfect
| | |
|---|---|
| würde geschlossen haben | würden geschlossen haben |
| würdest geschlossen haben | würdet geschlossen haben |
| würde geschlossen haben | würden geschlossen haben |

## Imperative
| | |
|---|---|
| schließ(e)! | schließen Sie! |
| schließt! | schließen wir! |

## Participles

### Present
schließend

### Past
geschlossen

## Related Words

| | | | |
|---|---|---|---|
| *das Schloß* | lock, castle | *aufschließen* | to unlock |
| *der Schlosser* | locksmith | *einschließen* | to include, enclose, lock in |
| *abschließen* | to turn the key, lock up; finalize | *geschlossen* | closed |

# 126 schmecken to taste, taste good

weak
inseparable
transitive/intransitive

|  | ich | wir |
| --- | --- | --- |
|  | du | ihr |
|  | er/sie/es | sie/Sie |

## Indicative

### Present Tense
| schmecke | schmecken |
| --- | --- |
| schmeckst | schmeckt |
| schmeckt | schmecken |

### Narrative Past
| schmeckte | schmeckten |
| --- | --- |
| schmecktest | schmecktet |
| schmeckte | schmeckten |

### Conversational Past
| habe geschmeckt | haben geschmeckt |
| --- | --- |
| hast geschmeckt | habt geschmeckt |
| hat geschmeckt | haben geschmeckt |

### Past Perfect
| hatte geschmeckt | hatten geschmeckt |
| --- | --- |
| hattest geschmeckt | hattet geschmeckt |
| hatte geschmeckt | hatten geschmeckt |

### Future
| werde schmecken | werden schmecken |
| --- | --- |
| wirst schmecken | werdet schmecken |
| wird schmecken | werden schmecken |

### Future Perfect
| werde geschmeckt haben | werden geschmeckt haben |
| --- | --- |
| wirst geschmeckt haben | werdet geschmeckt haben |
| wird geschmeckt haben | werden geschmeckt haben |

## Subjunctive

### Present
| schmecke | schmecken |
| --- | --- |
| schmeckest | schmecket |
| schmecke | schmecken |

### Past
| schmeckte | schmeckten |
| --- | --- |
| schmecktest | schmecktet |
| schmeckte | schmeckten |

### Present Perfect
| habe geschmeckt | haben geschmeckt |
| --- | --- |
| habest geschmeckt | habet geschmeckt |
| habe geschmeckt | haben geschmeckt |

### Past Perfect
| hätte geschmeckt | hätten geschmeckt |
| --- | --- |
| hättest geschmeckt | hättet geschmeckt |
| hätte geschmeckt | hätten geschmeckt |

## Conditional

### Present
| würde schmecken | würden schmecken |
| --- | --- |
| würdest schmecken | würdet schmecken |
| würde schmecken | würden schmecken |

### Perfect
| würde geschmeckt haben | würden geschmeckt haben |
| --- | --- |
| würdest geschmeckt haben | würdet geschmeckt haben |
| würde geschmeckt haben | würden geschmeckt haben |

## Imperative
| schmeck(e)! | schmecken Sie! |
| --- | --- |
| schmeckt! | schmecken wir! |

## Participles
| Present | Past |
| --- | --- |
| schmeckend | geschmeckt |

## Related Words

| | | | |
| --- | --- | --- | --- |
| *der Geschmack* | taste, flavor | *die Geschmackssache* | matter of taste |
| *geschmacklich* | as regards taste | *die Geschmacks-* | in bad taste |
| *geschmacklos* | tasteless | *widrigkeit* | |
| *geschmackvoll* | tasteful, in good taste | | |

## 127 **schneien** to snow

weak
inseparable
intransitive
impersonal

|  | | ich | wir |
|---|---|---|---|
|  | | du | ihr |
|  | | er/sie/es | sie/Sie |

## Indicative _____

### Present Tense
| — | — |
|---|---|
| — | — |
| schneit | — |

### Narrative Past
| — | — |
|---|---|
| — | — |
| schneite | — |

### Conversational Past
| — | — |
|---|---|
| — | — |
| hat geschneit | — |

### Past Perfect
| — | — |
|---|---|
| — | — |
| hatte geschneit | — |

### Future
| — | — |
|---|---|
| — | — |
| wird schneien | — |

### Future Perfect
| — | — |
|---|---|
| — | — |
| wird geschneit haben | — |

## Subjunctive _____

### Present
| — | — |
|---|---|
| — | — |
| schneie | — |

### Past
| — | — |
|---|---|
| — | — |
| schneite | — |

### Present Perfect
| — | — |
|---|---|
| — | — |
| habe geschneit | — |

### Past Perfect
| — | — |
|---|---|
| — | — |
| hätte geschneit | — |

## Conditional _____

### Present
| — | — |
|---|---|
| — | — |
| würde schneien | — |

### Perfect
| — | — |
|---|---|
| — | — |
| würde geschneit haben | — |

## Imperative _____ Participles _____

| | | Present | Past |
|---|---|---|---|
| — | — | schneiend | geschneit |

## Related Words _____

| | | | |
|---|---|---|---|
| *der Schnee* | snow | *der Schneefall* | snowfall |
| *das Schneegestöber* | snow storm, flurry | *der Schneeregen* | sleety rain |
| *der Schneematsch* | slush | *der Schneesturm* | blizzard |

# 128 schreiben to write

strong
inseparable
transitive/intransitive

| | | ich | wir |
| | | du | ihr |
| | | er/sie/es | sie/Sie |

## Indicative

### Present Tense
| | |
|---|---|
| schreibe | schreiben |
| schreibst | schreibt |
| schreibt | schreiben |

### Narrative Past
| | |
|---|---|
| schrieb | schrieben |
| schriebst | schriebt |
| schrieb | schrieben |

### Conversational Past
| | |
|---|---|
| habe geschrieben | haben geschrieben |
| hast geschrieben | habt geschrieben |
| hat geschrieben | haben geschrieben |

### Past Perfect
| | |
|---|---|
| hatte geschrieben | hatten geschrieben |
| hattest geschrieben | hattet geschrieben |
| hatte geschrieben | hatten geschrieben |

### Future
| | |
|---|---|
| werde schreiben | werden schreiben |
| wirst schreiben | werdet schreiben |
| wird schreiben | werden schreiben |

### Future Perfect
| | |
|---|---|
| werde geschrieben haben | werden geschrieben haben |
| wirst geschrieben haben | werdet geschrieben haben |
| wird geschrieben haben | werden geschrieben haben |

## Subjunctive

### Present
| | |
|---|---|
| schreibe | schreiben |
| schreibest | schreibet |
| schreibe | schreiben |

### Past
| | |
|---|---|
| schriebe | schrieben |
| schriebest | schriebet |
| schriebe | schrieben |

### Present Perfect
| | |
|---|---|
| habe geschrieben | haben geschrieben |
| habest geschrieben | habet geschrieben |
| habe geschrieben | haben geschrieben |

### Past Perfect
| | |
|---|---|
| hätte geschrieben | hätten geschrieben |
| hättest geschrieben | hättet geschrieben |
| hätte geschrieben | hätten geschrieben |

## Conditional

### Present
| | |
|---|---|
| würde schreiben | würden schreiben |
| würdest schreiben | würdet schreiben |
| würde schreiben | würden schreiben |

### Perfect
| | |
|---|---|
| würde geschrieben haben | würden geschrieben haben |
| würdest geschrieben haben | würdet geschrieben haben |
| würde geschrieben haben | würden geschrieben haben |

## Imperative
| | |
|---|---|
| schreib(e)! | schreiben Sie! |
| schreibt! | schreiben wir! |

## Participles

### Present
schreibend

### Past
geschrieben

## Related Words

| | |
|---|---|
| *das Schreiben* | note, letter |
| *die Recht-schreibung* | spelling; orthography |
| *die Schreib-maschine* | typewriter |
| *schriftlich* | in writing |
| *abschreiben* | to copy |
| *die Anschrift* | address |
| *die Schrift* | writing, handwriting |

# 129 schreien to shout, scream, shriek, cry

| weak | | | ich | wir |
| inseparable | | | du | ihr |
| transitive/intransitive | | | er/sie/es | sie/Sie |

## Indicative

### Present Tense
| | | Narrative Past | |
|---|---|---|---|

**Present Tense**     **Narrative Past**

| schreie | schreien | schrie | schrieen |
| schreist | schreit | schriest | schriet |
| schreit | schreien | schrie | schrieen |

**Conversational Past**     **Past Perfect**

| habe geschrieen | haben geschrieen | hatte geschrieen | hatten geschrieen |
| hast geschrieen | habt geschrieen | hattest geschrieen | hattet geschrieen |
| hat geschrieen | haben geschrieen | hatte geschrieen | hatten geschrieen |

**Future**     **Future Perfect**

| werde schreien | werden schreien | werde geschrieen haben | werden geschrieen haben |
| wirst schreien | werdet schreien | wirst geschrieen haben | werdet geschrieen haben |
| wird schreien | werden schreien | wird geschrieen haben | werden geschrieen haben |

## Subjunctive

**Present**     **Past**

| schreie | schreien | schriee | schrieen |
| schreiest | schreiet | schrieest | schrieet |
| schreie | schreien | schriee | schrieen |

**Present Perfect**     **Past Perfect**

| habe geschrieen | haben geschrieen | hätte geschrieen | hätten geschrieen |
| habest geschrieen | habet geschrieen | hättest geschrieen | hättet geschrieen |
| habe geschrieen | haben geschrieen | hätte geschrieen | hätten geschrieen |

## Conditional

**Present**     **Perfect**

| würde schreien | würden schreien | würde geschrieen haben | würden geschrieen haben |
| würdest schreien | würdet schreien | würdest geschrieen haben | würdet geschrieen haben |
| würde schreien | würden schreien | würde geschrieen haben | würden geschrieen haben |

## Imperative     Participles

| schrei(e)! | schreien Sie! | **Present** | **Past** |
| schreit! | schreien wir! | schreiend | geschrieen |

## Related Words

| *der Schrei* | cry | *aufschreien* | to cry out, give a yell |
| *ausschreien* | to cry out; proclaim | *der Aufschrei* | cry, scream; outcry |
| *anschreien* | to shout at | *der Schreihals* | bawler; crybaby |

# 130 **schwimmen** to swim, float

| strong | | | ich | wir |
| --- | --- | --- | --- | --- |
| inseparable | | | du | ihr |
| intransitive | | | er/sie/es | sie/Sie |

## Indicative

### Present Tense

| schwimme | schwimmen |
| --- | --- |
| schwimmst | schwimmt |
| schwimmt | schwimmen |

### Narrative Past

| schwamm | schwammen |
| --- | --- |
| schwammst | schwammt |
| schwamm | schwammen |

### Conversational Past

| bin geschwommen | sind geschwom-men |
| --- | --- |
| bist geschwommen | seid geschwom-men |
| ist geschwommen | sind geschwom-men |

### Past Perfect

| war geschwommen | waren geschwommen |
| --- | --- |
| warst geschwommen | wart geschwommen |
| war geschwommen | waren geschwommen |

### Future

| werde schwimmen | werden schwimmen |
| --- | --- |
| wirst schwimmen | werdet schwimmen |
| wird schwimmen | werden schwimmen |

### Future Perfect

| werde geschwommen sein | werden geschwommen sein |
| --- | --- |
| wirst geschwommen sein | werdet geschwommen sein |
| wird geschwommen sein | werden geschwommen sein |

## Subjunctive

### Present

| schwimme | schwimmen |
| --- | --- |
| schwimmest | schwimmet |
| schwimme | schwimmen |

### Past

| schwömme | schwömmen |
| --- | --- |
| schwömmest | schwömmet |
| schwömme | schwömmen |

### Present Perfect

| sei geschwom-men | seien geschwom-men |
| --- | --- |
| seiest geschwom-men | seiet geschwom-men |
| sei geschwom-men | seien geschwom-men |

### Past Perfect

| wäre geschwommen | wären geschwommen |
| --- | --- |
| wärest geschwommen | wäret geschwommen |
| wäre geschwommen | wären geschwommen |

## Conditional

### Present

| würde schwimmen | würden schwimmen |
| --- | --- |
| würdest schwimmen | würdet schwimmen |
| würde schwimmen | würden schwimmen |

### Perfect

| würde geschwommen sein | würden geschwommen sein |
| --- | --- |
| würdest geschwom-men sein | würdet geschwommen sein |
| würde geschwommen sein | würden geschwommen sein |

## Imperative

| schwimm(e)! | schwimmen Sie! |
| --- | --- |
| schwimmt! | schwimmen wir! |

## Participles

### Present

schwimmend

### Past

geschwommen

## Related Words

| der/die Schwim-mer/in | swimmer | die Schwimmweste | life jacket |
| --- | --- | --- | --- |
| | | das Schwimmbad | swimming pool |

# 131 sehen to see, realize

strong
inseparable
transitive/intransitive

| | | ich | wir |
| --- | --- | --- | --- |
| | | du | ihr |
| | | er/sie/es | sie/Sie |

## Indicative

### Present Tense
| | |
| --- | --- |
| sehe | sehen |
| siehst | seht |
| sieht | sehen |

### Narrative Past
| | |
| --- | --- |
| sah | sahen |
| sahst | saht |
| sah | sahen |

### Conversational Past
| | |
| --- | --- |
| habe gesehen | haben gesehen |
| hast gesehen | habt gesehen |
| hat gesehen | haben gesehen |

### Past Perfect
| | |
| --- | --- |
| hatte gesehen | hatten gesehen |
| hattest gesehen | hattet gesehen |
| hatte gesehen | hatten gesehen |

### Future
| | |
| --- | --- |
| werde sehen | werden sehen |
| wirst sehen | werdet sehen |
| wird sehen | werden sehen |

### Future Perfect
| | |
| --- | --- |
| werde gesehen haben | werden gesehen haben |
| wirst gesehen haben | werdet gesehen haben |
| wird gesehen haben | werden gesehen haben |

## Subjunctive

### Present
| | |
| --- | --- |
| sehe | sehen |
| sehest | sehet |
| sehe | sehen |

### Past
| | |
| --- | --- |
| sähe | sähen |
| sähest | sähet |
| sähe | sähen |

### Present Perfect
| | |
| --- | --- |
| habe gesehen | haben gesehen |
| habest gesehen | habet gesehen |
| habe gesehen | haben gesehen |

### Past Perfect
| | |
| --- | --- |
| hätte gesehen | hätten gesehen |
| hättest gesehen | hättet gesehen |
| hätte gesehen | hätten gesehen |

## Conditional

### Present
| | |
| --- | --- |
| würde sehen | würden sehen |
| würdest sehen | würdet sehen |
| würde sehen | würden sehen |

### Perfect
| | |
| --- | --- |
| würde gesehen haben | würden gesehen haben |
| würdest gesehen haben | würdet gesehen haben |
| würde gesehen haben | würden gesehen haben |

## Imperative
| | |
| --- | --- |
| sieh! | sehen Sie! |
| seht! | sehen wir! |

## Participles

| Present | Past |
| --- | --- |
| sehend | gesehen |

## Related Words

| | | | |
| --- | --- | --- | --- |
| ansehen | to look at | die Einsicht | insight |
| das Ansehen | reputation | die Nachsicht | leniency |
| aussehen | to look like | die Ansicht | view, sight |
| das Aussehen | looks | die Aussicht | view, outlook |

## 132 sein  to be, exist

strong
inseparable
intransitive
(auxiliary)

| | | ich | wir |
| --- | --- | --- | --- |
| | | du | ihr |
| | | er/sie/es | sie/Sie |

## Indicative

### Present Tense
| bin | sind |
| --- | --- |
| bist | seid |
| ist | sind |

### Narrative Past
| war | waren |
| --- | --- |
| warst | wart |
| war | waren |

### Conversational Past
| bin gewesen | sind gewesen |
| --- | --- |
| bist gewesen | seid gewesen |
| ist gewesen | sind gewesen |

### Past Perfect
| war gewesen | waren gewesen |
| --- | --- |
| warst gewesen | wart gewesen |
| war gewesen | waren gewesen |

### Future
| werde sein | werden sein |
| --- | --- |
| wirst sein | werdet sein |
| wird sein | werden sein |

### Future Perfect
| werde gewesen sein | werden gewesen sein |
| --- | --- |
| wirst gewesen sein | werdet gewesen sein |
| wird gewesen sein | werden gewesen sein |

## Subjunctive

### Present
| sei | seien |
| --- | --- |
| seist | seiet |
| sei | seien |

### Past
| wäre | wären |
| --- | --- |
| wärest | wäret |
| wäre | wären |

### Present Perfect
| sei gewesen | seien gewesen |
| --- | --- |
| seiest gewesen | seiet gewesen |
| sei gewesen | seien gewesen |

### Past Perfect
| wäre gewesen | wären gewesen |
| --- | --- |
| wärest gewesen | wäret gewesen |
| wäre gewesen | wären gewesen |

## Conditional

### Present
| würde sein | würden sein |
| --- | --- |
| würdest sein | würdet sein |
| würde sein | würden sein |

### Perfect
| würde gewesen sein | würden gewesen sein |
| --- | --- |
| würdest gewesen sein | würdet gewesen sein |
| würde gewesen sein | würden gewesen sein |

## Imperative
| sei! | seien Sie! |
| --- | --- |
| seid! | seien wir! |

## Participles
| Present | Past |
| --- | --- |
| seiend | gewesen |

## Related Words

| | | | |
| --- | --- | --- | --- |
| das Sein, das Dasein | existence | Muß das sein? | Is that necessary? |
| Es sei denn, daß... | unless | Was soll das denn sein? | What does that mean? |
| Das wär's! | That's all! | Laß das sein! | Stop that! |

# 133 senden to send, transmit, broadcast

strong
inseparable
transitive/intransitive

| ich | wir |
| --- | --- |
| du | ihr |
| er/sie/es | sie/Sie |

## Indicative

### Present Tense

| | |
| --- | --- |
| sende | senden |
| sendest | sendet |
| sendet | senden |

### Narrative Past

| | |
| --- | --- |
| sandte | sandten |
| sandtest | sandtet |
| sandte | sandten |

### Conversational Past

| | |
| --- | --- |
| habe gesandt | haben gesandt |
| hast gesandt | habt gesandt |
| hat gesandt | haben gesandt |

### Past Perfect

| | |
| --- | --- |
| hatte gesandt | hatten gesandt |
| hattest gesandt | hattet gesandt |
| hatte gesandt | hatten gesandt |

### Future

| | |
| --- | --- |
| werde senden | werden senden |
| wirst senden | werdet senden |
| wird senden | werden senden |

### Future Perfect

| | |
| --- | --- |
| werde gesandt haben | werden gesandt haben |
| wirst gesandt haben | werdet gesandt haben |
| wird gesandt haben | werden gesandt haben |

## Subjunctive

### Present

| | |
| --- | --- |
| sende | senden |
| sendest | sendet |
| sende | senden |

### Past

| | |
| --- | --- |
| sendete | sendeten |
| sendetest | sendetet |
| sendete | sendeten |

### Present Perfect

| | |
| --- | --- |
| habe gesandt | haben gesandt |
| habest gesandt | habet gesandt |
| habe gesandt | haben gesandt |

### Past Perfect

| | |
| --- | --- |
| hätte gesandt | hätten gesandt |
| hättest gesandt | hättet gesandt |
| hätte gesandt | hätten gesandt |

## Conditional

### Present

| | |
| --- | --- |
| würde senden | würden senden |
| würdest senden | würdet senden |
| würde senden | würden senden |

### Perfect

| | |
| --- | --- |
| würde gesandt haben | würden gesandt haben |
| würdest gesandt haben | würdet gesandt haben |
| würde gesandt haben | würden gesandt haben |

## Imperative

| | |
| --- | --- |
| send(e)! | senden Sie! |
| sendet! | senden wir! |

## Participles

### Present

sendend

### Past

gesandt

## Related Words

| | | | |
| --- | --- | --- | --- |
| die Sendung | broadcast; shipment; transmission | die Sendergruppe | network |
| | | der Absender | return address |
| | | der Sender | broadcasting station |
| der Sendeturm | radio tower | die Sendezeit | station time |
| das Sendezeichen | call sign | sendebereit sein | stand by |

# 134 setzen to put, place (reflexive: to sit down)

weak
inseparable
transitive
(reflexive)

| | | ich | wir |
|---|---|---|---|
| | | du | ihr |
| | | er/sie/es | sie/Sie |

## Indicative

### Present Tense
| | |
|---|---|
| setze | setzen |
| setzt | setzt |
| setzt | setzen |

### Narrative Past
| | |
|---|---|
| setzte | setzten |
| setztest | setztet |
| setzte | setzten |

### Conversational Past
| | |
|---|---|
| habe gesetzt | haben gesetzt |
| hast gesetzt | habt gesetzt |
| hat gesetzt | haben gesetzt |

### Past Perfect
| | |
|---|---|
| hatte gesetzt | hatten gesetzt |
| hattest gesetzt | hattet gesetzt |
| hatte gesetzt | hatten gesetzt |

### Future
| | |
|---|---|
| werde setzen | werden setzen |
| wirst setzen | werdet setzen |
| wird setzen | werden setzen |

### Future Perfect
| | |
|---|---|
| werde gesetzt haben | werden gesetzt haben |
| wirst gesetzt haben | werdet gesetzt haben |
| wird gesetzt haben | werden gesetzt haben |

## Subjunctive

### Present
| | |
|---|---|
| setze | setzen |
| setzest | setzet |
| setze | setzen |

### Past
| | |
|---|---|
| setzte | setzten |
| setztest | setztet |
| setzte | setzten |

### Present Perfect
| | |
|---|---|
| habe gesetzt | haben gesetzt |
| habest gesetzt | habet gesetzt |
| habe gesetzt | haben gesetzt |

### Past Perfect
| | |
|---|---|
| hätte gesetzt | hätten gesetzt |
| hättest gesetzt | hättet gesetzt |
| hätte gesetzt | hätten gesetzt |

## Conditional

### Present
| | |
|---|---|
| würde setzen | würden setzen |
| würdest setzen | würdet setzen |
| würde setzen | würden setzen |

### Perfect
| | |
|---|---|
| würde gesetzt haben | würden gesetzt haben |
| würdest gesetzt haben | würdet gesetzt haben |
| würde gesetzt haben | würden gesetzt haben |

## Imperative
| | |
|---|---|
| setz! | setzen Sie! |
| setzt! | setzen wir! |

## Participles

| Present | Past |
|---|---|
| setzend | gesetzt |

## Related Words

| | | | |
|---|---|---|---|
| *der Satz* | sentence | *fortsetzen* | to continue |
| *sich durchsetzen* | to make one's way, succeed | *sich widersetzen* | to resist |
| | | *besetzt* | occupied |
| *Bitte, setzen Sie sich!* | Please, take a seat. | *übersetzen* | to translate |

# 135 **singen** to sing

strong
inseparable
transitive/intransitive

| | | ich | wir |
| | | du | ihr |
| | | er/sie/es | sie/Sie |

## Indicative

### Present Tense
| | |
| --- | --- |
| singe | singen |
| singst | singt |
| singt | singen |

### Narrative Past
| | |
| --- | --- |
| sang | sangen |
| sangst | sangt |
| sang | sangen |

### Conversational Past
| | |
| --- | --- |
| habe gesungen | haben gesungen |
| hast gesungen | habt gesungen |
| hat gesungen | haben gesungen |

### Past Perfect
| | |
| --- | --- |
| hatte gesungen | hatten gesungen |
| hattest gesungen | hattet gesungen |
| hatte gesungen | hatten gesungen |

### Future
| | |
| --- | --- |
| werde singen | werden singen |
| wirst singen | werdet singen |
| wird singen | werden singen |

### Future Perfect
| | |
| --- | --- |
| werde gesungen haben | werden gesungen haben |
| wirst gesungen haben | werdet gesungen haben |
| wird gesungen haben | werden gesungen haben |

## Subjunctive

### Present
| | |
| --- | --- |
| singe | singen |
| singest | singet |
| singe | singen |

### Past
| | |
| --- | --- |
| sänge | sängen |
| sängest | sänget |
| sänge | sängen |

### Present Perfect
| | |
| --- | --- |
| habe gesungen | haben gesungen |
| habest gesungen | habet gesungen |
| habe gesungen | haben gesungen |

### Past Perfect
| | |
| --- | --- |
| hätte gesungen | hätten gesungen |
| hättest gesungen | hättet gesungen |
| hätte gesungen | hätten gesungen |

## Conditional

### Present
| | |
| --- | --- |
| würde singen | würden singen |
| würdest singen | würdet singen |
| würde singen | würden singen |

### Perfect
| | |
| --- | --- |
| würde gesungen haben | würden gesungen haben |
| würdest gesungen haben | würdet gesungen haben |
| würde gesungen haben | würden gesungen haben |

## Imperative
| | |
| --- | --- |
| sing(e)! | singen Sie! |
| singt! | singen wir! |

## Participles

### Present
singend

### Past
gesungen

## Related Words

| | | | |
| --- | --- | --- | --- |
| *der/die Sänger/in* | singer | *die Singstimme* | singing voice |
| *der Gesang* | singing | *das Gesangbuch* | song book |
| *singbar* | vocal | | |

## 136 sitzen to sit, stay

strong
inseparable
intransitive

| | | ich | wir |
|---|---|---|---|
| | | du | ihr |
| | | er/sie/es | sie/Sie |

## Indicative

### Present Tense
| | |
|---|---|
| sitze | sitzen |
| sitzt | sitzt |
| sitzt | sitzen |

### Narrative Past
| | |
|---|---|
| saß | saßen |
| saßest | saßt |
| saß | saßen |

### Conversational Past
| | |
|---|---|
| habe gesessen | haben gesessen |
| hast gesessen | habt gesessen |
| hat gesessen | haben gesessen |

### Past Perfect
| | |
|---|---|
| hatte gesessen | hatten gesessen |
| hattest gesessen | hattet gesessen |
| hatte gesessen | hatten gesessen |

### Future
| | |
|---|---|
| werde sitzen | werden sitzen |
| wirst sitzen | werdet sitzen |
| wird sitzen | werden sitzen |

### Future Perfect
| | |
|---|---|
| werde gesessen haben | werden gesessen haben |
| wirst gesessen haben | werdet gesessen haben |
| wird gesessen haben | werden gesessen haben |

## Subjunctive

### Present
| | |
|---|---|
| sitze | sitzen |
| sitzest | sitzet |
| sitze | sitzen |

### Past
| | |
|---|---|
| säße | säßen |
| säßest | säßet |
| säße | säßen |

### Present Perfect
| | |
|---|---|
| habe gesessen | haben gesessen |
| habest gesessen | habet gesessen |
| habe gesessen | haben gesessen |

### Past Perfect
| | |
|---|---|
| hätte gesessen | hätten gesessen |
| hättest gesessen | hättet gesessen |
| hätte gesessen | hätten gesessen |

## Conditional

### Present
| | |
|---|---|
| würde sitzen | würden sitzen |
| würdest sitzen | würdet sitzen |
| würde sitzen | würden sitzen |

### Perfect
| | |
|---|---|
| würde gesessen haben | würden gesessen haben |
| würdest gesessen haben | würdet gesessen haben |
| würde gesessen haben | würden gesessen haben |

## Imperative
| | |
|---|---|
| sitz! | sitzen Sie! |
| sitzt! | sitzen wir! |

## Participles

### Present
sitzend

### Past
gesessen

## Related Words

| | | | |
|---|---|---|---|
| *der Sitz* | seat | *die Sitzordnung* | seating arrangements |
| *das Sitzfleisch* | perserverance | *sitzen bleiben* | to remain seated |
| *die Sitzung* | meeting, conference | *sitzen lassen* | to leave, abandon |
| | | *die Sitzbank* | bench |

# 137 **sollen** shall, to be supposed to

weak
inseparable
intransitive
 modal

|  | ich | wir |
|---|---|---|
|  | du | ihr |
|  | er/sie/es | sie/Sie |

## Indicative

### Present Tense
| | |
|---|---|
| soll | sollen |
| sollst | sollt |
| soll | sollen |

### Narrative Past
| | |
|---|---|
| sollte | sollten |
| solltest | solltet |
| sollte | sollten |

### Conversational Past
| | |
|---|---|
| habe gesollt | haben gesollt |
| hast gesollt | habt gesollt |
| hat gesollt | haben gesollt |

### Past Perfect
| | |
|---|---|
| hatte gesollt | hatten gesollt |
| hattest gesollt | hattet gesollt |
| hatte gesollt | hatten gesollt |

### Future
| | |
|---|---|
| werde sollen | werden sollen |
| wirst sollen | werdet sollen |
| wird sollen | werden sollen |

### Future Perfect
| | |
|---|---|
| werde gesollt haben | werden gesollt haben |
| wirst gesollt haben | werdet gesollt haben |
| wird gesollt haben | werden gesollt haben |

## Subjunctive

### Present
| | |
|---|---|
| solle | sollen |
| sollest | sollet |
| solle | sollen |

### Past
| | |
|---|---|
| sollte | sollten |
| solltest | solltet |
| sollte | sollten |

### Present Perfect
| | |
|---|---|
| habe gesollt | haben gesollt |
| habest gesollt | habet gesollt |
| habe gesollt | haben gesollt |

### Past Perfect
| | |
|---|---|
| hätte gesollt | hätten gesollt |
| hättest gesollt | hättet gesollt |
| hätte gesollt | hätten gesollt |

## Conditional

### Present
| | |
|---|---|
| würde sollen | würden sollen |
| würdest sollen | würdet sollen |
| würde sollen | würden sollen |

### Perfect
| | |
|---|---|
| würde gesollt haben | würden gesollt haben |
| würdest gesollt haben | würdet gesollt haben |
| würde gesollt haben | würden gesollt haben |

## Imperative
—  —
—  —

## Participles
| Present | Past |
|---|---|
| sollend | gesollt |

## Related Words

| | | | |
|---|---|---|---|
| *das Soll* | debit, duty, obligation | *Was soll das?* | What's the meaning of this? |
| *Was soll ich tun?* | What am I to do? | *Es hat nicht sollen sein.* | It was not to be. |

# 138 sparen to save (money, time, strength)

weak
inseparable
transitive/intransitive

| | ich | wir |
|---|---|---|
| | du | ihr |
| | er/sie/es | sie/Sie |

## Indicative

### Present Tense
| | |
|---|---|
| spare | sparen |
| sparst | spart |
| spart | sparen |

### Narrative Past
| | |
|---|---|
| sparte | sparten |
| spartest | spartet |
| sparte | sparten |

### Conversational Past
| | |
|---|---|
| habe gespart | haben gespart |
| hast gespart | habt gespart |
| hat gespart | haben gespart |

### Past Perfect
| | |
|---|---|
| hatte gespart | hatten gespart |
| hattest gespart | hattet gespart |
| hatte gespart | hatten gespart |

### Future
| | |
|---|---|
| werde sparen | werden sparen |
| wirst sparen | werdet sparen |
| wird sparen | werden sparen |

### Future Perfect
| | |
|---|---|
| werde gespart haben | werden gespart haben |
| wirst gespart haben | werdet gespart haben |
| wird gespart haben | werden gespart haben |

## Subjunctive

### Present
| | |
|---|---|
| spare | sparen |
| sparest | sparet |
| spare | sparen |

### Past
| | |
|---|---|
| sparte | sparten |
| spartest | spartet |
| sparte | sparten |

### Present Perfect
| | |
|---|---|
| habe gespart | haben gespart |
| habest gespart | habet gespart |
| habe gespart | haben gespart |

### Past Perfect
| | |
|---|---|
| hätte gespart | hätten gespart |
| hättest gespart | hättet gespart |
| hätte gespart | hätten gespart |

## Conditional

### Present
| | |
|---|---|
| würde sparen | würden sparen |
| würdest sparen | würdet sparen |
| würde sparen | würden sparen |

### Perfect
| | |
|---|---|
| würde gespart haben | würden gespart haben |
| würdest gespart haben | würdet gespart haben |
| würde gespart haben | würden gespart haben |

## Imperative
| | |
|---|---|
| spar(e)! | sparen Sie! |
| spart! | sparen wir! |

## Participles

### Present
sparend

### Past
gespart

## Related Words
| | |
|---|---|
| *die Sparkasse* | savings bank |
| *das Sparkonto* | savings account |
| *die Sparbüchse* | money box |
| *das Sparguthaben* | savings balance |
| *sparsam* | thrifty |
| *die Sparflamme* | pilot light |

# 139 spazieren to walk, stroll

strong
inseparable
intransitive

| | | ich | wir |
| --- | --- | --- | --- |
| | | du | ihr |
| | | er/sie/es | sie/Sie |

## Indicative

### Present Tense

| | |
| --- | --- |
| spaziere | spazieren |
| spazierst | spaziert |
| spaziert | spazieren |

### Narrative Past

| | |
| --- | --- |
| spazierte | spazierten |
| spaziertest | spaziertet |
| spazierte | spazierten |

### Conversational Past

| | |
| --- | --- |
| bin spaziert | sind spaziert |
| bist spaziert | seid spaziert |
| ist spaziert | sind spaziert |

### Past Perfect

| | |
| --- | --- |
| war spaziert | waren spaziert |
| warst spaziert | wart spaziert |
| war spaziert | waren spaziert |

### Future

| | |
| --- | --- |
| werde spazieren | werden spazieren |
| wirst spazieren | werdet spazieren |
| wird spazieren | werden spazieren |

### Future Perfect

| | |
| --- | --- |
| werde spaziert sein | werden spaziert sein |
| wirst spaziert sein | werdet spaziert sein |
| wird spaziert sein | werden spaziert sein |

## Subjunctive

### Present

| | |
| --- | --- |
| spaziere | spazieren |
| spazierest | spazieret |
| spaziere | spazieren |

### Past

| | |
| --- | --- |
| spazierte | spazierten |
| spaziertest | spaziertet |
| spazierte | spazierten |

### Present Perfect

| | |
| --- | --- |
| sei spaziert | seien spaziert |
| seiest spaziert | seiet spaziert |
| sei spaziert | seien spaziert |

### Past Perfect

| | |
| --- | --- |
| wäre spaziert | wären spaziert |
| wärest spaziert | wäret spaziert |
| wäre spaziert | wären spaziert |

## Conditional

### Present

| | |
| --- | --- |
| würde spazieren | würden spazieren |
| würdest spazieren | würdet spazieren |
| würde spazieren | würden spazieren |

### Perfect

| | |
| --- | --- |
| würde spaziert sein | würden spaziert sein |
| würdest spaziert sein | würdet spaziert sein |
| würde spaziert sein | würden spaziert sein |

## Imperative

| | |
| --- | --- |
| spazier(e)! | spazieren Sie! |
| spaziert! | spazieren wir! |

## Participles

### Present

spazierend

### Past

spaziert

## Related Words

| | | | |
| --- | --- | --- | --- |
| *spazieren fahren* | to go for a drive | *spazieren gehen* | to take a walk, stroll |
| *die Spazierfahrt* | drive, ride | *der Spaziergang* | walk, promenade |
| *spazieren führen* | to take out for a walk | *der/die Spaziergänger/in* | walker, stroller |

## 140 **spielen** to play, act

weak
inseparable
transitive/intransitive

ich    wir
du    ihr
er/sie/es    sie/Sie

## Indicative

### Present Tense
spiele      spielen
spielst      spielt
spielt      spielen

### Narrative Past
spielte      spielten
spieltest      spieltet
spielte      spielten

### Conversational Past
habe gespielt      haben gespielt
hast gespielt      habt gespielt
hat gespielt      haben gespielt

### Past Perfect
hatte gespielt      hatten gespielt
hattest gespielt      hattet gespielt
hatte gespielt      hatten gespielt

### Future
werde spielen      werden spielen
wirst spielen      werdet spielen
wird spielen      werden spielen

### Future Perfect
werde gespielt haben      werden gespielt haben
wirst gespielt haben      werdet gespielt haben
wird gespielt haben      werden gespielt haben

## Subjunctive

### Present
spiele      spielen
spielest      spielet
spiele      spielen

### Past
spielte      spielten
spieltest      spieltet
spielte      spielten

### Present Perfect
habe gespielt      haben gespielt
habest gespielt      habet gespielt
habe gespielt      haben gespielt

### Past Perfect
hätte gespielt      hätten gespielt
hättest gespielt      hättet gespielt
hätte gespielt      hätten gespielt

## Conditional

### Present
würde spielen      würden spielen
würdest spielen      würdet spielen

würde spielen      würden spielen

### Perfect
würde gespielt haben      würden gespielt haben
würdest gespielt
haben      würdet gespielt haben

würde gespielt haben      würden gespielt haben

## Imperative
spiel(e)!      spielen Sie!
spielt!      spielen wir!

## Participles
**Present**      **Past**
spielend      gespielt

## Related Words

| | | | |
|---|---|---|---|
| *das Spiel* | game | *die Spielschuld* | gambling debt |
| *das Spielzeug* | toy | *das Schauspiel* | spectacle; stage play |
| *mitspielen* | to join in | *der/die Schauspieler/in* | actor/actress |
| *der/die Spieler/in* | player; gambler | | |

# 141 sprechen to speak, talk

| | | | |
|---|---|---|---|
| strong | | ich | wir |
| inseparable | | du | ihr |
| transitive/intransitive | | er/sie/es | sie/Sie |

## Indicative

### Present Tense
| | |
|---|---|
| spreche | sprechen |
| sprichst | sprecht |
| spricht | sprechen |

### Narrative Past
| | |
|---|---|
| sprach | sprachen |
| sprachst | spracht |
| sprach | sprachen |

### Conversational Past
| | |
|---|---|
| habe gesprochen | haben gesprochen |
| hast gesprochen | habt gesprochen |
| hat gesprochen | haben gesprochen |

### Past Perfect
| | |
|---|---|
| hatte gesprochen | hatten gesprochen |
| hattest gesprochen | hattet gesprochen |
| hatte gesprochen | hatten gesprochen |

### Future
| | |
|---|---|
| werde sprechen | werden sprechen |
| wirst sprechen | werdet sprechen |
| wird sprechen | werden sprechen |

### Future Perfect
| | |
|---|---|
| werde gesprochen haben | werden gesprochen haben |
| wirst gesprochen haben | werdet gesprochen haben |
| wird gesprochen haben | werden gesprochen haben |

## Subjunctive

### Present
| | |
|---|---|
| spreche | sprechen |
| sprechest | sprechet |
| spreche | sprechen |

### Past
| | |
|---|---|
| spräche | sprächen |
| sprächest | sprächet |
| spräche | sprächen |

### Present Perfect
| | |
|---|---|
| habe gesprochen | haben gesprochen |
| habest gesprochen | habet gesprochen |
| habe gesprochen | haben gesprochen |

### Past Perfect
| | |
|---|---|
| hätte gesprochen | hätten gesprochen |
| hättest gesprochen | hättet gesprochen |
| hätte gesprochen | hätten gesprochen |

## Conditional

### Present
| | |
|---|---|
| würde sprechen | würden sprechen |
| würdest sprechen | würdet sprechen |
| würde sprechen | würden sprechen |

### Perfect
| | |
|---|---|
| würde gesprochen haben | würden gesprochen haben |
| würdest gesprochen haben | würdet gesprochen haben |
| würde gesprochen haben | würden gesprochen haben |

## Imperative
| | |
|---|---|
| sprich! | sprechen Sie! |
| sprecht! | sprechen wir! |

## Participles

### Present
sprechend

### Past
gesprochen

## Related Words

| | | | |
|---|---|---|---|
| *der/die Sprecher/in* | speaker | *sprachlos* | speechless |
| *die Sprache* | language | *der Lautsprecher* | loudspeaker |
| *der Sprachfehler* | speech impediment | *der Sprachfehler* | slip of the tongue |
| | | *die Ansprache* | speech, address |

## 142 stehen to stand, stop, be located

strong
inseparable
intransitive

| | ich | wir |
|---|---|---|
| | du | ihr |
| | er/sie/es | sie/Sie |

## Indicative

### Present Tense
| | |
|---|---|
| stehe | stehen |
| stehst | steht |
| steht | stehen |

### Narrative Past
| | |
|---|---|
| stand | standen |
| standst | standet |
| stand | standen |

### Conversational Past
| | |
|---|---|
| habe gestanden | haben gestanden |
| hast gestanden | habt gestanden |
| hat gestanden | haben gestanden |

### Past Perfect
| | |
|---|---|
| hatte gestanden | hatten gestanden |
| hattest gestanden | hattet gestanden |
| hatte gestanden | hatten gestanden |

### Future
| | |
|---|---|
| werde stehen | werden stehen |
| wirst stehen | werdet stehen |
| wird stehen | werden stehen |

### Future Perfect
| | |
|---|---|
| werde gestanden haben | werden gestanden haben |
| wirst gestanden haben | werdet gestanden haben |
| wird gestanden haben | werden gestanden haben |

## Subjunctive

### Present
| | |
|---|---|
| stehe | stehen |
| stehest | stehet |
| stehe | stehen |

### Past
| | |
|---|---|
| stände* | stände* |
| ständest* | ständet* |
| stände* | ständen* |

### Present Perfect
| | |
|---|---|
| habe gestanden | haben gestanden |
| habest gestanden | habet gestanden |
| habe gestanden | haben gestanden |

### Past Perfect
| | |
|---|---|
| hätte gestanden | hätten gestanden |
| hättest gestanden | hättet gestanden |
| hätte gestanden | hätten gestanden |

## Conditional

### Present
| | |
|---|---|
| würde stehen | würden stehen |
| würdest stehen | würdet stehen |
| würde stehen | würden stehen |

### Perfect
| | |
|---|---|
| würde gestanden haben | würden gestanden haben |
| würdest gestanden haben | würdet gestanden haben |
| würde gestanden haben | würden gestanden haben |

## Imperative
| | |
|---|---|
| steh(e)! | stehen Sie! |
| steht! | stehen wir! |

## Participles

### Present
stehend

### Past
gestanden

## Related Words

| | | | |
|---|---|---|---|
| *stehen bleiben* | to remain standing | *stehen lassen* | to keep standing; leave alone |
| *widerstehen* | to resist | *die Stehlampe* | floor lamp |
| *das Stehvermögen* | stamina | | |

* Or: *stünde, stündest, stünde, stünden, stündet, stünden*

178

# 143 steigen to climb, increase, rise

| strong | | | ich | wir |
| separable | | | du | ihr |
| intransitive | | | er/sie/es | sie/Sie |

## Indicative

### Present Tense
| | |
|---|---|
| steige | steigen |
| steigst | steigt |
| steigt | steigen |

### Narrative Past
| | |
|---|---|
| stieg | stiegen |
| stiegst | stiegt |
| stieg | stiegen |

### Conversational Past
| | |
|---|---|
| bin gestiegen | sind gestiegen |
| bist gestiegen | seid gestiegen |
| ist gestiegen | sind gestiegen |

### Past Perfect
| | |
|---|---|
| war gestiegen | waren gestiegen |
| warst gestiegen | wart gestiegen |
| war gestiegen | waren gestiegen |

### Future
| | |
|---|---|
| werde steigen | werden steigen |
| wirst steigen | werdet steigen |
| wird steigen | werden steigen |

### Future Perfect
| | |
|---|---|
| werde gestiegen sein | werden gestiegen sein |
| wirst gestiegen sein | werdet gestiegen sein |
| wird gestiegen sein | werden gestiegen sein |

## Subjunctive

### Present
| | |
|---|---|
| steige | steigen |
| steigest | steiget |
| steige | steigen |

### Past
| | |
|---|---|
| stiege | stiegen |
| stiegest | stieget |
| stiege | stiegen |

### Present Perfect
| | |
|---|---|
| sei gestiegen | seien gestiegen |
| seiest gestiegen | seiet gestiegen |
| sei gestiegen | seien gestiegen |

### Past Perfect
| | |
|---|---|
| wäre gestiegen | wären gestiegen |
| wärest gestiegen | wäret gestiegen |
| wäre gestiegen | wären gestiegen |

## Conditional

### Present
| | |
|---|---|
| würde steigen | würden steigen |
| würdest steigen | würdet steigen |
| würde steigen | würden steigen |

### Perfect
| | |
|---|---|
| würde gestiegen sein | würden gestiegen sein |
| würdest gestiegen sein | würdet gestiegen sein |
| würde gestiegen sein | würden gestiegen sein |

## Imperative
| | |
|---|---|
| steig(e)! | steigen Sie! |
| steigt! | steigen wir! |

## Participles

### Present
steigend

### Past
gestiegen

## Related Words

| | | | |
|---|---|---|---|
| *aufsteigen* | to go up, ascend | *einsteigen* | to get into, board |
| *aussteigen* | to get out, get off | *umsteigen* | to change (bus, train) |
| *ansteigen* | to increase | *der Anstieg* | increase |
| *nachsteigen* | to go after (someone) | *der Aufstieg* | ascent |

## 144 stellen to put, place

weak
inseparable
transitive

| | | ich | wir |
| | | du | ihr |
| | | er/sie/es | sie/Sie |

## Indicative

### Present Tense
| | |
|---|---|
| stelle | stellen |
| stellst | stellt |
| stellt | stellen |

### Narrative Past
| | |
|---|---|
| stellte | stellten |
| stelltest | stelltet |
| stellte | stellten |

### Conversational Past
| | |
|---|---|
| habe gestellt | haben gestellt |
| hast gestellt | habt gestellt |
| hat gestellt | haben gestellt |

### Past Perfect
| | |
|---|---|
| hatte gestellt | hatten gestellt |
| hattest gestellt | hattet gestellt |
| hatte gestellt | hatten gestellt |

### Future
| | |
|---|---|
| werde stellen | werden stellen |
| wirst stellen | werdet stellen |
| wird stellen | werden stellen |

### Future Perfect
| | |
|---|---|
| werde gestellt haben | werden gestellt haben |
| wirst gestellt haben | werdet gestellt haben |
| wird gestellt haben | werden gestellt haben |

## Subjunctive

### Present
| | |
|---|---|
| stelle | stellen |
| stellest | stellet |
| stelle | stellen |

### Past
| | |
|---|---|
| stellte | stellten |
| stelltest | stelltet |
| stellte | stellten |

### Present Perfect
| | |
|---|---|
| habe gestellt | haben gestellt |
| habest gestellt | habet gestellt |
| habe gestellt | haben gestellt |

### Past Perfect
| | |
|---|---|
| hätte gestellt | hätten gestellt |
| hättest gestellt | hättet gestellt |
| hätte gestellt | hätten gestellt |

## Conditional

### Present
| | |
|---|---|
| würde stellen | würden stellen |
| würdest stellen | würdet stellen |
| würde stellen | würden stellen |

### Perfect
| | |
|---|---|
| würde gestellt haben | würden gestellt haben |
| würdest gestellt haben | würdet gestellt haben |
| würde gestellt haben | würden gestellt haben |

## Imperative
| | |
|---|---|
| stelle! | stellen Sie! |
| stellt! | stellen wir! |

## Participles

| Present | Past |
|---|---|
| stellend | gestellt |

## Related Words

| | | | |
|---|---|---|---|
| die Stelle | place; position; job | der/die Stellvertreter/in | representative |
| die Stellung | employment, position | einstellen | to put in; employ |
| stellenweise | here and there | die Ausstellung | exhibition |
| | | das Stellenangebot | want ads |

# 145 stören to disturb, upset, trouble

weak
inseparable
transitive/intransitive

| | | ich | wir |
| --- | --- | --- | --- |
| | | du | ihr |
| | | er/sie/es | sie/Sie |

## Indicative

### Present Tense
| störe | stört |
| --- | --- |
| störst | stört |
| stört | stören |

### Narrative Past
| störte | störten |
| --- | --- |
| störtest | störtet |
| störte | störten |

### Conversational Past
| habe gestört | haben gestört |
| --- | --- |
| hast gestört | habt gestört |
| hat gestört | haben gestört |

### Past Perfect
| hatte gestört | hatten gestört |
| --- | --- |
| hattest gestört | hattet gestört |
| hatte gestört | hatten gestört |

### Future
| werde stören | werden stören |
| --- | --- |
| wirst stören | werdet stören |
| wird stören | werden stören |

### Future Perfect
| werde gestört haben | werden gestört haben |
| --- | --- |
| wirst gestört haben | werdet gestört haben |
| wird gestört haben | werden gestört haben |

## Subjunctive

### Present
| störe | stören |
| --- | --- |
| störest | störet |
| störe | stören |

### Past
| störte | störten |
| --- | --- |
| störtest | störtet |
| störte | störten |

### Present Perfect
| habe gestört | haben gestört |
| --- | --- |
| habest gestört | habet gestört |
| habe gestört | haben gestört |

### Past Perfect
| hätte gestört | hätten gestört |
| --- | --- |
| hättest gestört | hättet gestört |
| hätte gestört | hätten gestört |

## Conditional

### Present
| würde stören | würden stören |
| --- | --- |
| würdest stören | würdet stören |
| würde stören | würden stören |

### Perfect
| würde gestört haben | würden gestört haben |
| --- | --- |
| würdest gestört haben | würdet gestört haben |
| würde gestört haben | würden gestört haben |

## Imperative
| stör(e)! | stören Sie! |
| --- | --- |
| stört! | stören wir! |

## Participles

### Present
störend

### Past
gestört

## Related Words

| die Störung | disturbance, annoyance | störungsfrei | undisturbed |
| --- | --- | --- | --- |
| der/die Störer/in | disturber, intruder | die Störungsstelle | trouble spot |
| verstört | bewildered | ungestört | undisturbed, peaceful |

# 146 studieren to study, be in school

weak
inseparable
transitive/intransitive

| | ich | wir |
|---|---|---|
| | du | ihr |
| | er/sie/es | sie/Sie |

## Indicative

### Present Tense
| | |
|---|---|
| studiere | studieren |
| studierst | studiert |
| studiert | studieren |

### Narrative Past
| | |
|---|---|
| studierte | studierten |
| studiertest | studiertet |
| studierte | studierten |

### Conversational Past
| | |
|---|---|
| habe studiert | haben studiert |
| hast studiert | habt studiert |
| hat studiert | haben studiert |

### Past Perfect
| | |
|---|---|
| hatte studiert | hatten studiert |
| hattest studiert | hattet studiert |
| hatte studiert | hatten studiert |

### Future
| | |
|---|---|
| werde studieren | werden studieren |
| wirst studieren | werdet studieren |
| wird studieren | werden studieren |

### Future Perfect
| | |
|---|---|
| werde studiert haben | werden studiert haben |
| wirst studiert haben | werdet studiert haben |
| wird studiert haben | werden studiert haben |

## Subjunctive

### Present
| | |
|---|---|
| studiere | studieren |
| studierest | studieret |
| studiere | studieren |

### Past
| | |
|---|---|
| studierte | studierten |
| studiertest | studiertet |
| studierte | studierten |

### Present Perfect
| | |
|---|---|
| habe studiert | haben studiert |
| habest studiert | habet studiert |
| habe studiert | haben studiert |

### Past Perfect
| | |
|---|---|
| hätte studiert | hätten studiert |
| hättest studiert | hättet studiert |
| hätte studiert | hätten studiert |

## Conditional

### Present
| | |
|---|---|
| würde studieren | würden studieren |
| würdest studieren | würdet studieren |
| würde studieren | würden studieren |

### Perfect
| | |
|---|---|
| würde studiert haben | würden studiert haben |
| würdest studiert haben | würdet studiert haben |
| würde studiert haben | würden studiert haben |

## Imperative
| | |
|---|---|
| studier(e)! | studieren Sie! |
| studiert! | studieren wir! |

## Participles

### Present
studierend

### Past
studiert

## Related Words

| | | | |
|---|---|---|---|
| *das Studieren* | studying | *die Studie* | study; essay |
| *studiert* | educated | *der Studienplan* | curriculum |
| *der/die Student/in* | student | *das Studierzimmer* | study (room) |
| *die Studentenschaft* | student body | | |

## 147 suchen to look for, search

weak
inseparable
transitive/intransitive

| | ich | wir |
|---|---|---|
| | du | ihr |
| | er/sie/es | sie/Sie |

## Indicative

### Present Tense
| | |
|---|---|
| suche | suchen |
| suchst | sucht |
| sucht | suchen |

### Narrative Past
| | |
|---|---|
| suchte | suchten |
| suchtest | suchtet |
| suchte | suchten |

### Conversational Past
| | |
|---|---|
| habe gesucht | haben gesucht |
| hast gesucht | habt gesucht |
| hat gesucht | haben gesucht |

### Past Perfect
| | |
|---|---|
| hatte gesucht | hatten gesucht |
| hattest gesucht | hattet gesucht |
| hatte gesucht | hatten gesucht |

### Future
| | |
|---|---|
| werde suchen | werden suchen |
| wirst suchen | werdet suchen |
| wird suchen | werden suchen |

### Future Perfect
| | |
|---|---|
| werde gesucht haben | werden gesucht haben |
| wirst gesucht haben | werdet gesucht haben |
| wird gesucht haben | werden gesucht haben |

## Subjunctive

### Present
| | |
|---|---|
| suche | suchen |
| suchest | suchet |
| suche | suchen |

### Past
| | |
|---|---|
| suchte | suchten |
| suchtest | suchtet |
| suchte | suchten |

### Present Perfect
| | |
|---|---|
| habe gesucht | haben gesucht |
| habest gesucht | habet gesucht |
| habe gesucht | haben gesucht |

### Past Perfect
| | |
|---|---|
| hätte gesucht | hätten gesucht |
| hättest gesucht | hättet gesucht |
| hätte gesucht | hätten gesucht |

## Conditional

### Present
| | |
|---|---|
| würde suchen | würden suchen |
| würdest suchen | würdet suchen |
| würde suchen | würden suchen |

### Perfect
| | |
|---|---|
| würde gesucht haben | würden gesucht haben |
| würdest gesucht haben | würdet gesucht haben |
| würde gesucht haben | würden gesucht haben |

## Imperative
| | |
|---|---|
| such(e)! | suchen Sie! |
| sucht! | suchen wir! |

## Participles

### Present
suchend

### Past
gesucht

## Related Words

| | | | |
|---|---|---|---|
| *die Suche* | search, hunt | *ansuchen* | to apply (to); solicit |
| *der Besuch* | visit | *aufsuchen* | to seek out, locate |
| *die Suchanzeige* | want ad | *aussuchen* | to pick out, select |
| *nachsuchen* | to search for | *besuchen* | to visit |

# 148 tragen to carry, bear, wear

strong
inseparable
transitive/intransitive

|  | ich | wir |
|---|---|---|
|  | du | ihr |
|  | er/sie/es | sie/Sie |

## Indicative

### Present Tense
| | |
|---|---|
| trage | tragen |
| trägst | tragt |
| trägt | tragen |

### Narrative Past
| | |
|---|---|
| trug | trugen |
| trugst | trugt |
| trug | trugen |

### Conversational Past
| | |
|---|---|
| habe getragen | haben getragen |
| hast getragen | habt getragen |
| hat getragen | haben getragen |

### Past Perfect
| | |
|---|---|
| hatte getragen | hatten getragen |
| hattest getragen | hattet getragen |
| hatte getragen | hatten getragen |

### Future
| | |
|---|---|
| werde tragen | werden tragen |
| wirst tragen | werdet tragen |
| wird tragen | werden tragen |

### Future Perfect
| | |
|---|---|
| werde getragen haben | werden getragen haben |
| wirst getragen haben | werdet getragen haben |
| wird getragen haben | werden getragen haben |

## Subjunctive

### Present
| | |
|---|---|
| trage | tragen |
| tragest | traget |
| trage | tragen |

### Past
| | |
|---|---|
| trüge | trügen |
| trügest | trüget |
| trüge | trügen |

### Present Perfect
| | |
|---|---|
| habe getragen | haben getragen |
| habest getragen | habet getragen |
| habe getragen | haben getragen |

### Past Perfect
| | |
|---|---|
| hätte getragen | hätten getragen |
| hättest getragen | hättet getragen |
| hätte getragen | hätten getragen |

## Conditional

### Present
| | |
|---|---|
| würde tragen | würden tragen |
| würdest tragen | würdet tragen |
| würde tragen | würden tragen |

### Perfect
| | |
|---|---|
| würde getragen haben | würden getragen haben |
| würdest getragen haben | würdet getragen haben |
| würde getragen haben | würden getragen haben |

## Imperative
| | |
|---|---|
| trag(e)! | tragen Sie! |
| tragt! | tragen wir! |

## Participles

### Present
tragend

### Past
getragen

## Related Words

| | |
|---|---|
| *der/die Träger/in* | carrier, bearer |
| *die Tragbahre* | stretcher |
| *tragbar* | bearable, wearable |
| *übertragen* | to transfer, broadcast |
| *sich betragen* | to behave |

184

# 149 treffen to hit; meet

strong
inseparable
transitive/intransitive
(reflexive)

ich wir
du ihr
er/sie/es sie/Sie

## Indicative

### Present Tense

| | |
|---|---|
| treffe | treffen |
| triffst | trefft |
| trifft | treffen |

### Narrative Past

| | |
|---|---|
| traf | trafen |
| trafst | traft |
| traf | trafen |

### Conversational Past

| | |
|---|---|
| habe getroffen | haben getroffen |
| hast getroffen | habt getroffen |
| hat getroffen | haben getroffen |

### Past Perfect

| | |
|---|---|
| hatte getroffen | hatten getroffen |
| hattest getroffen | hattet getroffen |
| hatte getroffen | hatten getroffen |

### Future

| | |
|---|---|
| werde treffen | werden treffen |
| wirst treffen | werdet treffen |
| wird treffen | werden treffen |

### Future Perfect

| | |
|---|---|
| werde getroffen haben | werden getroffen haben |
| wirst getroffen haben | werdet getroffen haben |
| wird getroffen haben | werden getroffen haben |

## Subjunctive

### Present

| | |
|---|---|
| treffe | treffen |
| treffest | treffet |
| treffe | treffen |

### Past

| | |
|---|---|
| träfe | träfen |
| träfest | träfet |
| träfe | träfen |

### Present Perfect

| | |
|---|---|
| habe getroffen | haben getroffen |
| habest getroffen | habet getroffen |
| habe getroffen | haben getroffen |

### Past Perfect

| | |
|---|---|
| hätte getroffen | hätten getroffen |
| hättest getroffen | hättet getroffen |
| hätte getroffen | hätten getroffen |

## Conditional

### Present

| | |
|---|---|
| würde treffen | würden treffen |
| würdest treffen | würdet treffen |
| würde treffen | würden treffen |

### Perfect

| | |
|---|---|
| würde getroffen haben | würden getroffen haben |
| würdest getroffen haben | würdet getroffen haben |
| würde getroffen haben | würden getroffen haben |

## Imperative

| | |
|---|---|
| triff! | treffen Sie! |
| trefft! | treffen wir! |

## Participles

### Present
treffend

### Past
getroffen

## Related Words

| | | | |
|---|---|---|---|
| das Treffen | meeting | antreffen | come across, chance upon |
| der Treffpunkt | meeting place | | |
| treffend | appropriate | eintreffen | to arrive |
| betreffen | to concern | auftreffen | strike, hit |

## 150 treten to step, walk, tread, go

strong
inseparable
transitive/intransitive

| | | ich | wir |
|---|---|---|---|
| | | du | ihr |
| | | er/sie/es | sie/Sie |

## Indicative

### Present Tense
| | |
|---|---|
| trete | treten |
| trittst | tretet |
| tritt | treten |

### Narrative Past
| | |
|---|---|
| trat | traten |
| tratest | tratet |
| trat | traten |

### Conversational Past
| | |
|---|---|
| bin getreten | sind getreten |
| bist getreten | seid getreten |
| ist getreten | sind getreten |

### Past Perfect
| | |
|---|---|
| war getreten | waren getreten |
| warst getreten | wart getreten |
| war getreten | waren getreten |

### Future
| | |
|---|---|
| werde treten | werden treten |
| wirst treten | werdet treten |
| wird treten | werden treten |

### Future Perfect
| | |
|---|---|
| werde getreten sein | werden getreten sein |
| wirst getreten sein | werdet getreten sein |
| wird getreten sein | werden getreten sein |

## Subjunctive

### Present
| | |
|---|---|
| trete | treten |
| tretest | tretet |
| trete | treten |

### Past
| | |
|---|---|
| träte | träten |
| trätest | trätet |
| träte | träten |

### Present Perfect
| | |
|---|---|
| sei getreten | seien getreten |
| seiest getreten | seiet getreten |
| sei getreten | seien getreten |

### Past Perfect
| | |
|---|---|
| wäre getreten | wären getreten |
| wärest getreten | wäret getreten |
| wäre getreten | wären getreten |

## Conditional

### Present
| | |
|---|---|
| würde treten | würden treten |
| würdest treten | würdet treten |
| würde treten | würden treten |

### Perfect
| | |
|---|---|
| würde getreten sein | würden getreten sein |
| würdest getreten sein | würdet getreten sein |
| würde getreten sein | würden getreten sein |

## Imperative
| | |
|---|---|
| tritt! | treten Sie! |
| tretet! | treten wir! |

## Participles

### Present
tretend

### Past
getreten

## Related Words

| | | | |
|---|---|---|---|
| der Tritt | step; pace; footprint | eintreten | to enter, come in |
| | | der Eintritt | entrance, admission |
| antreten | to line up; start up | die Eintrittskarte | admission ticket |
| auftreten | to tread; appear | der Auftritt | step; appearance |

# 151 trinken to drink

strong
inseparable
transitive

| | | ich | wir |
| --- | --- | --- | --- |
| | | du | ihr |
| | | er/sie/es | sie/Sie |

## Indicative

### Present Tense
| | |
| --- | --- |
| trinke | trinken |
| trinkst | trinkt |
| trinkt | trinken |

### Narrative Past
| | |
| --- | --- |
| trank | tranken |
| trankst | trankt |
| trank | tranken |

### Conversational Past
| | |
| --- | --- |
| habe getrunken | haben getrunken |
| hast getrunken | habt getrunken |
| hat getrunken | haben getrunken |

### Past Perfect
| | |
| --- | --- |
| hatte getrunken | hatten getrunken |
| hattest getrunken | hattet getrunken |
| hatte getrunken | hatten getrunken |

### Future
| | |
| --- | --- |
| werde trinken | werden trinken |
| wirst trinken | werdet trinken |
| wird trinken | werden trinken |

### Future Perfect
| | |
| --- | --- |
| werde getrunken haben | werden getrunken haben |
| wirst getrunken haben | werdet getrunken haben |
| wird getrunken haben | werden getrunken haben |

## Subjunctive

### Present
| | |
| --- | --- |
| trinke | trinken |
| trinkest | trinket |
| trinke | trinken |

### Past
| | |
| --- | --- |
| tränke | tränken |
| tränkest | tränket |
| tränke | tränken |

### Present Perfect
| | |
| --- | --- |
| habe getrunken | haben getrunken |
| habest getrunken | habet getrunken |
| habe getrunken | haben getrunken |

### Past Perfect
| | |
| --- | --- |
| hätte getrunken | hätten getrunken |
| hättest getrunken | hättet getrunken |
| hätte getrunken | hätten getrunken |

## Conditional

### Present
| | |
| --- | --- |
| würde trinken | würden trinken |
| würdest trinken | würdet trinken |
| würde trinken | würden trinken |

### Perfect
| | |
| --- | --- |
| würde getrunken haben | würden getrunken haben |
| würdest getrunken haben | würdet getrunken haben |
| würde getrunken haben | würden getrunken haben |

## Imperative
| | |
| --- | --- |
| trink(e)! | trinken Sie! |
| trinkt! | trinken wir! |

## Participles

| Present | Past |
| --- | --- |
| trinkend | getrunken |

## Related Words

| | |
| --- | --- |
| *das Getränk* | drink |
| *trinkbar* | drinkable |
| *das Trinkwasser* | drinking water |
| *das Trinkgeld* | tip, gratuity |
| *betrunken* | drunk, intoxicated |
| *der/die Trinker/in* | drinker; alchoholic |
| *die Trunksucht* | alchoholism |

## 152 tun to do, make, put

strong
inseparable
transitive

| | | ich | wir |
| | | du | ihr |
| | | er/sie/es | sie/Sie |

## Indicative

### Present Tense
| | |
|---|---|
| tue | tun |
| tust | tut |
| tut | tun |

### Narrative Past
| | |
|---|---|
| tat | taten |
| tatest | tatet |
| tat | taten |

### Conversational Past
| | |
|---|---|
| habe getan | haben getan |
| hast getan | habt getan |
| hat getan | haben getan |

### Past Perfect
| | |
|---|---|
| hatte getan | hatten getan |
| hattest getan | hattet getan |
| hatte getan | hatten getan |

### Future
| | |
|---|---|
| werde tun | werden tun |
| wirst tun | werdet tun |
| wird tun | werden tun |

### Future Perfect
| | |
|---|---|
| werde getan haben | werden getan haben |
| wirst getan haben | werdet getan haben |
| wird getan haben | werden getan haben |

## Subjunctive

### Present
| | |
|---|---|
| tue | tuen |
| tuest | tuet |
| tue | tuen |

### Past
| | |
|---|---|
| täte | täten |
| tätest | tätet |
| täte | täten |

### Present Perfect
| | |
|---|---|
| habe getan | haben getan |
| habest getan | habet getan |
| habe getan | haben getan |

### Past Perfect
| | |
|---|---|
| hätte getan | hätten getan |
| hättest getan | hättet getan |
| hätte getan | hätten getan |

## Conditional

### Present
| | |
|---|---|
| würde tun | würden tun |
| würdest tun | würdet tun |
| würde tun | würden tun |

### Perfect
| | |
|---|---|
| würde getan haben | würden getan haben |
| würdest getan haben | würdet getan haben |
| würde getan haben | würden getan haben |

## Imperative
| | |
|---|---|
| tu! | tun Sie! |
| tut! | tun wir! |

## Participles

### Present
tuend

### Past
getan

## Related Words

| | | | |
|---|---|---|---|
| *die Tat* | deed, action | *die Tätigkeit* | activity |
| *der/die Täter/in* | doer, actor, culprit | *tätlich* | violent |
| *tätig* | active | *der Tatort* | crime scene |

## 153 überlegen to consider, cover

weak
inseparable
transitive/intransitive

| | | ich | wir |
| --- | --- | --- | --- |
| | | du | ihr |
| | | er/sie/es | sie/Sie |

## Indicative

### Present Tense
| | |
| --- | --- |
| überlege | überlegen |
| überlegst | überlegt |
| überlegt | überlegen |

### Narrative Past
| | |
| --- | --- |
| überlegte | überlegten |
| überlegtest | überlegtet |
| überlegte | überlegten |

### Conversational Past
| | |
| --- | --- |
| habe überlegt | haben überlegt |
| hast überlegt | habt überlegt |
| hat überlegt | haben überlegt |

### Past Perfect
| | |
| --- | --- |
| hatte überlegt | hatten überlegt |
| hattest überlegt | hattet überlegt |
| hatte überlegt | hatten überlegt |

### Future
| | |
| --- | --- |
| werde überlegen | werden überlegen |
| wirst überlegen | werdet überlegen |
| wird überlegen | werden überlegen |

### Future Perfect
| | |
| --- | --- |
| werde überlegt haben | werden überlegt haben |
| wirst überlegt haben | werdet überlegt haben |
| wird überlegt haben | werden überlegt haben |

## Subjunctive

### Present
| | |
| --- | --- |
| überlege | überlegen |
| überlegest | überleget |
| überlege | überlegen |

### Past
| | |
| --- | --- |
| überlegte | überlegten |
| überlegtest | überlegtet |
| überlegte | überlegten |

### Present Perfect
| | |
| --- | --- |
| habe überlegt | haben überlegt |
| habest überlegt | habet überlegt |
| habe überlegt | haben überlegt |

### Past Perfect
| | |
| --- | --- |
| hätte überlegt | hätten überlegt |
| hättest überlegt | hättet überlegt |
| hätte überlegt | hätten überlegt |

## Conditional

### Present
| | |
| --- | --- |
| würde überlegen | würden überlegen |
| würdest überlegen | würdet überlegen |
| würde überlegen | würden überlegen |

### Perfect
| | |
| --- | --- |
| würde überlegt haben | würden überlegt haben |
| würdest überlegt haben | würdet überlegt haben |
| würde überlegt haben | würden überlegt haben |

## Imperative
| | |
| --- | --- |
| überleg(e)! | überlegen Sie! |
| überlegt! | überlegen wir! |

## Participles
| Present | Past |
| --- | --- |
| überlegend | überlegt |

## Related Words
| | |
| --- | --- |
| *die Uberlegung* | consideration |
| *überlegt* | considerate |
| *unüberlegt* | inconsiderate |

| | |
| --- | --- |
| *überlegen sein* | to be superior |
| *die Uberlegenheit* | superiority |
| *die Uberlegtheit* | deliberation |

## 154 **sich unterhalten** to converse, talk

strong
inseparable
transitive

|  | ich | wir |
|---|-----|-----|
|  | du | ihr |
|  | er/sie/es | sie/Sie |

## Indicative

### Present Tense

| | |
|---|---|
| unterhalte mich | unterhalten uns |
| unterhältst dich | unterhaltet euch |
| unterhält sich | unterhalten sich |

### Narrative Past

| | |
|---|---|
| unterhielt mich | unterhielten uns |
| unterhieltest dich | unterhieltet euch |
| unterhielt sich | unterhielten sich |

### Conversational Past

| | |
|---|---|
| habe mich unterhalten | haben uns unterhalten |
| hast dich unterhalten | habt euch unterhalten |
| hat sich unterhalten | haben sich unterhalten |

### Past Perfect

| | |
|---|---|
| hatte mich unterhalten | hatten uns unterhalten |
| hattest dich unterhalten | hattet euch unterhalten |
| hatte sich unterhalten | hatten sich unterhalten |

### Future

| | |
|---|---|
| werde mich unterhalten | werden uns unterhalten |
| wirst dich unterhalten | werdet euch unterhalten |
| wird sich unterhalten | werden sich unterhalten |

### Future Perfect

| | |
|---|---|
| werde mich unterhalten haben | werden uns unterhalten haben |
| wirst dich unterhalten haben | werdet euch unterhalten haben |
| wird sich unterhalten haben | werden sich unterhalten haben |

## Subjunctive

### Present

| | |
|---|---|
| unterhalte mich | unterhalten uns |
| unterhaltest dich | unterhaltet euch |
| unterhalte sich | unterhalten sich |

### Past

| | |
|---|---|
| unterhielte mich | unterhielten uns |
| unterhieltest dich | unterhieltet euch |
| unterhielte sich | unterhielten sich |

### Present Perfect

| | |
|---|---|
| habe mich unterhalten | haben uns unterhalten |
| habest dich unterhalten | habet euch unterhalten |
| habe sich unterhalten | haben sich unterhalten |

### Past Perfect

| | |
|---|---|
| hätte mich unterhalten | hätten uns unterhalten |
| hättest dich unterhalten | hättet euch unterhalten |
| hätte sich unterhalten | hätten sich unterhalten |

## Conditional

### Present

| | |
|---|---|
| würde mich unterhalten | würden uns unterhalten |
| würdest dich unterhalten | würdet euch unterhalten |
| würde sich unterhalten | würden sich unterhalten |

### Perfect

| | |
|---|---|
| würde mich unterhalten haben | würden uns unterhalten haben |
| würdest dich unterhalten haben | würdet euch unterhalten haben |
| würde sich unterhalten haben | würden sich unterhalten haben |

## Imperative

| | |
|---|---|
| unterhalte dich! | unterhalten Sie sich! |
| unterhaltet euch! | unterhalten wir! |

## Participles

| Present | Past |
|---|---|
| unterhaltend | unterhalten |

## Related Words

*Gute Unterhaltung!* Enjoy yourself    *die Unterhaltung*    conversation

190

## 155 verbessern to improve

weak
inseparable
transitive
(reflexive)

| | | ich | wir |
|---|---|---|---|
| | | du | ihr |
| | | er/sie/es | sie/Sie |

## Indicative

### Present Tense
| | |
|---|---|
| verbessere | verbessern |
| verbesserst | verbessert |
| verbessert | verbessern |

### Narrative Past
| | |
|---|---|
| verbesserte | verbesserten |
| verbessertest | verbessertet |
| verbesserte | verbesserten |

### Conversational Past
| | |
|---|---|
| habe verbessert | haben verbessert |
| hast verbessert | habt verbessert |
| hat verbessert | haben verbessert |

### Past Perfect
| | |
|---|---|
| hatte verbessert | hatten verbessert |
| hattest verbessert | hattet verbessert |
| hatte verbessert | hatten verbessert |

### Future
| | |
|---|---|
| werde verbessern | werden verbessern |
| wirst verbessern | werdet verbessern |
| wird verbessern | werden verbessern |

### Future Perfect
| | |
|---|---|
| werde verbessert haben | werden verbessert haben |
| wirst verbessert haben | werdet verbessert haben |
| wird verbessert haben | werden verbessert haben |

## Subjunctive

### Present
| | |
|---|---|
| verbessere | verbesseren |
| verbesserest | verbesseret |
| verbessere | verbesseren |

### Past
| | |
|---|---|
| verbesserte | verbesserten |
| verbessertest | verbessertet |
| verbesserte | verbesserten |

### Present Perfect
| | |
|---|---|
| habe verbessert | haben verbessert |
| habest verbessert | habet verbessert |
| habe verbessert | haben verbessert |

### Past Perfect
| | |
|---|---|
| hätte verbessert | hätten verbessert |
| hättest verbessert | hättet verbessert |
| hätte verbessert | hätten verbessert |

## Conditional

### Present
| | |
|---|---|
| würde verbessern | würden verbessern |
| würdest verbessern | würdet verbessern |
| würde verbessern | würden verbessern |

### Perfect
| | |
|---|---|
| würde verbessert haben | würden verbessert haben |
| würdest verbessert haben | würdet verbessert haben |
| würde verbessert haben | würden verbessert haben |

## Imperative
| | |
|---|---|
| verbesser(e)! | verbessern Sie! |
| verbessert! | verbessern wir! |

## Participles

| Present | Past |
|---|---|
| verbessernd | verbessert |

## Related Words

| | |
|---|---|
| *die Verbesserung* | improvement |
| *die Besserung* | healing |
| *Gute Besserung!* | Get well! |
| *sich bessern* | to mend one's ways |
| *besser* | better |
| *am besten* | best |

# 156 verbinden to join

strong
inseparable
transitive
(reflexive)

| ich | wir |
| du | ihr |
| er/sie/es | sie/Sie |

## Indicative

### Present Tense
| | |
|---|---|
| verbinde | verbinden |
| verbindest | verbindet |
| verbindet | verbinden |

### Narrative Past
| | |
|---|---|
| verband | verbanden |
| verbandst | verbandet |
| verband | verbanden |

### Conversational Past
| | |
|---|---|
| habe verbunden | haben verbunden |
| hast verbunden | habt verbunden |
| hat verbunden | haben verbunden |

### Past Perfect
| | |
|---|---|
| hatte verbunden | hatten verbunden |
| hattest verbunden | hattet verbunden |
| hatte verbunden | hatten verbunden |

### Future
| | |
|---|---|
| werde verbinden | werden ver-binden |
| wirst verbinden | werdet verbinden |
| wird verbinden | werden ver-binden |

### Future Perfect
| | |
|---|---|
| werde verbunden haben | werden verbunden haben |
| wirst verbunden haben | werdet verbunden haben |
| wird verbunden haben | werden verbunden haben |

## Subjunctive

### Present
| | |
|---|---|
| verbinde | verbinden |
| verbindest | verbindet |
| verbinde | verbinden |

### Past
| | |
|---|---|
| verbände | verbänden |
| verbändest | verbändet |
| verbände | verbänden |

### Present Perfect
| | |
|---|---|
| habe verbunden | haben verbunden |
| habest ver-bunden | habet verbunden |
| habe verbunden | haben verbunden |

### Past Perfect
| | |
|---|---|
| hätte verbunden | hätten verbunden |
| hättest verbunden | hättet verbunden |
| hätte verbunden | hätten verbunden |

## Conditional

### Present
| | |
|---|---|
| würde verbinden | würden ver-binden |
| würdest ver-binden | würdet verbinden |
| würde verbinden | würden ver-binden |

### Perfect
| | |
|---|---|
| würde verbunden haben | würden verbunden haben |
| würdest verbunden haben | würdet verbunden haben |
| würde verbunden haben | würden verbunden haben |

## Imperative
| | |
|---|---|
| verbinde! | verbinden Sie! |
| verbindet! | verbinden wir! |

## Participles

### Present
verbindend

### Past
verbunden

## Related Words

| | | | |
|---|---|---|---|
| *die Verbindung* | alliance, association | *das Band* | string, cord, tape, etc. |
| *verbindlich* | obligatory, binding | *die Bande* | team, company, gang |
| | | *binden* | to bind, tie, fasten |
| *das Verbindungs-stück* | connecting piece | *der Bindestrich* | hyphen |
| | | *jemanden ver-binden* | to dress a wound |

## 157 verdienen to earn, win, deserve

weak
inseparable
transitive

|  | ich | wir |
|---|---|---|
|  | du | ihr |
|  | er/sie/es | sie/Sie |

## Indicative

### Present Tense
| | |
|---|---|
| verdiene | verdienen |
| verdienst | verdient |
| verdient | verdienen |

### Narrative Past
| | |
|---|---|
| verdiente | verdienten |
| verdientest | verdientet |
| verdiente | verdienten |

### Conversational Past
| | |
|---|---|
| habe verdient | haben verdient |
| hast verdient | habt verdient |
| hat verdient | haben verdient |

### Past Perfect
| | |
|---|---|
| hatte verdient | hatten verdient |
| hattest verdient | hattet verdient |
| hatte verdient | hatten verdient |

### Future
| | |
|---|---|
| werde verdienen | werden verdienen |
| wirst verdienen | werdet verdienen |
| wird verdienen | werden verdienen |

### Future Perfect
| | |
|---|---|
| werde verdient haben | werden verdient haben |
| wirst verdient haben | werdet verdient haben |
| wird verdient haben | werden verdient haben |

## Subjunctive

### Present
| | |
|---|---|
| verdiene | verdienen |
| verdienest | verdienet |
| verdiene | verdienen |

### Past
| | |
|---|---|
| verdiente | verdienten |
| verdientest | verdientet |
| verdiente | verdienten |

### Present Perfect
| | |
|---|---|
| habe verdient | haben verdient |
| habest verdient | habet verdient |
| habe verdient | haben verdient |

### Past Perfect
| | |
|---|---|
| hätte verdient | hätten verdient |
| hättest verdient | hättet verdient |
| hätte verdient | hätten verdient |

## Conditional

### Present
| | |
|---|---|
| würde verdienen | würden verdienen |
| würdest verdienen | würdet verdienen |
| würde verdienen | würden verdienen |

### Perfect
| | |
|---|---|
| würde verdient haben | würden verdient haben |
| würdest verdient haben | würdet verdient haben |
| würde verdient haben | würden verdient haben |

## Imperative
| | |
|---|---|
| verdien(e)! | verdienen Sie! |
| verdient! | verdienen wir! |

## Participles

### Present
verdienend

### Past
verdient

## Related Words

| | |
|---|---|
| der Verdienst | wages, salary |
| der Alleinverdiener | sole provider |
| verdient | deserved |
| verdienstvoll | deserving, of merit |
| die Verdienstspanne | profit margin |
| die Verdienst- möglichkeit | money-making opportunity |
| der Verdienstausfall | loss of earnings |

# 158 verführen to seduce, tempt

weak
inseparable
transitive

| | ich | wir |
|---|---|---|
| | du | ihr |
| | er/sie/es | sie/Sie |

## Indicative

### Present Tense
| | |
|---|---|
| verführe | verführen |
| verführst | verführt |
| verführt | verführen |

### Narrative Past
| | |
|---|---|
| verführte | verführten |
| verführtest | verführtet |
| verführte | verführten |

### Conversational Past
| | |
|---|---|
| habe verführt | haben verführt |
| hast verführt | habt verführt |
| hat verführt | haben verführt |

### Past Perfect
| | |
|---|---|
| hatte verführt | hatten verführt |
| hattest verführt | hattet verführt |
| hatte verführt | hatten verführt |

### Future
| | |
|---|---|
| werde verführen | werden verführen |
| wirst verführen | werdet verführen |
| wird verführen | werden verführen |

### Future Perfect
| | |
|---|---|
| werde verführt haben | werden verführt haben |
| wirst verführt haben | werdet verführt haben |
| wird verführt haben | werden verführt haben |

## Subjunctive

### Present
| | |
|---|---|
| verführe | verführen |
| verführest | verführet |
| verführe | verführen |

### Past
| | |
|---|---|
| verführte | verführten |
| verführtest | verführtet |
| verführte | verführten |

### Present Perfect
| | |
|---|---|
| habe verführt | haben verführt |
| habest verführt | habet verführt |
| habe verführt | haben verführt |

### Past Perfect
| | |
|---|---|
| hätte verführt | hätten verführt |
| hattest verführt | hättet verführt |
| hätte verführt | hätten verführt |

## Conditional

### Present
| | |
|---|---|
| würde verführen | würden verführen |
| würdest verführen | würdet verführen |
| würde verführen | würden verführen |

### Perfect
| | |
|---|---|
| würde verführt haben | würden verführt haben |
| würdest verführt haben | würdet verführt haben |
| würde verführt haben | würden verführt haben |

## Imperative
| | |
|---|---|
| verführ(e)! | verführen Sie! |
| verführt! | verführen wir! |

## Participles

### Present
verführend

### Past
verführt

## Related Words

| | |
|---|---|
| *führen* | to lead |
| *der/die Ver-führer/in* | seducer/seductress |
| *die Verführung* | seduction |
| *verführerisch* | seductive, tempting |
| *die Verführungs-künste* | seductive ways |

## 159 **vergessen** to forget, neglect

strong
inseparable
transitive

| | |
|---|---|
| ich | wir |
| du | ihr |
| er/sie/es | sie/Sie |

### Indicative

**Present Tense**

| | |
|---|---|
| vergesse | vergessen |
| vergißt | vergeßt |
| vergißt | vergessen |

**Narrative Past**

| | |
|---|---|
| vergaß | vergaßen |
| vergaßest | vergaßt |
| vergaß | vergaßen |

**Conversational Past**

| | |
|---|---|
| habe vergessen | haben vergessen |
| hast vergessen | habt vergessen |
| hat vergessen | haben vergessen |

**Past Perfect**

| | |
|---|---|
| hatte vergessen | hatten vergessen |
| hattest vergessen | hattet vergessen |
| hatte vergessen | hatten vergessen |

**Future**

| | |
|---|---|
| werde vergessen | werden vergessen |
| wirst vergessen | werdet vergessen |
| wird vergessen | werden vergessen |

**Future Perfect**

| | |
|---|---|
| werde vergessen haben | werden vergessen haben |
| wirst vergessen haben | werdet vergessen haben |
| wird vergessen haben | werden vergessen haben |

### Subjunctive

**Present**

| | |
|---|---|
| vergesse | vergessen |
| vergessest | vergesset |
| vergesse | vergessen |

**Past**

| | |
|---|---|
| vergäße | vergäßen |
| vergäßest | vergäßet |
| vergäße | vergäßen |

**Present Perfect**

| | |
|---|---|
| habe vergessen | haben vergessen |
| habest vergessen | habet vergessen |
| habe vergessen | haben vergessen |

**Past Perfect**

| | |
|---|---|
| hätte vergessen | hätten vergessen |
| hättest vergessen | hättet vergessen |
| hätte vergessen | hätten vergessen |

### Conditional

**Present**

| | |
|---|---|
| würde vergessen | würden vergessen |
| würdest vergessen | würdet vergessen |
| würde vergessen | würden vergessen |

**Perfect**

| | |
|---|---|
| würde vergessen haben | würden vergessen haben |
| würdest vergessen haben | würdet vergessen haben |
| würde vergessen haben | würden vergessen haben |

### Imperative

| | |
|---|---|
| vergiß! | vergessen Sie! |
| vergeßt! | vergessen wir! |

### Participles

| Present | Past |
|---|---|
| vergessend | vergessen |

### Related Words

| | |
|---|---|
| *vergeßlich* | forgetful |
| *unvergeßlich* | unforgetable |
| *die Vergeßlichkeit* | forgetfulness |
| *in Vergessenheit geraten* | to fall into oblivion |

# 160 verkaufen to sell

weak
inseparable
transitive
(reflexive)

| | | ich | wir |
| --- | --- | --- | --- |
| | | du | ihr |
| | | er/sie/es | sie/Sie |

## Indicative

### Present Tense

| | |
| --- | --- |
| verkaufe | verkaufen |
| verkaufst | verkauft |
| verkauft | verkaufen |

### Narrative Past

| | |
| --- | --- |
| verkaufte | verkauften |
| verkauftest | verkauftet |
| verkaufte | verkauften |

### Conversational Past

| | |
| --- | --- |
| habe verkauft | haben verkauft |
| hast verkauft | habt verkauft |
| hat verkauft | haben verkauft |

### Past Perfect

| | |
| --- | --- |
| hatte verkauft | hatten verkauft |
| hattest verkauft | hattet verkauft |
| hatte verkauft | hatten verkauft |

### Future

| | |
| --- | --- |
| werde verkaufen | werden verkaufen |
| wirst verkaufen | werdet verkaufen |
| wird verkaufen | werden verkaufen |

### Future Perfect

| | |
| --- | --- |
| werde verkauft haben | werden verkauft haben |
| wirst verkauft haben | werdet verkauft haben |
| wird verkauft haben | werden verkauft haben |

## Subjunctive

### Present

| | |
| --- | --- |
| verkaufe | verkaufen |
| verkaufest | verkaufet |
| verkaufe | verkaufen |

### Past

| | |
| --- | --- |
| verkaufte | verkauften |
| verkauftest | verkauftet |
| verkaufte | verkauften |

### Present Perfect

| | |
| --- | --- |
| habe verkauft | haben verkauft |
| habest verkauft | habet verkauft |
| habe verkauft | haben verkauft |

### Past Perfect

| | |
| --- | --- |
| hätte verkauft | hätten verkauft |
| hättest verkauft | hättet verkauft |
| hätte verkauft | hätten verkauft |

## Conditional

### Present

| | |
| --- | --- |
| würde verkaufen | würden verkaufen |
| würdest verkaufen | würdet verkaufen |
| würde verkaufen | würden verkaufen |

### Perfect

| | |
| --- | --- |
| würde verkauft haben | würden verkauft haben |
| würdest verkauft haben | würdet verkauft haben |
| würde verkauft haben | würden verkauft haben |

## Imperative

| | |
| --- | --- |
| verkauf(e)! | verkaufen Sie! |
| verkauft! | verkaufen wir! |

## Participles

| Present | Past |
| --- | --- |
| verkaufend | verkauft |

## Related Words

| | | | |
| --- | --- | --- | --- |
| der Verkauf | sale | einkaufen | to buy |
| verkäuflich | for sale | ausverkauft | sold out |
| der/die Ver-käufer/in | salesperson | der Ausverkauf | clearance sale |
| der Verkaufspreis | selling price | kaufen | to buy |

## 161 **verlassen** to leave, rely on

strong
inseparable
transitive
(reflexive)

| | | ich | wir |
| --- | --- | --- | --- |
| | | du | ihr |
| | | er/sie/es | sie/Sie |

## Indicative

### Present Tense
| | | |
| --- | --- | --- |
| verlasse | verlassen | |
| verläßt | verlaßt | |
| verläßt | verlassen | |

### Narrative Past
| | |
| --- | --- |
| verließ | verließen |
| verließt | verließt |
| verließ | verließen |

### Conversational Past
| | |
| --- | --- |
| habe verlassen | haben verlassen |
| hast verlassen | habt verlassen |
| hat verlassen | haben verlassen |

### Past Perfect
| | |
| --- | --- |
| hatte verlassen | hatten verlassen |
| hattest verlassen | hattet verlassen |
| hatte verlassen | hatten verlassen |

### Future
| | |
| --- | --- |
| werde verlassen | werden verlassen |
| wirst verlassen | werdet verlassen |
| wird verlassen | werden verlassen |

### Future Perfect
| | |
| --- | --- |
| werde verlassen haben | werden verlassen haben |
| wirst verlassen haben | werdet verlassen haben |
| wird verlassen haben | werden verlassen haben |

## Subjunctive

### Present
| | |
| --- | --- |
| verlasse | verlassen |
| verlassest | verlasset |
| verlasse | verlassen |

### Past
| | |
| --- | --- |
| verließe | verließen |
| verließest | verließet |
| verließe | verließen |

### Present Perfect
| | |
| --- | --- |
| habe verlassen | haben verlassen |
| habest verlassen | habet verlassen |
| habe verlassen | haben verlassen |

### Past Perfect
| | |
| --- | --- |
| hätte verlassen | hätten verlassen |
| hättest verlassen | hättet verlassen |
| hätte verlassen | hätten verlassen |

## Conditional

### Present
| | |
| --- | --- |
| würde verlassen | würden verlassen |
| würdest verlassen | würdet verlassen |
| würde verlassen | würden verlassen |

### Perfect
| | |
| --- | --- |
| würde verlassen haben | würden verlassen haben |
| würdest verlassen haben | würdet verlassen haben |
| würde verlassen haben | würden verlassen haben |

## Imperative
| | |
| --- | --- |
| verlaß! | verlassen Sie! |
| verlaßt! | verlassen wir! |

## Participles
| Present | Past |
| --- | --- |
| verlassend | verlassen |

## Related Words
| | | | |
| --- | --- | --- | --- |
| *der Verlaß* | reliance | *die Verlassenheit* | lonliness, isolation |
| *verläßlich* | reliable | *sich verlassen auf* | to rely upon |
| *die Verläßlichkeit* | reliability | *Verlaß dich drauf!* | Take it from me! |

## 162 verlieren  to lose

strong
inseparable
transitive
(reflexive)

| | | | |
|---|---|---|---|
| | | ich | wir |
| | | du | ihr |
| | | er/sie/es | sie/Sie |

## Indicative

### Present Tense
| | |
|---|---|
| verliere | verlieren |
| verlierst | verliert |
| verliert | verlieren |

### Narrative Past
| | |
|---|---|
| verlor | verloren |
| verlorst | verlort |
| verlor | verloren |

### Conversational Past
| | |
|---|---|
| habe verloren | haben verloren |
| hast verloren | habt verloren |
| hat verloren | haben verloren |

### Past Perfect
| | |
|---|---|
| hatte verloren | hatten verloren |
| hattest verloren | hattet verloren |
| hatte verloren | hatten verloren |

### Future
| | |
|---|---|
| werde verlieren | werden verlieren |
| wirst verlieren | werdet verlieren |
| wird verlieren | werden verlieren |

### Future Perfect
| | |
|---|---|
| werde verloren haben | werden verloren haben |
| wirst verloren haben | werdet verloren haben |
| wird verloren haben | werden verloren haben |

## Subjunctive

### Present
| | |
|---|---|
| verliere | verlieren |
| verlierest | verlieret |
| verliere | verlieren |

### Past
| | |
|---|---|
| verlöre | verlören |
| verlörest | verlöret |
| verlöre | verlören |

### Present Perfect
| | |
|---|---|
| habe verloren | haben verloren |
| habest verloren | habet verloren |
| habe verloren | haben verloren |

### Past Perfect
| | |
|---|---|
| hätte verloren | hätten verloren |
| hättest verloren | hättet verloren |
| hätte verloren | hätten verloren |

## Conditional

### Present
| | |
|---|---|
| würde verlieren | würden verlieren |
| würdest verlieren | würdet verlieren |
| würde verlieren | würden verlieren |

### Perfect
| | |
|---|---|
| würde verloren haben | würden verloren haben |
| würdest verloren haben | würdet verloren haben |
| würde verloren haben | würden verloren haben |

## Imperative
| | |
|---|---|
| verlier(e)! | verlieren Sie! |
| verliert! | verlieren wir! |

## Participles

### Present
verlierend

### Past
verloren

## Related Words
| | |
|---|---|
| *der Verlust* | loss |
| *der/die Ver-lierer/in* | loser |
| *sich verlieren* | to lose oneself |
| *verloren gehen* | to be (or get) lost |

## 163 versprechen to promise

strong
inseparable
transitive
(reflexive)

ich    wir
du    ihr
er/sie/es    sie/Sie

## Indicative

### Present Tense

| | | | |
|---|---|---|---|
| verspreche | versprechen | | |
| versprichst | versprecht | | |
| verspricht | versprechen | | |

### Narrative Past

| | | |
|---|---|---|
| versprach | versprachen | |
| versprachst | verspracht | |
| versprach | versprachen | |

### Conversational Past

| | |
|---|---|
| habe versprochen | haben versprochen |
| hast versprochen | habt versprochen |
| hat versprochen | haben versprochen |

### Past Perfect

| | |
|---|---|
| hatte versprochen | hatten versprochen |
| hattest versprochen | hattet versprochen |
| hatte versprochen | hatten versprochen |

### Future

| | |
|---|---|
| werde ver-<br>sprechen | werden ver-<br>sprechen |
| wirst ver-<br>sprechen | werdet ver-<br>sprechen |
| wird versprechen | werden ver-<br>sprechen |

### Future Perfect

| | |
|---|---|
| werde versprochen<br>  haben | werden versprochen<br>  haben |
| wirst versprochen<br>  haben | werdet versprochen<br>  haben |
| wird versprochen<br>  haben | werden versprochen<br>  haben |

## Subjunctive

### Present

| | |
|---|---|
| verspreche | versprechen |
| versprechest | versprechet |
| verspreche | versprechen |

### Past

| | |
|---|---|
| verspräche | versprächen |
| versprächest | versprächet |
| verspräche | versprächen |

### Present Perfect

| | |
|---|---|
| habe versprochen | haben versprochen |
| habest ver-<br>sprochen | habet ver-<br>sprochen |
| habe versprochen | haben versprochen |

### Past Perfect

| | |
|---|---|
| hätte versprochen | hätten versprochen |
| hättest versprochen | hättet versprochen |
| hätte versprochen | hätten versprochen |

## Conditional

### Present

| | |
|---|---|
| würde ver-<br>sprechen | würden ver-<br>sprechen |
| würdest ver-<br>sprechen | würdet ver-<br>sprechen |
| würde ver-<br>sprechen | würden ver-<br>sprechen |

### Perfect

| | |
|---|---|
| würde versprochen<br>  haben | würden versprochen<br>  haben |
| würdest versprochen<br>  haben | würdet versprochen<br>  haben |
| würde versprochen<br>  haben | würden versprochen<br>  haben |

## Imperative

| | |
|---|---|
| versprich! | versprechen Sie! |
| versprecht! | versprechen wir! |

## Participles

**Present**
versprechend

**Past**
versprochen

## Related Words

| | | | |
|---|---|---|---|
| *sprechen* | to speak | *der Versprecher* | slip of the tongue |
| *das Versprechen* | promise | *sich versprechen* | to make a slip of the<br>  tongue |
| *versprochen-<br>  ermaßen* | as promised | | |

## 164 **verstehen** to understand

strong
inseparable
transitive/intransitive

| | | ich | wir |
|---|---|---|---|
| | | du | ihr |
| | | er/sie/es | sie/Sie |

## Indicative

### Present Tense
| | |
|---|---|
| verstehe | verstehen |
| verstehst | versteht |
| versteht | verstehen |

### Narrative Past
| | |
|---|---|
| verstand | verstanden |
| verstandest | verstandet |
| verstand | verstanden |

### Conversational Past
| | |
|---|---|
| habe verstanden | haben verstanden |
| hast verstanden | habt verstanden |
| hat verstanden | haben verstanden |

### Past Perfect
| | |
|---|---|
| hatte verstanden | hatten verstanden |
| hattest verstanden | hattet verstanden |
| hatte verstanden | hatten verstanden |

### Future
| | |
|---|---|
| werde verstehen | werden verstehen |
| wirst verstehen | werdet verstehen |
| wird verstehen | werden verstehen |

### Future Perfect
| | |
|---|---|
| werde verstanden haben | werden verstanden haben |
| wirst verstanden haben | werdet verstanden haben |
| wird verstanden haben | werden verstanden haben |

## Subjunctive

### Present
| | |
|---|---|
| verstehe | verstehen |
| verstehest | verstehet |
| verstehe | verstehen |

### Past
| | |
|---|---|
| verstände* | verständen* |
| verständest* | verständet* |
| verstände* | verständen* |

### Present Perfect
| | |
|---|---|
| habe verstanden | haben verstanden |
| habest verstanden | habet verstanden |
| habe verstanden | haben verstanden |

### Past Perfect
| | |
|---|---|
| hätte verstanden | hätten verstanden |
| hättest verstanden | hättet verstanden |
| hätte verstanden | hätten verstanden |

## Conditional

### Present
| | |
|---|---|
| würde verstehen | würden verstehen |
| würdest verstehen | würdet verstehen |
| würde verstehen | würden verstehen |

### Perfect
| | |
|---|---|
| würde verstanden haben | würden verstanden haben |
| würdest verstanden haben | würdet verstanden haben |
| würde verstanden haben | würden verstanden haben |

## Imperative
| | |
|---|---|
| versteh(e)! | verstehen Sie! |
| versteht! | verstehen wir! |

## Participles

### Present
verstehend

### Past
verstanden

## Related Words

| | | | |
|---|---|---|---|
| *der Verstand* | intelligence, sense | *die Verständigung* | understanding; agreement |
| *das Verständnis* | comprehension | *verständig* | sensible, reasonable |
| *das Einverständnis* | agreement; consent | *verständigen* | to inform |
| | | *Einverstanden!* | Agreed! |

\* Or: *verstünde, verstündest, verstünde, verstünden, verstündet, verstünden.*

## 165 **versuchen** to try, attempt

| | | ich | wir |
|---|---|---|---|
| weak | | du | ihr |
| inseparable | | er/sie/es | sie/Sie |
| transitive | | | |
| (reflexive) | | | |

## Indicative

### Present Tense
| | |
|---|---|
| versuche | versuchen |
| versuchst | versucht |
| versucht | versuchen |

### Narrative Past
| | |
|---|---|
| versuchte | versuchten |
| versuchtest | versuchtet |
| versuchte | versuchten |

### Conversational Past
| | |
|---|---|
| habe versucht | haben versucht |
| hast versucht | habt versucht |
| hat versucht | haben versucht |

### Past Perfect
| | |
|---|---|
| hatte versucht | hatten versucht |
| hattest versucht | hattet versucht |
| hatte versucht | hatten versucht |

### Future
| | |
|---|---|
| werde versuchen | werden versuchen |
| wirst versuchen | werdet versuchen |
| wird versuchen | werden versuchen |

### Future Perfect
| | |
|---|---|
| werde versucht haben | werden versucht haben |
| wirst versucht haben | werdet versucht haben |
| wird versucht haben | werden versucht haben |

## Subjunctive

### Present
| | |
|---|---|
| versuche | versuchen |
| versuchest | versuchet |
| versuche | versuchen |

### Past
| | |
|---|---|
| versuchte | versuchten |
| versuchtest | versuchtet |
| versuchte | versuchten |

### Present Perfect
| | |
|---|---|
| habe versucht | haben versucht |
| habest versucht | habet versucht |
| habe versucht | haben versucht |

### Past Perfect
| | |
|---|---|
| hätte versucht | hätten versucht |
| hättest versucht | hättet versucht |
| hätte versucht | hätten versucht |

## Conditional

### Present
| | |
|---|---|
| würde versuchen | würden versuchen |
| würdest versuchen | würdet versuchen |
| würde versuchen | würden versuchen |

### Perfect
| | |
|---|---|
| würde versucht haben | würden versucht haben |
| würdest versucht haben | würdet versucht haben |
| würde versucht haben | würden versucht haben |

## Imperative
| | |
|---|---|
| versuch(e)! | versuchen Sie! |
| versucht! | versuchen wir! |

## Participles

| Present | Past |
|---|---|
| versuchend | versucht |

## Related Words

| | | | |
|---|---|---|---|
| *der Versuch* | attempt, trial, test | *der Testversuch* | test run |
| *die Versuchs-anstalt* | research institute | *die Versuchung* | temptation |
| | | *der/die Versucher/in* | seducer |
| *das Versuchs-modell* | test model | *in Versuchung führen* | to tempt |

# 166 **vertrauen** to trust, have confidence in

| | | | |
|---|---|---|---|
| weak | | ich | wir |
| inseparable | | du | ihr |
| transitive/intransitive | | er/sie/es | sie/Sie |

## Indicative

### Present Tense
| | | **Narrative Past** | |
|---|---|---|---|
| vertraue | vertrauen | vertraute | vertrauten |
| vertraust | vertraut | vertrautest | vertrautet |
| vertraut | vertrauen | vertraute | vertrauten |

### Conversational Past
| | | **Past Perfect** | |
|---|---|---|---|
| habe vertraut | haben vertraut | hatte vertraut | hatten vertraut |
| hast vertraut | habt vertraut | hattest vertraut | hattet vertraut |
| hat vertraut | haben vertraut | hatte vertraut | hatten vertraut |

### Future
| | | **Future Perfect** | |
|---|---|---|---|
| werde vertrauen | werden vertrauen | werde vertraut haben | werden vertraut haben |
| wirst vertrauen | werdet vertrauen | wirst vertraut haben | werdet vertraut haben |
| wird vertrauen | werden vertrauen | wird vertraut haben | werden vertraut haben |

## Subjunctive

### Present
| | | **Past** | |
|---|---|---|---|
| vertraue | vertrauen | vertraute | vertrauten |
| vertrauest | vertrauet | vertrautest | vertrautet |
| vertraue | vertrauen | vertraute | vertrauten |

### Present Perfect
| | | **Past Perfect** | |
|---|---|---|---|
| habe vertraut | haben vertraut | hätte vertraut | hätten vertraut |
| habest vertraut | habet vertraut | hättest vertraut | hättet vertraut |
| habe vertraut | haben vertraut | hätte vertraut | hätten vertraut |

## Conditional

### Present
| | | **Perfect** | |
|---|---|---|---|
| würde vertrauen | würden vertrauen | würde vertraut haben | würden vertraut haben |
| würdest vertrauen | würdet vertrauen | würdest vertraut haben | würdet vertraut haben |
| würde vertrauen | würden vertrauen | würde vertraut haben | würden vertraut haben |

## Imperative
| | |
|---|---|
| vertrau(e)! | vertrauen Sie! |
| vertraut! | vertrauen wir! |

## Participles
| **Present** | **Past** |
|---|---|
| vertrauend | vertraut |

## Related Words
| | | | |
|---|---|---|---|
| *das Vertrauen* | confidence | *die Vertraulichkeit* | intimacy |
| *vertrauenswürdig* | trustworthy | *die Vertrauenssache* | confidential matter |
| *vertrauensvoll* | full of confidence | *vertraulich* | familiar, intimate |

# 167 **vorstellen** to introduce, set in front of

weak
separable
transitive
(reflexive)

| | | ich | wir |
|---|---|---|---|
| | | du | ihr |
| | | er/sie/es | sie/Sie |

## Indicative

### Present Tense
| | |
|---|---|
| stelle vor | stellen vor |
| stellst vor | stellt vor |
| stellt vor | stellen vor |

### Narrative Past
| | |
|---|---|
| stellte vor | stellten vor |
| stelltest vor | stelltet vor |
| stellte vor | stellten vor |

### Conversational Past
| | |
|---|---|
| habe vorgestellt | haben vorgestellt |
| hast vorgestellt | habt vorgestellt |
| hat vorgestellt | haben vorgestellt |

### Past Perfect
| | |
|---|---|
| hatte vorgestellt | hatten vorgestellt |
| hattest vorgestellt | hattet vorgestellt |
| hatte vorgestellt | hatten vorgestellt |

### Future
| | |
|---|---|
| werde vorstellen | werden vorstellen |
| wirst vorstellen | werdet vorstellen |
| wird vorstellen | werden vorstellen |

### Future Perfect
| | |
|---|---|
| werde vorgestellt haben | werden vorgestellt haben |
| wirst vorgestellt haben | werdet vorgestellt haben |
| wird vorgestellt haben | werden vorgestellt haben |

## Subjunctive

### Present
| | |
|---|---|
| stelle vor | stellen vor |
| stellest vor | stellet vor |
| stelle vor | stellen vor |

### Past
| | |
|---|---|
| stellte vor | stellten vor |
| stelltest vor | stelltet vor |
| stellte vor | stellten vor |

### Present Perfect
| | |
|---|---|
| habe vorgestellt | haben vorgestellt |
| habest vorgestellt | habet vorgestellt |
| habe vorgestellt | haben vorgestellt |

### Past Perfect
| | |
|---|---|
| hätte vorgestellt | hätten vorgestellt |
| hättest vorgestellt | hättet vorgestellt |
| hätte vorgestellt | hätten vorgestellt |

## Conditional

### Present
| | |
|---|---|
| würde vorstellen | würden vorstellen |
| würdest vorstellen | würdet vorstellen |
| würde vorstellen | würden vorstellen |

### Perfect
| | |
|---|---|
| würde vorgestellt haben | würden vorgestellt haben |
| würdest vorgestellt haben | würdet vorgestellt haben |
| würde vorgestellt haben | würden vorgestellt haben |

## Imperative
| | |
|---|---|
| stell(e) vor! | stellen Sie vor! |
| stellt vor! | stellen wir vor! |

## Participles

| Present | Past |
|---|---|
| vorstellend | vorgestellt |

## Related Words

| | |
|---|---|
| *stellen* | to put |
| *die Vorstellung* | introduction; presentation |
| *vorstellbar* | conceivable |
| *das Vorstellungs-vermögen* | imagination |
| *Stell(e) dir vor!* | Imagine! |

# 168 wählen to select, choose, vote

weak
inseparable
transitive/intransitive

ich wir
du ihr
er/sie/es sie/Sie

## Indicative

### Present Tense

| | |
|---|---|
| wähle | wählen |
| wählst | wählt |
| wählt | wählen |

### Narrative Past

| | |
|---|---|
| wählte | wählten |
| wähltest | wähltet |
| wählte | wählten |

### Conversational Past

| | |
|---|---|
| habe gewählt | haben gewählt |
| hast gewählt | habt gewählt |
| hat gewählt | haben gewählt |

### Past Perfect

| | |
|---|---|
| hatte gewählt | hatten gewählt |
| hattest gewählt | hattet gewählt |
| hatte gewählt | hatten gewählt |

### Future

| | |
|---|---|
| werde wählen | werden wählen |
| wirst wählen | werdet wählen |
| wird wählen | werden wählen |

### Future Perfect

| | |
|---|---|
| werde gewählt haben | werden gewählt haben |
| wirst gewählt haben | werdet gewählt haben |
| wird gewählt haben | werden gewählt haben |

## Subjunctive

### Present

| | |
|---|---|
| wähle | wählen |
| wählest | wählet |
| wähle | wählen |

### Past

| | |
|---|---|
| wählte | wählten |
| wähltest | wähltet |
| wählte | wählten |

### Present Perfect

| | |
|---|---|
| habe gewählt | haben gewählt |
| habest gewählt | habet gewählt |
| habe gewählt | haben gewählt |

### Past Perfect

| | |
|---|---|
| hätte gewählt | hätten gewählt |
| hättest gewählt | hättet gewählt |
| hätte gewählt | hätten gewählt |

## Conditional

### Present

| | |
|---|---|
| würde wählen | würden wählen |
| würdest wählen | würdet wählen |
| würde wählen | würden wählen |

### Perfect

| | |
|---|---|
| würde gewählt haben | würden gewählt haben |
| würdest gewählt haben | würdet gewählt haben |
| würde gewählt haben | würden gewählt haben |

## Imperative

| | |
|---|---|
| wähl(e)! | wählen Sie! |
| wählt! | wählen wir! |

## Participles

| Present | Past |
|---|---|
| wählend | gewählt |

## Related Words

| | | | |
|---|---|---|---|
| *die Wahl* | choice; election | *gewählt* | refined, choice |
| *wählbar* | eligible | *wahllos* | indiscriminate |
| *der/die Wähler/in* | voter | *wahlweise* | alternatively |
| *wählerisch* | particular, choosy | | |

## 169 warten to wait; look after

weak
inseparable
transitive/intransitive

ich   wir
du   ihr
er/sie/es   sie/Sie

## Indicative

### Present Tense

| | | | |
|---|---|---|---|
| warte | warten | | |
| wartest | wartet | | |
| wartet | warten | | |

### Narrative Past

| | |
|---|---|
| wartete | warteten |
| wartetest | wartetet |
| wartete | warteten |

### Conversational Past

| | |
|---|---|
| habe gewartet | haben gewartet |
| hast gewartet | habt gewartet |
| hat gewartet | haben gewartet |

### Past Perfect

| | |
|---|---|
| hatte gewartet | hatten gewartet |
| hattest gewartet | hattet gewartet |
| hatte gewartet | hatten gewartet |

### Future

| | |
|---|---|
| werde warten | werden warten |
| wirst warten | werdet warten |
| wird warten | werden warten |

### Future Perfect

| | |
|---|---|
| werde gewartet haben | werden gewartet haben |
| wirst gewartet haben | werdet gewartet haben |
| wird gewartet haben | werden gewartet haben |

## Subjunctive

### Present

| | |
|---|---|
| warte | warten |
| wartest | wartet |
| warte | warten |

### Past

| | |
|---|---|
| wartete | warteten |
| wartetest | wartetet |
| wartete | warteten |

### Present Perfect

| | |
|---|---|
| habe gewartet | haben gewartet |
| habest gewartet | habet gewartet |
| habe gewartet | haben gewartet |

### Past Perfect

| | |
|---|---|
| hätte gewartet | hätten gewartet |
| hättest gewartet | hättet gewartet |
| hätte gewartet | hätten gewartet |

## Conditional

### Present

| | |
|---|---|
| würde warten | würden warten |
| würdest warten | würdet warten |
| würde warten | würden warten |

### Perfect

| | |
|---|---|
| würde gewartet haben | würden gewartet haben |
| würdest gewartet haben | würdet gewartet haben |
| würde gewartet haben | würden gewartet haben |

## Imperative

| | |
|---|---|
| warte! | warten Sie! |
| wartet! | warten wir! |

## Participles

| Present | Past |
|---|---|
| wartend | gewartet |

## Related Words

| | |
|---|---|
| *das Warten* | wait, waiting |
| *der Warteraum* | waiting room |
| *die Wartezeit* | waiting period |
| *warten auf* | wait for, await |
| *Warte mal!* | Wait a minute! |
| *Na, warte!* | You just wait! |
| *die Wartung* | service, maintenence |

# 170 waschen to wash

strong
inseparable
transitive/intransitive
(reflexive)

| | ich | wir |
|---|---|---|
| | du | ihr |
| | er/sie/es | sie/Sie |

## Indicative

### Present Tense
| | |
|---|---|
| wasche | waschen |
| wäschst | wascht |
| wäscht | waschen |

### Narrative Past
| | |
|---|---|
| wusch | wuschen |
| wuschest | wuscht |
| wusch | wuschen |

### Conversational Past
| | |
|---|---|
| habe gewaschen | haben gewaschen |
| hast gewaschen | habt gewaschen |
| hat gewaschen | haben gewaschen |

### Past Perfect
| | |
|---|---|
| hatte gewaschen | hatten gewaschen |
| hattest gewaschen | hattet gewaschen |
| hatte gewaschen | hatten gewaschen |

### Future
| | |
|---|---|
| werde waschen | werden waschen |
| wirst waschen | werdet waschen |
| wird waschen | werden waschen |

### Future Perfect
| | |
|---|---|
| werde gewaschen haben | werden gewaschen haben |
| wirst gewaschen haben | werdet gewaschen haben |
| wird gewaschen haben | werden gewaschen haben |

## Subjunctive

### Present
| | |
|---|---|
| wasche | waschen |
| waschest | waschet |
| wasche | waschen |

### Past
| | |
|---|---|
| wüsche | wüschen |
| wüschest | wüschet |
| wüsche | wüschen |

### Present Perfect
| | |
|---|---|
| habe gewaschen | haben gewaschen |
| habest gewaschen | habet gewaschen |
| habe gewaschen | haben gewaschen |

### Past Perfect
| | |
|---|---|
| hätte gewaschen | hätten gewaschen |
| hättest gewaschen | hättet gewaschen |
| hätte gewaschen | hätten gewaschen |

## Conditional

### Present
| | |
|---|---|
| würde waschen | würden waschen |
| würdest waschen | würdet waschen |
| würde waschen | würden waschen |

### Perfect
| | |
|---|---|
| würde gewaschen haben | würden gewaschen haben |
| würdest gewaschen haben | würdet gewaschen haben |
| würde gewaschen haben | würden gewaschen haben |

## Imperative
| | |
|---|---|
| wasch(e)! | waschen Sie! |
| wascht! | waschen wir! |

## Participles
| Present | Past |
|---|---|
| waschend | gewaschen |

## Related Words
| | |
|---|---|
| die Wäsche | laundry, washing |
| waschbar | washable |
| die Waschmaschine | washing machine |
| das Waschmittel | detergent |
| der Waschlappen | washrag, dishcloth |
| der Abwasch | dirty dishes |
| abwaschen | to wash the dishes |

# 171 wechseln to change, exchange

| | | ich | wir |
|---|---|---|---|
| weak | | du | ihr |
| inseparable | | er/sie/es | sie/Sie |
| transitive/intransitive | | | |

## Indicative

### Present Tense
| | | | |
|---|---|---|---|
| wechsele | wechseln | | |
| wechselst | wechselt | | |
| wechselt | wechseln | | |

### Narrative Past
| | |
|---|---|
| wechselte | wechselten |
| wechseltest | wechseltet |
| wechselte | wechselten |

### Conversational Past
| | |
|---|---|
| habe gewechselt | haben gewechselt |
| hast gewechselt | habt gewechselt |
| hat gewechselt | haben gewechselt |

### Past Perfect
| | |
|---|---|
| hatte gewechselt | hatten gewechselt |
| hattest gewechselt | hattet gewechselt |
| hatte gewechselt | hatten gewechselt |

### Future
| | |
|---|---|
| werde wechseln | werden wechseln |
| wirst wechseln | werdet wechseln |
| wird wechseln | werden wechseln |

### Future Perfect
| | |
|---|---|
| werde gewechselt haben | werden gewechselt haben |
| wirst gewechselt haben | werdet gewechselt haben |
| wird gewechselt haben | werden gewechselt haben |

## Subjunctive

### Present
| | |
|---|---|
| wechsele | wechseln |
| wechselest | wechselet |
| wechsele | wechseln |

### Past
| | |
|---|---|
| wechselte | wechselten |
| wechseltest | wechseltet |
| wechselte | wechselten |

### Present Perfect
| | |
|---|---|
| habe gewechselt | haben gewechselt |
| habest gewechselt | habet gewechselt |
| habe gewechselt | haben gewechselt |

### Past Perfect
| | |
|---|---|
| hätte gewechselt | hätten gewechselt |
| hättest gewechselt | hättet gewechselt |
| hätte gewechselt | hätten gewechselt |

## Conditional

### Present
| | |
|---|---|
| würde wechseln | würden wechseln |
| würdest wechseln | würdet wechseln |
| würde wechseln | würden wechseln |

### Perfect
| | |
|---|---|
| würde gewechselt haben | würden gewechselt haben |
| würdest gewechselt haben | würdet gewechselt haben |
| würde gewechselt haben | würden gewechselt haben |

## Imperative
| | |
|---|---|
| wechs(e)l(e)! | wechseln Sie! |
| wechselt! | wechseln wir! |

## Participles

### Present
wechselnd

### Past
gewechselt

## Related Words

| | |
|---|---|
| der Wechsel | (ex)change |
| der Wechselkurs | exchange rate |
| die Wechselstube | exchange office |
| der/die Wechsler/in | exchange banker |
| wechselnd | changing, varying |
| die Kleider wechseln | to change clothes |
| der Wechselstrom | alternating current |
| das Wechselgespräch | dialogue |

## 172 **werden**  to become, grow, get

strong
inseparable
intransitive
(auxiliary)

|  |  |
|---|---|
| ich | wir |
| du | ihr |
| er/sie/es | sie/Sie |

# Indicative

### Present Tense

| werde | werden |
|---|---|
| wirst | werdet |
| wird | werden |

### Narrative Past

| wurde | wurden |
|---|---|
| wurdest | wurdet |
| wurde | wurden |

### Conversational Past

| bin geworden | sind geworden |
|---|---|
| bist geworden | seid geworden |
| ist geworden | sind geworden |

### Past Perfect

| war geworden | waren geworden |
|---|---|
| warst geworden | wart geworden |
| war geworden | waren geworden |

### Future

| werde werden | werden werden |
|---|---|
| wirst werden | werdet werden |
| wird werden | werden werden |

### Future Perfect

| werde geworden sein | werden geworden sein |
|---|---|
| wirst geworden sein | werdet geworden sein |
| wird geworden sein | werden geworden sein |

# Subjunctive

### Present

| werde | werden |
|---|---|
| werdest | werdet |
| werde | werden |

### Past

| würde | würden |
|---|---|
| würdest | würdet |
| würde | würden |

### Present Perfect

| sei geworden | seien geworden |
|---|---|
| seiest geworden | seiet geworden |
| sei geworden | seien geworden |

### Past Perfect

| wäre geworden | wären geworden |
|---|---|
| wärest geworden | wäret geworden |
| wäre geworden | wären geworden |

# Conditional

### Present

| würde werden | würden werden |
|---|---|
| würdest werden | würdet werden |
| würde werden | würden werden |

### Perfect

| würde geworden sein | würden geworden sein |
|---|---|
| würdest geworden sein | würdet geworden sein |
| würde geworden sein | würden geworden sein |

# Imperative

| werde! | werden Sie! |
|---|---|
| werdet! | werden wir! |

# Participles

### Present

werdend

### Past

geworden

# Related Words

| *die werdende Mutter* | expectant mother | *der Werdegang* | development; career |
|---|---|---|---|
| *Was willst du werden?* | What do you want to be? | *Es wird schon werden.* | It'll be fine. |

## 173 werfen to throw, fling

strong
inseparable
transitive

## Indicative

### Present Tense

| | | | |
|---|---|---|---|
| werfe | werfen | | |
| wirfst | werft | | |
| wirft | werfen | | |

### Narrative Past

| | |
|---|---|
| warf | warfen |
| warfst | warft |
| warf | warfen |

### Conversational Past

| | |
|---|---|
| habe geworfen | haben geworfen |
| hast geworfen | habt geworfen |
| hat geworfen | haben geworfen |

### Past Perfect

| | |
|---|---|
| hatte geworfen | hatten geworfen |
| hattest geworfen | hattet geworfen |
| hatte geworfen | hatten geworfen |

### Future

| | |
|---|---|
| werde werfen | werden werfen |
| wirst werfen | werdet werfen |
| wird werfen | werden werfen |

### Future Perfect

| | |
|---|---|
| werde geworfen haben | werden geworfen haben |
| wirst geworfen haben | werdet geworfen haben |
| wird geworfen haben | werden geworfen haben |

## Subjunctive

### Present

| | |
|---|---|
| werfe | werfen |
| werfest | werfet |
| werfe | werfen |

### Past

| | |
|---|---|
| würfe | würfen |
| würfest | würfet |
| würfe | würfen |

### Present Perfect

| | |
|---|---|
| habe geworfen | haben geworfen |
| habest geworfen | habet geworfen |
| habe geworfen | haben geworfen |

### Past Perfect

| | |
|---|---|
| hätte geworfen | hätten geworfen |
| hättest geworfen | hättet geworfen |
| hätte geworfen | hätten geworfen |

## Conditional

### Present

| | |
|---|---|
| würde werfen | würden werfen |
| würdest werfen | würdet werfen |
| würde werfen | würden werfen |

### Perfect

| | |
|---|---|
| würde geworfen haben | würden geworfen haben |
| würdest geworfen haben | würdet geworfen haben |
| würde geworfen haben | würden geworfen haben |

## Imperative

| | |
|---|---|
| wirf! | werfen Sie! |
| werft! | werfen wir! |

## Participles

| Present | Past |
|---|---|
| werfend | geworfen |

## Related Words

| | | | |
|---|---|---|---|
| *der Wurf* | throw | *auswerfen* | to throw out; eject |
| *vorwerfen* | to reproach | *zuwerfen* | to throw to |
| *entwerfen* | to design | *einwerfen* | to throw in; smash |
| *der Entwurf* | design | | |

# 174 wissen to know (a fact), understand

strong
inseparable
transitive/intransitive

|  | ich | wir |
| --- | --- | --- |
|  | du | ihr |
|  | er/sie/es | sie/Sie |

## Indicative

### Present Tense
| weiß | wissen |
| --- | --- |
| weißt | wißt |
| weiß | wissen |

### Narrative Past
| wußte | wußten |
| --- | --- |
| wußtest | wußtet |
| wußte | wußten |

### Conversational Past
| habe gewußt | haben gewußt |
| --- | --- |
| hast gewußt | habt gewußt |
| hat gewußt | haben gewußt |

### Past Perfect
| hatte gewußt | hatten gewußt |
| --- | --- |
| hattest gewußt | hattet gewußt |
| hatte gewußt | hatten gewußt |

### Future
| werde wissen | werden wissen |
| --- | --- |
| wirst wissen | werdet wissen |
| wird wissen | werden wissen |

### Future Perfect
| werde gewußt haben | werden gewußt haben |
| --- | --- |
| wirst gewußt haben | werdet gewußt haben |
| wird gewußt haben | werden gewußt haben |

## Subjunctive

### Present
| wisse | wissen |
| --- | --- |
| wissest | wisset |
| wisse | wissen |

### Past
| wüßte | wüßten |
| --- | --- |
| wüßtest | wüßtet |
| wüßte | wüßten |

### Present Perfect
| habe gewußt | haben gewußt |
| --- | --- |
| habest gewußt | habet gewußt |
| habe gewußt | haben gewußt |

### Past Perfect
| hätte gewußt | hätten gewußt |
| --- | --- |
| hättest gewußt | hättet gewußt |
| hätte gewußt | hätten gewußt |

## Conditional

### Present
| würde wissen | würden wissen |
| --- | --- |
| würdest wissen | würdet wissen |
| würde wissen | würden wissen |

### Perfect
| würde gewußt haben | würden gewußt haben |
| --- | --- |
| würdest gewußt haben | würdet gewußt haben |
| würde gewußt haben | würden gewußt haben |

## Imperative
| — | — |
| --- | --- |
| — | — |

## Participles

### Present
wissend

### Past
gewußt

## Related Words
| *das Wissen* | knowledge | *das Gewissen* | conscience |
| --- | --- | --- | --- |
| *die Wissenschaft* | science | *wissentlich* | deliberate |
| *der/die Wissen-schaftler/in* | scientist | *der Wissensdurst* | thirst for knowledge |
|  |  | *wissenswert* | worth knowing |

## 175 wohnen to reside, dwell, live

| | | ich | wir |
|---|---|---|---|
| weak | | du | ihr |
| inseparable | | er/sie/es | sie/Sie |
| intransitive | | | |

## Indicative

### Present Tense
| | |
|---|---|
| wohne | wohnen |
| wohnst | wohnt |
| wohnt | wohnen |

### Narrative Past
| | |
|---|---|
| wohnte | wohnten |
| wohntest | wohntet |
| wohnte | wohnten |

### Conversational Past
| | |
|---|---|
| habe gewohnt | haben gewohnt |
| hast gewohnt | habt gewohnt |
| hat gewohnt | haben gewohnt |

### Past Perfect
| | |
|---|---|
| hatte gewohnt | hatten gewohnt |
| hattest gewohnt | hattet gewohnt |
| hatte gewohnt | hatten gewohnt |

### Future
| | |
|---|---|
| werde wohnen | werden wohnen |
| wirst wohnen | werdet wohnen |
| wird wohnen | werden wohnen |

### Future Perfect
| | |
|---|---|
| werde gewohnt haben | werden gewohnt haben |
| wirst gewohnt haben | werdet gewohnt haben |
| wird gewohnt haben | werden gewohnt haben |

## Subjunctive

### Present
| | |
|---|---|
| wohne | wohnen |
| wohnest | wohnet |
| wohne | wohnen |

### Past
| | |
|---|---|
| wohnte | wohnten |
| wohntest | wohntet |
| wohnte | wohnten |

### Present Perfect
| | |
|---|---|
| habe gewohnt | haben gewohnt |
| habest gewohnt | habet gewohnt |
| habe gewohnt | haben gewohnt |

### Past Perfect
| | |
|---|---|
| hätte gewohnt | hätten gewohnt |
| hättest gewohnt | hättet gewohnt |
| hätte gewohnt | hätten gewohnt |

## Conditional

### Present
| | |
|---|---|
| würde wohnen | würden wohnen |
| würdest wohnen | würdet wohnen |
| würde wohnen | würden wohnen |

### Perfect
| | |
|---|---|
| würde gewohnt haben | würden gewohnt haben |
| würdest gewohnt haben | würdet gewohnt haben |
| würde gewohnt haben | würden gewohnt haben |

## Imperative
| | |
|---|---|
| — | — |
| — | — |

## Participles
| Present | Past |
|---|---|
| wohnend | gewohnt |

## Related Words

| | | | |
|---|---|---|---|
| *die Wohnung* | apartment | *der Wohnort* | (legal) domicile |
| *das Wohnzimmer* | living room | *der Wohnsitz* | residence |
| *wohnlich* | comfortable, cozy | *der/die Einwohner/in* | resident |
| *wohnungslos* | homeless | *das Einwohner-meldeamt* | resident registration office |

# 176 wollen to want to, wish, intend

strong
inseparable
transitive/intransitive
modal

|  | ich | wir |
| --- | --- | --- |
|  | du | ihr |
|  | er/sie/es | sie/Sie |

## Indicative

### Present Tense

| will | wollen |
| --- | --- |
| willst | wollt |
| will | wollen |

### Narrative Past

| wollte | wollten |
| --- | --- |
| wolltest | wolltet |
| wollte | wollten |

### Conversational Past

| habe gewollt | haben gewollt |
| --- | --- |
| hast gewollt | habt gewollt |
| hat gewollt | haben gewollt |

### Past Perfect

| hatte gewollt | hatten gewollt |
| --- | --- |
| hattest gewollt | hattet gewollt |
| hatte gewollt | hatten gewollt |

### Future

| werde wollen | werden wollen |
| --- | --- |
| wirst wollen | werdet wollen |
| wird wollen | werden wollen |

### Future Perfect

| werde gewollt haben | werden gewollt haben |
| --- | --- |
| wirst gewollt haben | werdet gewollt haben |
| wird gewollt haben | werden gewollt haben |

## Subjunctive

### Present

| wolle | wollen |
| --- | --- |
| wollest | wollet |
| wolle | wollen |

### Past

| wollte | wollten |
| --- | --- |
| wolltest | wolltet |
| wollte | wollten |

### Present Perfect

| habe gewollt | haben gewollt |
| --- | --- |
| habest gewollt | habet gewollt |
| habe gewollt | haben gewollt |

### Past Perfect

| hätte gewollt | hätten gewollt |
| --- | --- |
| hättest gewollt | hättet gewollt |
| hätte gewollt | hätten gewollt |

## Conditional

### Present

| würde wollen | würden wollen |
| --- | --- |
| würdest wollen | würdet wollen |
| würde wollen | würden wollen |

### Perfect

| würde gewollt haben | würden gewollt haben |
| --- | --- |
| würdest gewollt haben | würdet gewollt haben |
| würde gewollt haben | würden gewollt haben |

## Imperative

| — | — |
| --- | --- |
| — | — |

## Participles

### Present

| wollend |

### Past

| gewollt |

## Related Words

| *das Wollen* | will; ambition | *willig* | willing |
| --- | --- | --- | --- |
| *der Wille* | will; intent | *die Willensfreiheit* | free will |
| *die Willensstärke* | willpower | *die Wollust* | voluptousness, lust |
| *willenlos* | lacking willpower |  |  |

## 177 wünschen to wish, desire

weak
inseparable
transitive
(reflexive)

| | | |
|---|---|---|
| ich | wir | |
| du | ihr | |
| er/sie/es | sie/Sie | |

## Indicative

### Present Tense

| | |
|---|---|
| wünsche | wünschen |
| wünschst | wünscht |
| wünscht | wünschen |

### Narrative Past

| | |
|---|---|
| wünschte | wünschten |
| wünschtest | wünschtet |
| wünschte | wünschten |

### Conversational Past

| | |
|---|---|
| habe gewünscht | haben gewünscht |
| hast gewünscht | habt gewünscht |
| hat gewünscht | haben gewünscht |

### Past Perfect

| | |
|---|---|
| hatte gewünscht | hatten gewünscht |
| hattest gewünscht | hattet gewünscht |
| hatte gewünscht | hatten gewünscht |

### Future

| | |
|---|---|
| werde wünschen | werden wünschen |
| wirst wünschen | werdet wünschen |
| wird wünschen | werden wünschen |

### Future Perfect

| | |
|---|---|
| werde gewünscht haben | werden gewünscht haben |
| wirst gewünscht haben | werdet gewünscht haben |
| wird gewünscht haben | werden gewünscht haben |

## Subjunctive

### Present

| | |
|---|---|
| wünsche | wünschen |
| wünschest | wünschet |
| wünsche | wünschen |

### Past

| | |
|---|---|
| wünschte | wünschten |
| wünschtest | wünschtet |
| wünschte | wünschten |

### Present Perfect

| | |
|---|---|
| habe gewünscht | haben gewünscht |
| habest gewünscht | habet gewünscht |
| habe gewünscht | haben gewünscht |

### Past Perfect

| | |
|---|---|
| hätte gewünscht | hätten gewünscht |
| hättest gewünscht | hättet gewünscht |
| hätte gewünscht | hätten gewünscht |

## Conditional

### Present

| | |
|---|---|
| würde wünschen | würden wünschen |
| würdest wünschen | würdet wünschen |
| würde wünschen | würden wünschen |

### Perfect

| | |
|---|---|
| würde gewünscht haben | würden gewünscht haben |
| würdest gewünscht haben | würdet gewünscht haben |
| würde gewünscht haben | würden gewünscht haben |

## Imperative

| | |
|---|---|
| wünsch(e)! | wünschen Sie! |
| wünsch! | wünschen wir! |

## Participles

### Present

wünschend

### Past

gewünscht

## Related Words

| | | | |
|---|---|---|---|
| der Wunsch | wish | sich wünschen | to wish for, long for |
| das Wunschbild | ideal | der Glückwunsch | congratulations |
| wunschlos | content, satisfied | Herzliche Glück- | Congratulations! |
| wünschenswert | desirable | wünsche! | |

## 178 zeigen to show, indicate, point out

weak
inseparable
transitive

|       | ich | wir |
|-------|-----|-----|
|       | du | ihr |
|       | er/sie/es | sie/Sie |

## Indicative

### Present Tense
| | |
|---|---|
| zeige | zeigen |
| zeigst | zeigt |
| zeigt | zeigen |

### Narrative Past
| | |
|---|---|
| zeigte | zeigten |
| zeigtest | zeigtet |
| zeigte | zeigten |

### Conversational Past
| | |
|---|---|
| habe gezeigt | haben gezeigt |
| hast gezeigt | habt gezeigt |
| hat gezeigt | haben gezeigt |

### Past Perfect
| | |
|---|---|
| hatte gezeigt | hatten gezeigt |
| hattest gezeigt | hattet gezeigt |
| hatte gezeigt | hatten gezeigt |

### Future
| | |
|---|---|
| werde zeigen | werden zeigen |
| wirst zeigen | werdet zeigen |
| wird zeigen | werden zeigen |

### Future Perfect
| | |
|---|---|
| werde gezeigt haben | werden gezeigt haben |
| wirst gezeigt haben | werdet gezeigt haben |
| wird gezeigt haben | werden gezeigt haben |

## Subjunctive

### Present
| | |
|---|---|
| zeige | zeigen |
| zeigest | zeiget |
| zeige | zeigen |

### Past
| | |
|---|---|
| zeigte | zeigten |
| zeigtest | zeigtet |
| zeigte | zeigten |

### Present Perfect
| | |
|---|---|
| habe gezeigt | haben gezeigt |
| habest gezeigt | habet gezeigt |
| habe gezeigt | haben gezeigt |

### Past Perfect
| | |
|---|---|
| hätte gezeigt | hätten gezeigt |
| hättest gezeigt | hättet gezeigt |
| hätte gezeigt | hätten gezeigt |

## Conditional

### Present
| | |
|---|---|
| würde zeigen | würden zeigen |
| würdest zeigen | würdet zeigen |
| würde zeigen | würden zeigen |

### Perfect
| | |
|---|---|
| würde gezeigt haben | würden gezeigt haben |
| würdest gezeigt haben | würdet gezeigt haben |
| würde gezeigt haben | würden gezeigt haben |

## Imperative
| | |
|---|---|
| zeig(e)! | zeigen Sie! |
| zeigt! | zeigen wir! |

## Participles

### Present
zeigend

### Past
gezeigt

## Related Words

| | | | |
|---|---|---|---|
| *sich zeigen* | to make an appearance | *aufzeigen* | to present; demonstrate |
| | | *der Zeigefinger* | index finger |

## 179 ziehen to pull, tow, tug

| | | | ich | wir |
|---|---|---|---|---|
| strong | | | du | ihr |
| inseparable | | | | |
| transitive/intransitive | | | er/sie/es | sie/Sie |

## Indicative

| **Present Tense** | | **Narrative Past** | |
|---|---|---|---|
| ziehe | ziehen | zog | zogen |
| ziehst | zieht | zogst | zogt |
| zieht | ziehen | zog | zogen |

| **Conversational Past** | | **Past Perfect** | |
|---|---|---|---|
| habe gezogen | haben gezogen | hatte gezogen | hatten gezogen |
| hast gezogen | habt gezogen | hattest gezogen | hattet gezogen |
| hat gezogen | haben gezogen | hatte gezogen | hatten gezogen |

| **Future** | | **Future Perfect** | |
|---|---|---|---|
| werde ziehen | werden ziehen | werde gezogen haben | werden gezogen haben |
| wirst ziehen | werdet ziehen | wirst gezogen haben | werdet gezogen haben |
| wird ziehen | werden ziehen | wird gezogen haben | werden gezogen haben |

## Subjunctive

| **Present** | | **Past** | |
|---|---|---|---|
| ziehe | ziehen | zöge | zögen |
| ziehest | ziehet | zögest | zöget |
| ziehe | ziehen | zöge | zögen |

| **Present Perfect** | | **Past Perfect** | |
|---|---|---|---|
| habe gezogen | haben gezogen | hätte gezogen | hätten gezogen |
| habest gezogen | habet gezogen | hättest gezogen | hättet gezogen |
| habe gezogen | haben gezogen | hätte gezogen | hätten gezogen |

## Conditional

| **Present** | | **Perfect** | |
|---|---|---|---|
| würde ziehen | würden ziehen | würde gezogen haben | würden gezogen haben |
| würdest ziehen | würdet ziehen | würdest gezogen haben | würdet gezogen haben |
| würde ziehen | würden ziehen | würde gezogen haben | würden gezogen haben |

## Imperative

| | | **Participles** | |
|---|---|---|---|
| zieh(e)! | ziehen Sie! | **Present** | **Past** |
| zieht! | ziehen wir! | ziehend | gezogen |

## Related Words

| | | | |
|---|---|---|---|
| *umziehen* | to move, change one's residence | *aufziehen* | to pull up |
| *ausziehen* | to pull out | *sich umziehen* | to change one's clothes |
| *zuziehen* | to pull together | *die Anziehung* | attraction |

# 180 zugreifen to help oneself

strong
separable
intransitive

ich    wir
du    ihr
er/sie/es    sie/Sie

## Indicative

### Present Tense

| | |
|---|---|
| greife zu | greifen zu |
| greifst zu | greift zu |
| greift zu | greifen zu |

### Narrative Past

| | |
|---|---|
| griff zu | griffen zu |
| griffst zu | grifft zu |
| griff zu | griffen zu |

### Conversational Past

| | |
|---|---|
| habe zugegriffen | haben zugegriffen |
| hast zugegriffen | habt zugegriffen |
| hat zugegriffen | haben zugegriffen |

### Past Perfect

| | |
|---|---|
| hatte zugegriffen | hatten zugegriffen |
| hattest zugegriffen | hattet zugegriffen |
| hatte zugegriffen | hatten zugegriffen |

### Future

| | |
|---|---|
| werde zugreifen | werden zugreifen |
| wirst zugreifen | werdet zugreifen |
| wird zugreifen | werden zugreifen |

### Future Perfect

| | |
|---|---|
| werde zugegriffen haben | werden zugegriffen haben |
| wirst zugegriffen haben | werdet zugegriffen haben |
| wird zugegriffen haben | werden zugegriffen haben |

## Subjunctive

### Present

| | |
|---|---|
| greife zu | greifen zu |
| greifest zu | greifet zu |
| greife zu | greifen zu |

### Past

| | |
|---|---|
| griffe zu | griffen zu |
| griffest zu | griffet zu |
| griffe zu | griffen zu |

### Present Perfect

| | |
|---|---|
| habe zugegriffen | haben zugegriffen |
| habest zugegriffen | habet zugegriffen |
| habe zugegriffen | haben zugegriffen |

### Past Perfect

| | |
|---|---|
| hätte zugegriffen | hätten zugegriffen |
| hättest zugegriffen | hättet zugegriffen |
| hätte zugegriffen | hätten zugegriffen |

## Conditional

### Present

| | |
|---|---|
| würde zugreifen | würden zugreifen |
| würdest zugreifen | würdet zugreifen |
| würde zugreifen | würden zugreifen |

### Perfect

| | |
|---|---|
| würde zugegriffen haben | würden zugegriffen haben |
| würdest zugegriffen haben | würdet zugegriffen haben |
| würde zugegriffen haben | würden zugegriffen haben |

## Imperative

| | |
|---|---|
| greif(e) zu! | greifen Sie zu! |
| greift zu! | greifen wir zu! |

## Participles

### Present

zugreifend

### Past

zugegriffen

## Related Words

| | | | |
|---|---|---|---|
| *der Zugriff* | grip | *Er braucht nur zuzugreifen.* | He may have it for the mere asking. |
| *greifen* | to seize, grasp, grab | *Kekse? Greifen Sie zu!* | Cookies? Help yourself! |

# 181 zuhören to listen

weak
separable
transitive/intransitive

ich wir
du ihr
er/sie/es sie/Sie

## Indicative

### Present Tense
| | | Narrative Past | |
|---|---|---|---|
| höre zu | hören zu | hörte zu | hörten zu |
| hörst zu | hört zu | hörtest zu | hörtet zu |
| hört zu | hören zu | hörte zu | hörten zu |

### Conversational Past
| | | Past Perfect | |
|---|---|---|---|
| habe zugehört | haben zugehört | hatte zugehört | hatten zugehört |
| hast zugehört | habt zugehört | hattest zugehört | hattet zugehört |
| hat zugehört | haben zugehört | hatte zugehört | hatten zugehört |

### Future
| | | Future Perfect | |
|---|---|---|---|
| werde zuhören | werden zuhören | werde zugehört haben | werden zugehört haben |
| wirst zuhören | werdet zuhören | wirst zugehört haben | werdet zugehört haben |
| wird zuhören | werden zuhören | wird zugehört haben | werden zugehört haben |

## Subjunctive

### Present
| | | Past | |
|---|---|---|---|
| höre zu | hören zu | hörte zu | hörten zu |
| hörest zu | höret zu | hörtest zu | hörtet zu |
| höre zu | hören zu | hörte zu | hörten zu |

### Present Perfect
| | | Past Perfect | |
|---|---|---|---|
| habe zugehört | haben zugehört | hätte zugehört | hätten zugehört |
| habest zugehört | habet zugehört | hättest zugehört | hättet zugehört |
| habe zugehört | haben zugehört | hätte zugehört | hätten zugehört |

## Conditional

### Present
| | | Perfect | |
|---|---|---|---|
| würde zuhören | würden zuhören | würde zugehört haben | würden zugehört haben |
| würdest zuhören | würdet zuhören | würdest zugehört haben | würdet zugehört haben |
| würde zuhören | würden zuhören | würde zugehört haben | würden zugehört haben |

## Imperative
| | |
|---|---|
| hör(e) zu! | hören Sie zu! |
| hört zu! | hören wir zu! |

## Participles
| Present | Past |
|---|---|
| zuhörend | zugehört |

## Related Words
| | | | |
|---|---|---|---|
| *hören* | to hear | *aufhören* | to stop |
| *der/die Zuhörer/in* | listener | | |

# Conversation
# Manual

# INTRODUCTION

Welcome to the conversation manual of *Living Language®
Skill Builder: German Verbs*. The program consists of 40
lessons with three sections each. Section A introduces the
verb forms. After a brief explanation you will conjugate a
model verb. Section B reinforces and expands upon what
you've learned about a particular verb by presenting real-life
conversations between native German speakers. In Section C
you will have the opportunity to check your progress and to
see whether you've mastered the lesson. Study with *Living
Language® Skill Builder: German Verbs* as often as you wish
to review and reinforce your language skills. Now, let's begin.

# PART I: SPEAKING ABOUT PRESENT AND FUTURE ACTIONS

## LESSON 1: THE PRESENT INDICATIVE OF PREDICTABLE VERBS

### 1. A.

The present indicative corresponds to the English forms "I speak," "I am speaking," "I do speak." Before we go on, let's review a few necessary terms. Indicative refers to making a statement of some kind. Present refers to statements about the present, rather than the past or future. An infinitive is the form of the verb as it is found in the dictionary: *sprechen*—"to speak," *essen*—"to eat," or *arbeiten*—"to work." The stem of the verb is the part that comes before the infinitive's final *-en*. The endings that are added to the stem of a verb reflect which and how many persons are involved in a given activity.

Let's start by conjugating the weak, or predictable, verb *wohnen*—"to live" with the singular subject pronouns: *ich*—"I," *Sie*—"you" (polite), *du*—"you" (familiar), *er*—"he," and *sie*—"she." Since the same sound, *sie/Sie*, can denote either "she" or "you," the verb endings and the context are critical in conveying and understanding meaning. Listen first and then repeat each form and sentence after the speaker in the pauses provided. *Hören Sie zu und wiederholen Sie!*

| | |
|---|---|
| I live | **ich wohne** |
| I live in Chicago. | **Ich wohne in Chicago.** |
| you live | **Sie wohnen** |
| you live in Berlin. | **Sie wohnen in Berlin.** |
| you live | **du wohnst** |
| you live in Munich. | **Du wohnst in München.** |
| he lives | **er wohnt** |
| He lives in Hamburg. | **Er wohnt in Hamburg.** |

The singular verb endings in the present indicative are: *-e, -en, -st, -t.*

Now, let's practice conjugating with plural subject pronouns: *wir*—"we," *Sie*—"you" (polite), *ihr*—"you" (familiar), and *sie*—"they." Listen first and then repeat each form and sentence after the speaker. *Hören Sie zu und wiederholen Sie!*

| | |
|---|---|
| we live | **wir wohnen** |
| We live in Houston. | **Wir wohnen in Houston.** |
| you live | **Sie wohnen** |
| You live in Stuttgart. | **Sie wohnen in Stuttgart.** |
| you live | **ihr wohnt** |
| You live in Mannheim. | **Ihr wohnt in Mannheim.** |
| they live | **sie wohnen** |
| They live in Leipzig. | **Sie wohnen in Leipzig.** |

The plural verb endings in the present indicative are: *-en, -en, -t, -en.*

Remember our earlier comment about the multiple meanings of *sie/Sie*? The same sound can refer to "she," "you" (formal singular and plural), and "they."

So far the sentences were statements. Questions can be asked in two different ways. One is to simply raise your voice at the end of a question, just as in English. Compare:

| | |
|---|---|
| They live in Stuttgart. | **Sie wohnen in Stuttgart.** |
| They live in Stuttgart? | **Sie wohnen in Stuttgart?** |

Listen and repeat. *Hören Sie zu und wiederholen Sie!*

| | |
|---|---|
| You live in Munich? | **Du wohnst in München?** |
| She doesn't live in Berlin any more? | **Sie wohnt nicht mehr in Berlin?** |

A second way to ask a question is to invert the subject and the verb, which is similar but not identical to English. Compare:

| | |
|---|---|
| They live in Mannheim. | **Sie wohnen in Mannheim.** |
| Do they live in Mannheim? | **Wohnen sie in Mannheim?** |

Listen and repeat. *Hören Sie zu und wiederholen Sie!*

| | |
|---|---|
| Does Herr Meyer live in Bonn? | **Wohnt Herr Meyer in Bonn?** |
| Do you live here? | **Wohnt ihr hier?** |

One way to make a statement negative is to place the word *nicht* before the part of the sentence you wish to negate. Listen and repeat. *Hören Sie zu und wiederholen Sie!*

| | |
|---|---|
| He lives in Bonn. | **Er wohnt in Bonn.** |
| He doesn't live in Bonn. | **Er wohnt nicht in Bonn.** |
| They still live in Ulm. | **Sie wohnen noch in Ulm.** |
| She no longer lives there. | **Sie wohnt nicht mehr dort.** |

From now on, negative and positive statements as well as questions will be mixed when we practice new verbs.

## 1. B.

Let's practice this conjugation using *wohnen*, as well as two verbs which are conjugated similarly. These verbs are *arbeiten*—"to work," and *heißen*—"to be named." Listen to the entire dialogue first. *Hören Sie zu!*

HERR KRAUS: *Guten Tag, Frau Grover! Schön, Sie wiederzusehen!*

FRAU GROVER: *Guten Tag, Herr Kraus! Gleichfalls! Wohnen Sie noch in Bremen?*

HERR KRAUS: *Ja, ja, meine Frau und ich wohnen immer noch in Bremen. Und Sie?*

| | |
|---|---|
| FRAU GROVER: | *Ich wohne immer noch in New York. Wo sind denn Ihre Kinder und was machen sie jetzt?* |
| HERR KRAUS: | *Unsere Tochter arbeitet jetzt als Ingenieurin in München und unser Sohn ist Graphiker bei einer Zeitung.* |
| FRAU GROVER: | *Wie heißen die beiden noch einmal?* |
| HERR KRAUS: | *Unsere Tochter heißt Monika und unser Sohn Uwe.* |
| FRAU GROVER: | *Der Vortrag beginnt gleich. Treffen wir uns nachher auf ein Glas Wein!* |
| HERR KRAUS: | *Gut! Also bis später, Frau Grover!* |
| FRAU GROVER: | *Bis später, Herr Kraus.* |

Now listen and repeat. *Hören Sie zu und wiederholen Sie!*

| | |
|---|---|
| Hello, Ms. Grover! | **Guten Tag, Frau Grover!** |
| Nice to see you again! | **Schön, Sie wiederzusehen!** |
| Hello, Mr. Kraus! | **Guten Tag, Herr Kraus!** |
| The pleasure is mutual. | **Gleichfalls!** |
| Do you still live in Bremen? | **Wohnen Sie noch in Bremen?** |
| Oh, yes, my wife and I still live in Bremen. | **Ja, ja, meine Frau und ich wohnen immer noch in Bremen.** |
| And you? | **Und Sie?** |
| I still live in New York. | **Ich wohne immer noch in New York.** |
| And where are your children and what are they doing now? | **Wo sind denn Ihre Kinder und was machen sie jetzt?** |
| Our daughter is working as an engineer in Munich. | **Unsere Tochter arbeitet jetzt als Ingenieurin in München.** |
| And our son is a graphic artist for a newspaper. | **Und unser Sohn ist Graphiker bei einer Zeitung.** |

| What are their names again? | **Wie heißen die beiden noch einmal?** |
| Our daughter is called Monika and our son Uwe. | **Unsere Tochter heißt Monika und unser Sohn Uwe.** |
| The lecture's about to begin. | **Der Vortrag beginnt gleich.** |
| Let's meet afterward for a glass of wine. | **Treffen wir uns nachher auf ein Glas Wein!** |
| Good! | **Gut!** |
| 'Til later then, Frau Grover! | **Also bis später, Frau Grover!** |
| 'Til later, Herr Kraus! | **Bis später, Herr Kraus!** |

## 1. C.

Let's check your progress. Good luck! *Viel Glück!* Answer the following affirmatively, using a complete statement. For example:

| *Arbeitet er noch in Frankfurt?* | *Ja, er arbeitet noch in Frankfurt.* |

Let's begin.

| *Wohnen Sie in den USA?* | ☞ *Ja, ich wohne in den USA.* |
| *Arbeiten Sie und Ihr Mann noch in New York.* | ☞ *Ja, wir arbeiten noch in New York.* |
| *Wohnt Herr Kraus noch in Bremen?* | ☞ *Ja, er wohnt noch in Bremen?* |

Answer the following negatively.

| *Arbeiten Sie in Chicago.* | ☞ *Nein, ich arbeite nicht in Chicago.* |
| *Heißt Ihr Sohn Martin?* | ☞ *Nein, er heißt nicht Martin.* |
| *Wohnen Herr und Frau Peters in Stuttgart?* | ☞ *Nein, sie wohnen nicht in Stuttgart.* |

Express the following in German. For example:

State that you live in Chicago.　　*Ich wohne in Chicago.*

Now it's your turn. *Jetzt sind Sie dran.*

| | |
|---|---|
| State that you live in Dallas. | ☞ *Ich wohne in Dallas.* |
| Say hello and introduce yourself, using your last name. | ☞ *Guten Tag! Ich heiße* <br> —————————. |
| Ask someone what their name is. | ☞ *Wie heißen Sie, bitte?* |
| State that you work in Washington. | ☞ *Ich arbeite in Washington.* |

227

## LESSON 2: THE PRESENT INDICATIVE OF VERBS WITH STEM-VOWEL CHANGE FROM *a* TO *ä*

### 2. A.

While the majority of verbs are conjugated like *wohnen*, there are a number of common verbs like *fahren*—"to drive/to travel" that require a stem-vowel change. The change occurs in the *du* and *er/sie/es* forms only. Compare: *ich fahre* and *er fährt*. The present indicative endings are the same as with predictable verbs. *Hören Sie zu und wiederholen Sie!*

| | |
|---|---|
| I travel | **ich fahre** |
| I travel by car. | **Ich fahre mit dem Auto.** |
| you travel | **Sie fahren** |
| You don't travel on Mondays. | **Sie fahren montags nicht.** |
| you travel | **du fährst** |
| You travel tomorrow. | **Du fährst morgen.** |
| he travels | **er fährt** |
| He often travels to Canada. | **Er fährt oft nach Kanada.** |
| we travel | **wir fahren** |
| We're travelling with friends. | **Wir fahren mit Freunden.** |
| you travel | **Sie fahren** |
| You're travelling next week, aren't you? | **Sie fahren nächste Woche fort, nicht wahr?** |
| you travel | **ihr fahrt** |
| You're travelling together. | **Ihr fahrt zusammen fort.** |
| they travel | **sie fahren** |
| They always travel in the summer. | **Sie fahren im Sommer immer fort.** |

## 2. B.

For the dialogue we'll add *schlafen*—"to sleep," and *halten*—"to hold/stop." *Hören Sie gut zu!*

THOMAS: *Fährst du denn oft mit dem Zug?*
ACHIM: *O ja! Ich halte den Zug für sehr praktisch.*
THOMAS: *Schläfst du auch manchmal im Zug?*
ACHIM: *Ja, aber diesmal nicht. Dieser Zug hält in München, und ich schlafe dann in einem Hotel.*
THOMAS: *Wie, bitte? Dieser Zug fährt nicht direkt nach Ulm?*
ACHIM: *Nein.*
THOMAS: *Aber meine Eltern fahren heute nach Ulm. Sie schlafen dort im Hotel!*
ACHIM: *Kein Problem. Wir schlafen in München, und du fährst morgen früh nach Ulm.*
THOMAS: *Prima!*

*Hören Sie zu und wiederholen Sie!*

Do you travel by train often?
**Fährst du oft mit dem Zug?**
Oh, yes! I find the train very practical.
**O ja! Ich halte den Zug für sehr praktisch.**
Do you sometimes sleep on the train?
**Schläfst du auch manchmal im Zug?**
Yes, but not this time. This train stops in Munich, and I'll sleep in a hotel.
**Ja, aber diesmal nicht. Dieser Zug hält in München und ich schlafe dann in einem Hotel.**
How's that again? The train doesn't go directly to Ulm?
**Wie, bitte? Der Zug fährt nicht direkt nach Ulm?**
No.
**Nein.**
But my parents are going to Ulm today! They're sleeping in the hotel there!
**Aber meine Eltern fahren heute nach Ulm. Sie schlafen dort im Hotel!**

| That's no problem. We'll sleep in Munich, and you'll go to Ulm tomorrow. | **Kein Problem! Wir schlafen in München, und du fährst morgen früh nach Ulm.** |
|---|---|
| Terrific! | **Prima!** |

## 2. C.

Make full sentences using the cues. Listen to the example:

| *Ich fahre nach Berlin. (Annette)* | *Annette fährt nach Berlin.* |
|---|---|

*Jetzt sind Sie dran.*

| *Herr und Frau Kurz schlafen im Zug. (wir)* | ☞ *Wir schlafen im Zug.* |
|---|---|
| *Fahrt ihr auch mit dem Auto? (Sie, Frau Kiefer)* | ☞ *Fahren Sie auch mit dem Auto, Frau Kiefer?* |
| *Die Busse halten direkt vor dem Hotel. (das Taxi)* | ☞ *Das Taxi hält direkt vor dem Hotel.* |

Now do the following:

| State that Elke isn't sleeping. | ☞ *Elke schläft nicht.* |
|---|---|
| State that Hannes and Kurt always drive to Frankfurt on Mondays. | ☞ *Hannes und Kurt fahren montags immer nach Frankfurt.* |

# LESSON 3: THE PRESENT INDICATIVE OF VERBS WITH STEM-VOWEL CHANGE FROM *e* TO *i*

## 3. A.

Another group of common verbs are those whose stem-vowel changes from *e* to *i*. Compare: *ich helfe*—"I help" to *er hilft*—"he helps." Let's practice conjugating *sprechen*—"to speak." *Hören Sie zu und wiederholen Sie!*

| | |
|---|---|
| I speak | **ich spreche** |
| Am I speaking too fast? | **Spreche ich zu schnell?** |
| you speak | **Sie sprechen** |
| You don't speak too fast. | **Sie sprechen nicht zu schnell.** |
| you speak | **du sprichst** |
| You speak slowly. | **Du sprichst langsam.** |
| she speaks | **sie spricht** |
| She speaks German well. | **Sie spricht gut Deutsch.** |
| we speak | **wir sprechen** |
| We're speaking English well. | **Wir sprechen gut Englisch.** |
| you speak | **ihr sprecht** |
| You're speaking only English. | **Ihr sprecht nur Englisch.** |
| they speak | **sie sprechen** |
| They're speaking about him. | **Sie sprechen von ihm.** |

The meaning of a verb in German can be modified by adding a prefix. The verb *sprechen*—"to speak," for example, can be altered to *versprechen*—"to promise." Any verb created from a verb with stem-vowel change will retain that change regardless of the new meaning. A few examples will suffice:

| | |
|---|---|
| They're promising Traudi a job. | **Sie versprechen Traudi einen Job.** |
| Are you promising him to do it? | **Versprichst du ihm, es zu tun?** |

231

| Philip promises me "the world!" | **Philip verspricht mir das Blaue vom Himmel!** |

3. B.

In addition to *sprechen*—"to speak," you will hear the verbs *essen*—"to eat," and *helfen*—"to help," used in the following dialogues. *Hören Sie gut zu!*

> ANNA: *Ißt du oft in einem Restaurant?*
> UDO: *Nein, ich esse eigentlich nie in Restaurants. Unser Kind ist noch zu klein. Die Familie ißt lieber zu Hause.*
> ANNA: *Wir essen gern früh. Und ihr?*
> UDO: *Ich esse auch gern früh, aber Gabi ißt lieber spät.*

*Hören Sie zu und wiederholen Sie!*

| Do you eat in restaurants often? | **Ißt du oft in einem Restaurant?** |
| No, I never eat in restaurants. | **Nein, ich esse eigentlich nie in Restaurants.** |
| Our child is still too small. | **Unser Kind ist noch zu klein.** |
| The family prefers to eat at home. | **Die Familie ißt lieber zu Hause.** |
| We like to eat early. | **Wir essen gern früh.** |
| And all of you? | **Und ihr?** |
| I like to eat early too, but Gabi prefers to eat late. | **Ich esse auch gern früh, aber Gabi ißt lieber spät.** |

Now listen to this dialogue:

> HERR KOHL: *Sprechen Sie beim Essen über Politik?*
> HERR MEYER: *Nein, wir sprechen noch über Geschäfte. Über Komputerprobleme.*
> HERR KOHL: *Hilft Ihnen der Komputer bei der Arbeit?*
> HERR MEYER: *Ja, er hilft uns sehr.*
> HERR KOHL: *Das spricht für die Technologie!*

*Hören Sie zu und wiederholen Sie!*

| | |
|---|---|
| Are you talking about politics at dinner? | **Sprechen Sie beim Essen über Politik?** |
| No, we're still talking about business. | **Nein, wir sprechen noch über Geschäfte.** |
| About computer problems. | **Über Komputerprobleme.** |
| Does the computer help you with your work? | **Hilft Ihnen der Komputer bei der Arbeit?** |
| Yes, it helps us a lot. | **Ja, er hilft uns sehr.** |
| That says a lot for technology. | **Das spricht für die Technologie!** |

### 3. C.

Answer the following affirmatively using the pronoun to replace the subject noun.

| | |
|---|---|
| *Sprechen Sie Deutsch?* | ☞ *Ja, ich spreche Deutsch.* |
| *Spricht der Manager zu langsam?* | ☞ *Ja, er spricht zu langsam.* |
| *Ißt die Familie gern Käse?* | ☞ *Ja, sie ißt gern Käse.* |

Now do the following:

| | |
|---|---|
| Ask a colleague if he is talking about politics. | ☞ *Sprechen Sie über Politik?* |
| Tell the waiter that Thomas doesn't eat a lot of bread. | ☞ *Thomas ißt nicht viel Brot.* |

# LESSON 4: THE PRESENT INDICATIVE OF VERBS WITH STEM-VOWEL CHANGE FROM *e* TO *ie*

### 4. A.

It's time to introduce you to the vowel change pattern from *e* to *ie*. Let's start with *sehen*—"to see." *Hören Sie zu und wiederholen Sie.*

| | |
|---|---|
| I see | **ich sehe** |
| I see the river. | **Ich sehe den Fluß.** |
| you see | **Sie sehen** |
| Do you see the museum? | **Sehen Sie das Museum?** |
| you see | **du siehst** |
| Do you see the new car? | **Siehst du das neue Auto?** |
| she sees | **sie sieht** |
| She sees the forest. | **Sie sieht den Wald.** |
| we see | **wir sehen** |
| We see the street. | **Wir sehen die Straße.** |
| you see | **Sie sehen** |
| Mr. & Mrs. Müller, do you see the hotel? | **Herr und Frau Müller, sehen Sie das Hotel?** |
| you see | **ihr seht** |
| Claudia and Hans, do you see the balloons? | **Claudia und Hans, seht ihr die Luftballons?** |
| they see | **sie sehen** |
| Claudia and Hans don't see me. | **Claudia und Hans sehen mich nicht.** |

Note some other uses of *sehen*: *fernsehen* literally means "to see far" but it also means "to watch television."

| | |
|---|---|
| Do you watch TV? | **Sehen Sie fern?** |

*Sehen* also refers to one's eyesight.

| | |
|---|---|
| I have bad eyesight. | **Ich sehe schlecht.** |
| He has good eyesight. | **Er sieht gut.** |

4. B.

Other verbs that follow the same pattern are *lesen*—"to read," and *empfehlen*—"to recommend." *Hören Sie gut zu!*

HANS: *Peter, siehst du meine Schlüssel? Ich brauche sie für das Auto.*

PETER: *Ja, ich sehe die Schlüssel. Sie sind auf dem Schreibtisch. Aber, wo ist meine Zeitung?*

HANS: *Hier ist die Zeitung. Liest du auch amerikanische Zeitungen?*

PETER: *Ja, ich lese das* Wall Street Journal *jeden Tag. Ich lese auch amerikanische Bücher gern.*

HANS: *Ich nicht. Ich lese lieber französische Bücher.*

PETER: *Interessant. Was empfiehlst du?*

*Hören Sie zu und wiederholen Sie!*

| | |
|---|---|
| Peter, do you see my keys? | **Peter, siehst du meine Schlüssel?** |
| I need them for the car. | **Ich brauche sie für das Auto.** |
| Yes, I see the keys. | **Ja, ich sehe die Schlüssel.** |
| They're on the desk. | **Sie sind auf dem Schreibtisch.** |
| But where's my newspaper? | **Aber, wo ist meine Zeitung?** |
| Here's the paper. | **Hier ist die Zeitung.** |
| Do you also read American papers? | **Liest du auch amerikanische Zeitungen?** |
| Yes, I read the *Wall Street Journal* every day. | **Ja, ich lese das „Wall Street Journal" jeden Tag.** |
| I also like to read American books. | **Ich lese auch amerikanische Bücher gern.** |
| I don't. | **Ich nicht.** |
| I prefer to read French books. | **Ich lese lieber französische Bücher.** |
| Interesting. | **Interessant.** |
| What do you recommend? | **Was empfiehlst du?** |

4. C.

Answer the questions affirmatively.

| | |
|---|---|
| *Siehst du das Buch?* | ☞ *Ja, ich sehe das Buch.* |
| *Liest du den Brief?* | ☞ *Ja, ich lese den Brief.* |
| *Empfiehlst du den Fisch?* | ☞ *Ja, ich empfehle den Fisch.* |

Answer the questions in the negative using the appropriate pronoun.

| | |
|---|---|
| *Liest Maria den Brief?* | ☞ *Nein, sie liest den Brief nicht.* |
| *Sieht Thomas schlecht?* | ☞ *Nein, er sieht nicht schlecht.* |
| *Empfehlen Maria und Thomas das Restaurant?* | ☞ *Nein, sie empfehlen das Restaurant nicht.* |

Now do the following:

| | |
|---|---|
| State that Peter sees well. | ☞ *Peter sieht gut.* |
| State that you are reading the letter. | ☞ *Ich lese den Brief.* |

# LESSON 5: THE PRESENT INDICATIVE OF VERBS WITH STEMS ENDING IN *-d*, *-t*, *-m*, AND *-n*

## 5. A.

The verb *arbeiten*—"to work" belongs to a group of verbs with a stem ending in *-d*, *-t*, *-m*, or *-n* preceded by a vowel or a consonant other than *-l* or *-r*. Therefore, an *-e* is added in the *du-*, *er-/sie-/es-*, and *ihr*-forms before the usual endings of *-st* and *-t* in order to make pronunciation easier. Other such verbs are *kosten*—"to cost," *antworten*—"to answer," *bedeuten*—"to mean," *baden*—"to bathe," *finden*—"to find," and *regnen*—"to rain." *Hören Sie zu und wiederholen Sie!*

| | |
|---|---|
| I work | **ich arbeite** |
| I work at home. | **Ich arbeite zu Hause.** |
| you work | **Sie arbeiten** |
| You work late. | **Sie arbeiten spät.** |
| you work | **du arbeitest** |
| Since when are you working there? | **Seit wann arbeitest du denn dort?** |
| he works | **er arbeitet** |
| He doesn't work there anymore. | **Er arbeitet nicht mehr dort.** |
| we work | **wir arbeiten** |
| We work a lot. | **Wir arbeiten viel.** |
| you work | **Sie arbeiten** |
| Where do you both work? | **Wo arbeiten Sie beide?** |
| you work | **ihr arbeitet** |
| Where are you working now? | **Wo arbeitet ihr jetzt?** |
| they work | **sie arbeiten** |
| They don't work here. | **Sie arbeiten nicht hier.** |

Listen to some additional examples using other verbs in this group.

| | |
|---|---|
| you bathe | **du badest** |
| Are you bathing the child? | **Badest du das Kind?** |
| you find | **du findest** |
| How do you find the book? | **Wie findest du das Buch?** |
| it means | **es bedeutet** |
| That doesn't mean anything. | **Das bedeutet nichts.** |
| it costs | **es kostet** |
| What does that cost? | **Was kostet das?** |
| you answer | **ihr antwortet** |
| Are you answering? | **Antwortet ihr?** |
| it rains | **Es regnet.** |
| Is it raining? | **Regnet es?** |

5. B.

*Hören Sie gut zu!*

MONIKA: *Guck mal, das Kleid da, süß, nicht?*
INGE: *Ja, aber es kostet viel zu viel!*
MONIKA: *Ich weiß. Aber schön ist es.*
INGE: *Wie findest du die Jacke da?*
MONIKA: *Ja, die ist auch sehr schön.*
INGE: *Sag mal, wo arbeitet eigentlich dein Bruder jetzt?*
MONIKA: *Jürgen arbeitet jetzt bei einem Pharma-Unternehmen.*
INGE: *Sehr interessant. Ist er zufrieden?*
MONIKA: *Klar! Er findet die Arbeit klasse!*

*Hören Sie zu und wiederholen Sie!*

| | |
|---|---|
| Look, that dress there, cute, isn't it? | **Guck mal, das Kleid da, süß, nicht?** |
| Yes, but it costs much too much! | **Ja, aber es kostet viel zu viel!** |

| I know. | Ich weiß. |
| But it is nice. | Aber schön ist es. |
| How do you like that jacket? | Wie findest du die Jacke da? |
| Yes, that's very nice as well. | Ja, die ist auch sehr schön. |
| Say, where's your brother working now? | Sag mal, wo arbeitet eigentlich dein Bruder jetzt? |
| Jürgen's working for a pharmaceutical company. | Jürgen arbeitet jetzt bei einem Pharma-Unternehmen. |
| Very interesting. | Sehr interessant. |
| Is he happy? | Ist er zufrieden? |
| Absolutely! He thinks the job is great! | Klar! Er findet die Arbeit klasse! |

5. C.

Answer the questions using either *ja* or *nein* as indicated.

*Badet Maria das Kind? (ja)* ☞ *Ja, Maria badet das Kind.*
*Regnet es? (nein)* ☞ *Nein, es regnet nicht.*
*Kostet das Kleid viel? (ja)* ☞ *Ja, das Kleid kostet viel.*
*Antwortet ihr? (ja)* ☞ *Ja, wir antworten.*

# LESSON 6: THE PRESENT INDICATIVE OF MODALS

## 6. A.

As in English, certain German verbs function as modal auxiliary verbs, describing the attitude or mood toward an activity. German has six modal verbs: *dürfen*—"may, to be allowed to"; *können*—"can/to be able to"; *mögen*—"to like"; *müssen*—"must/to have to"; *sollen*—"shall/to be supposed to"; and *wollen*—"to want to." Let's begin with the verb *können*.

| | |
|---|---|
| I can | **ich kann** |
| I can do that. | **Ich kann das machen.** |
| you can | **Sie können** |
| You can't do that. | **Sie können das nicht machen.** |
| | |
| you can | **du kannst** |
| Can you do it? | **Kannst du das machen?** |
| he can | **er kann** |
| He cannot come. | **Er kann nicht kommen.** |
| we can | **wir können** |
| We can see that. | **Wir können das sehen.** |
| you can | **Sie können** |
| You can go now. | **Sie können jetzt gehen.** |
| you can | **ihr könnt** |
| You can understand that. | **Ihr könnt das verstehen.** |
| they can | **sie können** |
| They can't believe that. | **Sie können das nicht glauben.** |

As with *können*, the stem vowels of the verbs *dürfen* and *mögen* also change to *a* in the *ich-, du-*, and *er-/sie-/es-* forms:

| | |
|---|---|
| I may | **ich darf** |
| you like | **du magst** |
| he may | **er darf** |
| she likes | **sie mag** |

240

*Müssen* simply drops the umlaut in the singular:

| I have to | **ich muß** |
| you have to | **du mußt** |
| she has to | **sie muß** |

*Wollen* changes the *o* to *i* in the singular:

| I want | **ich will** |
| you want | **du willst** |
| he wants | **er will** |

*Sollen* shows no change in the stem vowel.

| I am supposed to | **ich soll** |
| you are supposed to | **du sollst** |
| he is supposed to | **er soll** |

Now listen to some more examples.

| She can speak Spanish. | **Sie kann Spanisch.** |
| You may stay. | **Ihr dürft bleiben.** |
| He is supposed to wait. | **Er soll warten.** |
| Do they like the film? | **Mögen sie den Film?** |
| We must go to work. | **Wir müssen zur Arbeit.** |
| Do you want to go? | **Willst du gehen?** |

The main verb that accompanies the modal is in the infinitive. If the context is clear the infinitive can be omitted. Compare these examples:

| She can speak Spanish. | **Sie kann Spanisch.** |
| | **Sie kann Spanisch sprechen.** |
| She wants to go home. | **Sie will nach Hause.** |
| | **Sie will nach Hause gehen.** |

## 6. B.

*Hören Sie gut zu!*

ASTRID: *Du, Mutti, darf ich heute nachmittag in die Stadt?*

MUTTER: *Du mußt doch noch deine Hausaufgaben machen!*

ASTRID: *Das kann ich doch später machen! Melanie und ich wollen einkaufen gehen.*

MUTTER: *Ihr könnt doch am Samstag gehen.*

ASTRID: *Ja, das schon. Aber am Samstag muß Melanie zu ihren Großeltern.*

MUTTER: *Na, ja, gut. Aber ihr müßt um sechs wieder zurück sein.*

ASTRID: *Soll ich dir etwas mitbringen?*

MUTTER: *Nein, danke.*

ASTRID: *Also, ich muß los! Tschüß!*

*Hören Sie zu und wiederholen Sie!*

| | |
|---|---|
| Mom, may I go downtown this afternoon? | **Du, Mutti, darf ich heute nachmittag in die Stadt?** |
| You have to do your homework! | **Du mußt doch noch deine Hausaufgaben machen!** |
| I can do that later! | **Das kann ich doch später machen!** |
| Melanie and I want to go shopping. | **Melanie und ich wollen einkaufen gehen.** |
| But you can go on Saturday. | **Ihr könnt doch am Samstag gehen.** |
| Yes, that's true. | **Ja, das schon.** |
| But on Saturday Melanie has to go to see her grandparents. | **Aber am Samstag muß Melanie zu ihren Großeltern.** |
| Well, okay. . . . | **Na ja, gut.** |

| But you have to be back at six. | **Aber ihr müßt um sechs wieder zurück sein.** |
| Should I bring you anything? | **Soll ich dir etwas mitbringen?** |
| No, thanks. | **Nein, danke.** |
| Well, then, I have to go. | **Also, ich muß los!** |
| Bye! | **Tschüß!** |

## 6. C.

Answer the following questions using *ja* or *nein* as indicated.

*Kannst du Deutsch? (ja, ich)* ☞ *Ja, ich kann Deutsch.*

*Wollt ihr heute ins Kino gehen? (nein, wir)* ☞ *Nein, wir wollen heute nicht ins Kino gehen.*

*Mußt du nicht bald zur Arbeit? (ja, ich)* ☞ *Ja, ich muß bald zur Arbeit.*

*Mögen Sie ihn? (nein, ich)* ☞ *Nein, ich mag ihn nicht.*

*Soll ich ihr helfen? (ja, Sie)* ☞ *Ja, Sie sollen ihr helfen.*

*Darf man hier rauchen? (nein, man)* ☞ *Nein, man darf hier nicht rauchen.*

# LESSON 7: THE PRESENT INDICATIVE OF
## SEMI-REGULAR VERBS

### 7. A.

*Bringen*—"to bring"; *denken*—"to think"; *kennen*—"to know/be acquainted with"; and *wissen*—"to know a fact" belong to a group of verbs that appear regular in the present, but are irregular in the past tense. We will call these verbs semi-regular or mixed verbs. Let's first concentrate on *wissen* and *kennen*. Both are translated as "to know." But in German, there is a clear distinction in their use. For example, you know a fact with *wissen*, such as: *Ich weiß die Adresse*—"I know the address," or *Er weiß die Antwort*—"He knows the answer." *Kennen*, on the other hand, is to know or to be acquainted with a person, place, or thing. For example: *Ich kenne Frau Müller*—"I know Mrs. Müller," or *Ich kenne Paris*—"I know Paris."

*Wissen* has a stem vowel change in its singular.

| | |
|---|---|
| I know | **ich weiß** |
| I know that. | **Ich weiß das.** |
| you know | **Sie wissen** |
| You know a lot. | **Sie wissen viel.** |
| you know | **du weißt** |
| What do you know? | **Was weißt du?** |
| she knows | **sie weiß** |
| She knows the answer. | **Sie weiß die Antwort.** |
| we know | **wir wissen** |
| We know where he lives. | **Wir wissen, wo er wohnt.** |
| you know | **Sie wissen** |
| Do you know his telephone number? | **Wissen Sie seine Telefonnummer?** |
| you know | **ihr wißt** |
| Don't you know that? | **Wißt ihr das nicht?** |
| they know | **sie wissen** |
| They know where the hotel is. | **Sie wissen, wo das Hotel ist.** |

244

Now let's practice conjugating *kennen*.

| | |
|---|---|
| I know | **ich kenne** |
| I know him. | **Ich kenne ihn.** |
| you know | **Sie kennen** |
| Do you know her? | **Kennen Sie sie?** |
| you know | **du kennst** |
| Do you know the film? | **Kennst du den Film?** |
| she knows | **sie kennt** |
| She knows the hotel. | **Sie kennt das Hotel.** |
| we know | **wir kennen** |
| We don't know Gerd very well. | **Wir kennen Gerd nicht sehr gut.** |
| you know | **Sie kennen** |
| Do you know Berlin? | **Kennen Sie Berlin?** |
| you know | **ihr kennt** |
| Do you know this family? | **Kennt ihr diese Familie?** |
| they know | **sie kennen** |
| They know everyone. | **Sie kennen jeden.** |

Let's practice the other verbs now.

| | |
|---|---|
| Are you thinking of it? | **Denkst du daran?** |
| Is he bringing the menu? | **Bringt er die Speisekarte?** |
| I'm thinking of my trip. | **Ich denke an meine Reise.** |
| Please, call me Kevin. | **Bitte, nennen Sie mich doch Kevin.** |

## 7. B.

*Hören Sie gut zu!*

> FRAU MEINERT: *Wir sind heute abend bei Uwe und Gisela eingeladen.*
>
> HERR MEINERT: *Ich weiß. Um vieviel Uhr denn?*
>
> FRAU MEINERT: *So um acht. Sollen wir unsere Photos vom Urlaub mitbringen?*

| HERR MEINERT: | *Ich denke ja. Ich kenne Uwe, der foto-grafiert ja auch sehr gern.* |
|---|---|
| FRAU MEINERT: | *Weißt du was, ich kaufe noch schnell Blumen.* |
| HERR MEINERT: | *Was für Blumen mag sie eigentlich?* |
| FRAU MEINERT: | *Ich weiß, daß sie Nelken mag.* |
| HERR MEINERT: | *Gute Idee!* |

*Hören Sie zu und wiederholen Sie!*

| | |
|---|---|
| We're invited over to Uwe's and Gisela's this evening. | **Wir sind heute abend bei Uwe und Gisela eingeladen.** |
| I know. | **Ich weiß.** |
| At what time? | **Um wieviel Uhr denn?** |
| At around eight. | **So um acht.** |
| Shall we bring along our pictures from our vacation? | **Sollen wir unsere Photos vom Urlaub mitbringen?** |
| I think so. | **Ich denke ja.** |
| I know Uwe, he enjoys taking pictures as well. | **Ich kenne Uwe, der fotografiert ja auch sehr gern.** |
| You know what, I'll quickly buy some flowers. | **Weißt du was, ich kaufe schnell noch Blumen.** |
| What kind of flowers does she like? | **Was für Blumen mag sie eigentlich?** |
| I know she likes carnations. | **Ich weiß, daß sie Nelken mag.** |
| Good idea! | **Gute Idee!** |

## 7. C.

Answer the questions using *ja* or *nein* as indicated.

| | |
|---|---|
| *Denkst du oft an ihn? (ja)* | ☞ *Ja, ich denke oft an ihn.* |
| *Bringen Sie Karl das Buch? (ja)* | ☞ *Ja, ich bringe Karl das Buch.* |

*Wissen Sie, wo er wohnt?*
  *(nein)*

☞ *Nein, ich weiß nicht, wo er wohnt.*

*Kennt er die Frau? (nein)*

☞ *Nein, er kennt die Frau nicht.*

## Now do the following:

Ask the waiter to bring you the menu.

☞ *Herr Ober, bringen Sie mir die Speisekarte!*

Ask Mr. Kunz if he knows your daughter.

☞ *Herr Kunz, kennen Sie meine Tochter?*

Say that Karl knows the answer.

☞ *Karl weiß die Antwort.*

# LESSON 8: THE PRESENT INDICATIVE OF IMPERSONAL VERBS

## 8. A.

Let's now turn to some verbs that are usually used only with the impersonal pronoun *es*. This group includes verbs referring to the weather, such as *regnen*—"to rain," *schneien*—"to snow," *blitzen*—"to lightning," and *donnern*—"to thunder." This is how you would describe the weather.

| | |
|---|---|
| It's snowing. | **Es schneit.** |
| It's raining. | **Es regnet.** |
| It's thundering. | **Es donnert.** |
| It's lightning. | **Es blitzt.** |

The verb *geben* also frequently appears with the impersonal pronoun *es*.

| | |
|---|---|
| there is/there are | **es gibt** |
| There is a lot to do. | **Es gibt viel zu tun.** |
| What's new? | **Was gibt's Neues?** |
| There will be rain today. | **Es gibt heute Regen.** |

Note also the following expressions using the impersonal pronoun *es*.

| | |
|---|---|
| Fire! | **Es brennt!** |
| It's all the same to me. | **Es ist mir egal.** |
| How are you? | **Wie geht es Ihnen?** |
| I'm fine. | **Mir geht es gut.** |

## 8. B.

*Hören Sie gut zu!*

HOLGER: *Hallo, Jürgen! Wie geht's dir?*

JÜRGEN: *Hallo, Holger! Mir geht's gut. Was gibt's Neues bei dir?*

HOLGER: *Nicht viel. Ich helfe meinem Vater im Geschäft. Es gibt viel zu tun.*

JÜRGEN: *In Bayern schneit es. Sollen wir zusammen Skiurlaub machen?*

HOLGER: *Ich kann leider nicht. Schade, daß es hier immer nur regnet und nie schneit. Leider kann man hier selten skifahren.*

JÜRGEN: *Stimmt!*

*Hören Sie zu und wiederholen Sie!*

| | |
|---|---|
| Hello, Jürgen! | **Hallo, Jürgen!** |
| How are you? | **Wie geht's dir?** |
| Hello, Holger. | **Hallo, Holger!** |
| I'm fine. | **Mir geht's gut.** |
| What's new with you? | **Was gibt's Neues bei dir?** |
| Not much. | **Nicht viel.** |
| I'm helping my father in the store. | **Ich helfe meinem Vater im Geschäft.** |
| There is a lot to do. | **Es gibt viel zu tun.** |
| It's snowing in Bavaria. | **In Bayern schneit es.** |
| Should we take a skiing vacation together? | **Sollen wir zusammen Ski-urlaub machen?** |
| I can't, unfortunately. | **Ich kann leider nicht.** |
| Too bad it only rains here all the time, and never snows. | **Schade, daß es hier immer nur regnet und nie schneit.** |
| Unfortunately, you can rarely ski here. | **Leider kann man hier selten skifahren.** |
| True! | **Stimmt!** |

## 8. C.

Answer the questions using *ja* and *nein* as indicated.

| | |
|---|---|
| *Schneit es? (ja)* | ☞ *Ja, es schneit.* |
| *Gibt es viel zu tun? (nein)* | ☞ *Nein, es gibt nicht viel zu tun.* |

Now do the following:

| | |
|---|---|
| Ask your friend how he is. | ☞ *Wie geht's dir?* |
| Say that there is a fire. | ☞ *Es brennt!* |
| Ask a colleague how she is. | ☞ *Wie geht es Ihnen?* |

# LESSON 9: THE PRESENT INDICATIVE OF *HABEN*

## 9. A.

The verb *haben*—"to have" has many important uses and it is irregular in its conjugation. *Hören Sie zu und wiederholen Sie!*

| | |
|---|---|
| I have | **ich habe** |
| I have a car. | **Ich habe ein Auto.** |
| you have | **Sie haben** |
| You don't have any patience. | **Sie haben keine Geduld.** |
| you have | **du hast** |
| You have time. | **Du hast Zeit.** |
| he has | **er hat** |
| Paul has no problems. | **Paul hat keine Probleme.** |
| we have | **wir haben** |
| Do we have time? | **Haben wir Zeit?** |
| you have | **Sie haben** |
| Do you have your tickets? | **Haben Sie Ihre Fahrkarten?** |
| you have | **ihr habt** |
| You have a house. | **Ihr habt ein Haus.** |
| they have | **sie haben** |
| They have two children. | **Sie haben zwei Kinder.** |

Note also the use of *haben* in the following phrases: *Hunger haben*—"to be hungry," *Durst haben*—"to be thirsty," *recht haben*—"to be right," and *Lust haben*—"to want/feel like doing something."

| | |
|---|---|
| I am hungry. | **Ich habe Hunger.** |
| Are you thirsty? | **Haben Sie Durst?** |
| You're right! | **Du hast recht!** |
| Do you feel like going to the movies? | **Hast du Lust ins Kino zu gehen?** |

251

9. B.

*Hören Sie gut zu!*

MICHAEL: *Heike, hast du Lust ins Kino zu gehen?*
HEIKE: *Ja, aber ich habe großen Hunger. Können wir nicht zuerst etwas essen?*
MICHAEL: *Ja, sicher. Ich habe auch Durst. Wo sollen wir hingehen?*
HEIKE: *Vielleicht ins Cafe dort drüben?*
MICHAEL: *Ja, gut. Welchen Film möchtest du sehen?*
HEIKE: Schtonk. *Der Film soll gut sein.*
MICHAEL: *Du hast recht.*

*Hören Sie zu und wiederholen Sie!*

| | |
|---|---|
| Heike, do you feel like going to the movies? | **Heike, hast du Lust ins Kino zu gehen?** |
| Yes, but I'm very hungry. | **Ja, aber ich habe großen Hunger.** |
| Can't we first eat something? | **Können wir nicht zuerst etwas essen?** |
| Yes, of course. | **Ja, sicher.** |
| I'm also thirsty. | **Ich habe auch Durst.** |
| Where shall we go? | **Wo sollen wir hingehen?** |
| Perhaps to the cafe over there. | **Vielleicht ins Cafe dort drüben.** |
| Yes, O.K. | **Ja, gut.** |
| Which film would you like to see? | **Welchen Film möchtest du sehen?** |
| *Schtonk.* | **„Schtonk."** |
| The film is supposed to be good. | **Der Film soll gut sein.** |
| You're right. | **Du hast recht.** |

## 9. C.

Answer the questions using *ja* or *nein* as indicated.

*Hast du heute Zeit? (ja)*     ☞ *Ja, ich habe heute Zeit.*
*Haben Sie ein Auto? (ja)*     ☞ *Ja, ich habe ein Auto.*
*Hat sie recht? (ja)*     ☞ *Ja, sie hat recht.*

### Now do the following:

Ask if Ilse has any children.     ☞ *Hat Ilse Kinder?*
Ask your friends if they feel     ☞ *Habt ihr Lust ins Kino zu*
like going to the movies.          *gehen?*
Ask your friend if he is     ☞ *Hast du Hunger?*
hungry.

# LESSON 10: THE PRESENT INDICATIVE OF *SEIN*

## 10. A.

The verb *sein*—"to be" is highly irregular. *Hören Sie zu und wiederholen Sie!*

| | |
|---|---|
| I am | **ich bin** |
| I am tired. | **Ich bin müde.** |
| you are | **Sie sind** |
| You are busy. | **Sie sind beschäftigt.** |
| you are | **du bist** |
| Are you happy? | **Bist du glücklich?** |
| she is | **sie ist** |
| Is she a teacher? | **Ist sie Lehrerin?** |
| we are | **wir sind** |
| We are students. | **Wir sind Studenten.** |
| you are | **Sie sind** |
| Are you Germans? | **Sind Sie Deutsche?** |
| you are | **ihr seid** |
| Are you sick? | **Seid ihr krank?** |
| they are | **sie sind** |
| Where are they? | **Wo sind sie?** |

## 10. B.

*Hören Sie zu!*

RENATE: *Ach, du bist es, Brigitte!*

BRIGITTE: *Hallo, Renate! Wie geht es dir?*

RENATE: *Gut. Ich bin wieder berufstätig. Ich bin Lehrerin.*

BRIGITTE: *Das ist ja toll. Und was macht dein Mann?*

RENATE: *Mein Mann ist immer noch bei Müller & Co. Und ihr?*

BRIGITTE: *Wir sind recht glücklich in unserem neuen Haus. Ihr seid übrigens zu jeder Zeit bei uns willkommen.*

RENATE: *Vielen Dank!*

*Hören Sie zu und wiederholen Sie!*

| | |
|---|---|
| Oh, it's you, Brigitte! | **Ach, du bist es, Brigitte!** |
| Hello, Renate. | **Hallo, Renate.** |
| How are you? | **Wie geht es dir?** |
| Fine. | **Gut.** |
| I am working again. | **Ich bin wieder berufstätig.** |
| I am a teacher. | **Ich bin Lehrerin.** |
| That's great! | **Das ist ja toll.** |
| And what is your husband doing? | **Und was macht dein Mann?** |
| My husband is still with Müller & Co. | **Mein Mann ist immer noch bei Müller & Co.** |
| And you? | **Und ihr?** |
| We are quite happy in our new house. | **Wir sind recht glücklich in unserem neuen Haus.** |
| By the way, you are welcome at our house anytime. | **Ihr seid übrigens zu jeder Zeit bei uns willkommen.** |
| Thanks a lot! | **Vielen Dank!** |

## 10. C.

Answer the questions using *ja* or *nein* as indicated.

| | |
|---|---|
| *Sind Sie krank? (nein)* | ☞ *Nein, ich bin nicht krank.* |
| *Seid ihr müde? (ja)* | ☞ *Ja, wir sind müde.* |
| *Bist du heute abend zu Hause? (nein)* | ☞ *Nein, ich bin heute abend nicht zu Hause.* |

Now do the following:

| | |
|---|---|
| Ask Paul if he is tired. | ☞ *Paul, bist du müde?* |
| Ask Mr. and Mrs. Bergner if they are Germans. | ☞ *Herr und Frau Bergner, sind Sie Deutsche?* |

# LESSON 11: THE PRESENT INDICATIVE OF *WERDEN*

## 11. A.

*Werden*—"to become, grow, or get" is irregular. *Hören Sie zu und wiederholen Sie!*

| | |
|---|---|
| I get | **ich werde** |
| I'm getting sick. | **Ich werde krank.** |
| you become | **Sie werden** |
| How old will you be? | **Wie alt werden Sie denn?** |
| you become | **du wirst** |
| You will become a doctor. | **Du wirst Arzt.** |
| he gets | **er wird** |
| He's getting old. | **Er wird alt.** |
| it gets | **es wird** |
| It's getting cold in the evenings. | **Es wird abends kalt.** |
| we get | **wir werden** |
| We're getting impatient with you. | **Wir werden ungeduldig mit dir.** |
| you get | **Sie werden** |
| You're getting cheeky. | **Sie werden frech.** |
| you get | **ihr werdet** |
| Are you getting angry? | **Werdet ihr böse?** |
| they get | **sie werden** |
| The days are getting longer now. | **Die Tage werden jetzt länger.** |

Here are some idiomatic uses of *werden*.

| | |
|---|---|
| He will not amount to much. | **Aus ihm wird nichts.** |
| Nothing will come of it. | **Aus der Sache wird nichts.** |
| She's going to have a child. | **Sie wird Mutter.** |

## 11. B.

*Hören Sie gut zu!*

HERBERT: *Das Wetter ist herrlich! Die Tage werden jetzt länger und es wird langsam Sommer.*

OTTO: *Ja, es wird jetzt schon schön warm.*

HERBERT: *Was machen denn die Kinder?*

OTTO: *Peter studiert noch. Er wird Architekt.*

HERBERT: *Und Andrea? Was wird aus ihr?*

OTTO: *Andrea weiß es noch nicht.*

HERBERT: *Wirst du schon müde vom Laufen?*

OTTO: *Ja, ein bißchen. Ich werde halt älter.*

*Hören Sie zu und wiederholen Sie!*

| | |
|---|---|
| The weather is wonderful! | **Das Wetter ist herrlich!** |
| The days are getting longer now and summer is approaching. | **Die Tage werden jetzt länger und es wird langsam Sommer.** |
| Yes, it's already getting nice and warm now. | **Ja, es wird jetzt schon schön warm.** |
| What are the children doing? | **Was machen denn die Kinder?** |
| Peter is still in college. | **Peter studiert noch.** |
| He is becoming an architect. | **Er wird Architekt.** |
| And Andrea? What will become of her? | **Und Andrea? Was wird aus ihr?** |
| Andrea still doesn't know yet. | **Andrea weiß es noch nicht.** |
| Are you already getting tired from walking? | **Wirst du schon müde vom Laufen?** |
| Yes, a little bit. I'm getting older. | **Ja, ein bißchen. Ich werde halt älter.** |

## 11. C.

Answer the questions using *ja* or *nein* as indicated.

| | |
|---|---|
| *Wird das Kind frech? (ja)* | ☞ *Ja, das Kind wird frech.* |
| *Wird das Wetter morgen schön?* (nein) | ☞ *Nein, das Wetter wird morgen nicht schön.* |
| *Wirst du müde? (nein)* | ☞ *Nein, ich werde nicht müde.* |

### Now do the following:

| | |
|---|---|
| Say that it's getting cold. | ☞ *Es wird kalt.* |
| Ask what's to become of her. | ☞ *Was wird aus ihr?* |
| Say that Paul is becoming a doctor. | ☞ *Paul wird Arzt.* |

## LESSON 12: THE PRESENT INDICATIVE OF
### *ARBEITEN, HÖREN, DANKEN,* AND
### *BEDEUTEN*

## 12. A.

In this chapter we will add four new verbs to the group of predictable verbs: *arbeiten*—"to work" (first presented in Lesson 1), *hören*—"to hear," *danken*—"to thank," and *bedeuten*—"to mean." *Hören Sie zu und wiederholen Sie!*

| | |
|---|---|
| I work | **ich arbeite** |
| I work at Siemens. | **Ich arbeite bei Siemens.** |
| you hear | **Sie hören** |
| You hear me. | **Sie hören mich.** |
| you thank | **du dankst** |
| You thank him. | **Du dankst ihm.** |
| it means | **es bedeutet** |
| It means nothing. | **Es bedeutet nichts.** |
| we work | **wir arbeiten** |
| We don't work in the summer. | **Wir arbeiten nicht im Sommer.** |
| you hear | **ihr hört** |
| You hear well. | **Ihr hört gut.** |
| they thank | **sie danken** |
| They thank the host. | **Sie danken dem Gastgeber.** |

## 12. B.

*Hören Sie gut zu!*

DR. GEIGER: *Ja, ja, Frau Schneider. Es ist ganz klar, Sie arbeiten einfach zu viel.*

FRAU SCHNEIDER: *Na, was bedeutet denn das, Herr Doktor? Soll ich jetzt etwa nur noch zu Hause arbeiten?*

DR. GEIGER: *Nein, aber hören Sie bitte gut zu: arbeiten Sie eine Weile nur noch vier*

*Tage pro Woche. Und ich empfehle*
*mehr Sport.*

FRAU SCHNEIDER: *Sie haben wohl recht, und ich danke*
*Ihnen für den Rat.*

DR. GEIGER: *Sie brauchen mir nicht zu danken,*
*Frau Schneider. Die Gesundheit*
*meiner Patienten bedeutet mir sehr*
*viel.*

*Hören Sie zu und wiederholen Sie!*

| | |
|---|---|
| Yes, Mrs. Schneider. | **Ja, ja, Frau Schneider.** |
| It's quite clear, you simply work too much. | **Es ist ganz klar, Sie arbeiten einfach zu viel.** |
| So, what does that mean, Doctor? | **Na, was bedeutet denn das, Herr Doktor?** |
| Should I only work at home now? | **Soll ich jetzt etwa nur noch zu Hause arbeiten?** |
| No, but please listen carefully. | **Nein, aber hören Sie bitte gut zu.** |
| For a while work just four days a week. | **Arbeiten Sie eine Weile nur noch vier Tage pro Woche.** |
| And I recommend more exercise. | **Und ich empfehle mehr Sport.** |
| You're probably right, and I thank you for the advice. | **Sie haben wohl recht, und ich danke Ihnen für den Rat.** |
| You don't have to thank me, Mrs. Schneider. | **Sie brauchen mir nicht zu danken, Frau Schneider.** |
| My patients' health means a lot to me. | **Die Gesundheit meiner Patienten bedeutet mir sehr viel.** |

## 12. C.

Answer these questions using *ja* or *nein* as indicated.

*Arbeitet Herr Schmidt bei der*    ☞ *Ja, er arbeitet bei der*
   *Lufthansa? (ja)*                 *Lufthansa.*

*Danken wir Frau Schmidt für*    ☞ *Ja, wir danken Frau*
   *alles? (ja)*                      *Schmidt für alles.*

*Hören Sie zu? (nein)*         ☞ *Nein, ich höre nicht zu.*

## LESSON 13: THE PRESENT INDICATIVE OF *NEHMEN, TREFFEN* AND *GEFALLEN*

### 13. A.

This lesson introduces a few additional verbs with a stem-vowel change in the present indicative. First we'll work with *nehmen*—"to take." Its stem vowel changes from *e* to *i. Hören Sie gut zu!*

| | |
|---|---|
| I take | **ich nehme** |
| I take the bus. | **Ich nehme den Bus.** |
| you take | **Sie nehmen** |
| Are you taking any medication? | **Nehmen Sie irgendwelche Medikamente?** |
| you take | **du nimmst** |
| Do you take the bus to the University? | **Nimmst du den Bus zur Uni?** |
| he takes | **er nimmt** |
| He doesn't take any vitamins. | **Er nimmt keine Vitamine.** |
| we take | **wir nehmen** |
| Are we taking today off? | **Nehmen wir uns heute frei?** |
| you take | **ihr nehmt** |
| Take the next street to the right. | **Nehmt die nächste Straße rechts.** |
| they take | **sie nehmen** |
| They are taking the day off. | **Sie nehmen sich heute frei.** |

And here is the conjugation of *treffen*—"to meet." Its stem vowel also changes from *e* to *i.*

| | |
|---|---|
| I meet | **ich treffe** |
| I'm meeting Elfriede at six o'clock. | **Ich treffe Elfriede um sechs Uhr.** |
| you meet | **du triffst** |
| Are you meeting your parents in Berlin? | **Triffst du deine Eltern in Berlin?** |

| you meet | Sie treffen |
| Meet me in front of the movie theatre. | Treffen Sie mich vor dem Kino. |
| she meets | sie trifft |
| Isn't she meeting us tomorrow? | Trifft sie uns morgen nicht? |
| we meet | wir treffen |
| We meet in the wine cellar. | Wir treffen uns im Weinkeller. |
| you meet | ihr trefft |
| Do you meet interesting people? | Trefft ihr interessante Leute? |
| they meet | sie treffen |
| They don't ever meet. | Sie treffen sich nie. |

*Gefallen*, which changes its stem vowel from *a* to *ä*, corresponds to the English "to like." It literally means "to be pleasing." For example: *Jazzmusik gefällt mir* literally means "Jazz music is pleasing to me," yet it translates as "I like jazz music." The subject "I" in the English sentence becomes the indirect object *mir* in the German sentence. *Gefallen* is mostly used in the 3rd-person singular and plural. *Hören Sie zu und wiederholen Sie!*

| it pleases | es gefällt |
| I like it. | Es gefällt mir. |
| Frau Jung likes the film. | Der Film gefällt Frau Jung. |
| they are pleasing | sie gefallen |
| I like them. | Sie gefallen mir. |
| You like the two new films? | Die zwei neuen Filme gefallen dir? |

## 13. B.

*Hören Sie gut zu!*

> ELKE: *Also, wir nehmen morgen den Bus zum Museum . . . so um zehn Uhr.*

MICHAEL: *Ist es nicht besser, du nimmst den Bus und ich nehme die Straßenbahn? Ich treffe dich dann vor dem Eingang.*

ELKE: *In Ordnung! Vielleicht treffen wir Johann und Renate.*

MICHAEL: *Ich weiß nicht. Das Museum gefällt mir sehr, aber Johann gefallen alte Galerien besser.*

ELKE: *Na, mir gefallen alle Galerien! Also bis morgen dann!*

*Hören Sie zu und wiederholen Sie!*

| | |
|---|---|
| So, tomorrow we take the bus to the museum . . . at around ten. | **Also, wir nehmen morgen den Bus zum Museum . . . so um zehn Uhr.** |
| Isn't it better if you take the bus and I take the streetcar? | **Ist es nicht besser, du nimmst den Bus und ich nehme die Straßenbahn?** |
| I'll meet you in front of the entrance. | **Ich treffe dich dann vor dem Eingang.** |
| Okay! | **In Ordnung!** |
| Maybe we'll run into Johann and Renate. | **Vielleicht treffen wir Johann und Renate.** |
| I don't know about that. | **Ich weiß nicht.** |
| I like the museum very much, but Johann likes old galleries better. | **Das Museum gefällt mir sehr, aber Johann gefallen alte Galerien besser.** |
| Well, I like all galleries! | **Na, mir gefallen alle Galerien!** |
| See you tomorrow then! | **Also, bis morgen dann!** |

## 13. C.

Rephrase the sentences using the cues.

*Nehmen Sie den Zug? (ihr)* ☞ *Nehmt ihr den Zug?*

*Wir nehmen die Straßenbahn. (Berta)* ☞ *Berta nimmt die Straßenbahn.*

*Das Bild gefällt mir nicht so
gut. (das Bild und der Film)*

*Triffst du viele Freunde in der
Galerie? (er)*

☞ *Das Bild und der Film
gefallen mir nicht so gut.*

☞ *Trifft er viele Freunde in
der Galerie?*

Translate.

*I like Beethoven very much!*

☞ *Beethoven gefällt mir sehr
gut!*

## LESSON 14: DEPENDENT INFINITIVES WITH *SEHEN, HÖREN, HELFEN,* AND *LASSEN*

### 14. A.

*Sehen*—"to see," *hören*—"to hear," *helfen*—"to help," and *lassen*—"to let/to leave" can be used with or without a dependent infinitive. The dependent infinitive is usually at the end of the sentence. *Hören Sie zu und wiederholen Sie!*

| | |
|---|---|
| I hear him coming. | **Ich höre ihn kommen.** |
| You leave the key at the reception desk. | **Du läßt den Schlüssel bei der Rezeption.** |
| Are you helping repair the car, Mr. Bender? | **Helfen Sie den Wagen reparieren, Herr Bender?** |
| He lets the children go to the movies. | **Er läßt die Kinder ins Kino gehen.** |
| We don't see anyone playing in the park today. | **Wir sehen heute niemand im Park spielen.** |
| Will you let the fire burn? | **Laßt ihr das Feuer brennen?** |
| They see the people coming through the door. | **Sie sehen die Leute durch die Tür kommen.** |

### 14. B.

*Hören Sie gut zu!*

URSULA: *Weißt du, Nina, meine Wohnung wird langsam unmöglich!*

NINA: *Was ist denn los? Deine Wohnung ist doch toll!*

URSULA: *Na ja, die Wohnung ist schon schön, aber der Vermieter! Er läßt mich nicht in Ruhe leben!*

NINA: *Wieso das?*

URSULA: *Samstags, zum Beispiel, sieht er meine Freunde kommen ... und später hört er uns natürlich tanzen.*

NINA: *Ihr laßt die Tür doch nicht offen, oder?*
URSULA: *Natürlich nicht! Aber wir hören ihn durch die Wand rufen.*
NINA: *Hmm. Ich helfe dir morgen eine andere Wohnung suchen.*

*Hören Sie zu und wiederholen Sie!*

You know, Nina, my apartment is becoming more and more impossible!

**Weißt du, Nina, meine Wohnung wird langsam unmöglich!**

But what's wrong? Your apartment is great!

**Was ist denn los? Deine Wohnung ist doch toll!**

Well, yes, the apartment is fine, but the landlord!

**Na ja, die Wohnung ist schon schön, aber der Vermieter!**

He won't let me live in peace!

**Er läßt mich nicht in Ruhe leben!**

How so?

**Wieso das?**

Saturdays, for example, he sees my friends coming ... and later, of course, he hears us dancing.

**Samstags, zum Beispiel, sieht er meine Freunde kommen ... und später hört er uns natürlich tanzen.**

You don't leave the door open, do you?

**Ihr laßt die Tür doch nicht offen, oder?**

Certainly not!

**Natürlich nicht!**

But we hear him calling through the wall.

**Aber wir hören ihn durch die Wand rufen.**

Hmm. I'll help you look for another apartment tomorrow.

**Hmm. Ich helfe dir morgen eine andere Wohnung suchen.**

14. C.

Restate the following sentences using the cues.

Wir hören sie tanzen. (er)    ☞ Er hört sie tanzen.

Dieter und ich hören die Autos    ☞ Ute hört die Autos kommen.
kommen. (Ute)

Frau Schmidt hilft mir kochen.    ☞ Meine Kinder helfen mir
(meine Kinder)    kochen.

Sehen Sie die Kinder im Park    ☞ Siehst du die Kinder im
spielen? (du)    Park spielen?

## LESSON 15: THE PRESENT INDICATIVE OF
## *NENNEN* AND *SENDEN*

### 15. A.

This lesson adds two verbs to your list of semi-regular verbs: *nennen*—"to name/call," and *senden*—"to send/broadcast."

| | |
|---|---|
| I call | **ich nenne** |
| I call this luck. | **Das nenne ich Glück.** |
| you send | **du sendest** |
| You'll send congratulations, right? | **Du sendest aber Glückwünsche, nicht wahr?** |
| you call | **Sie nennen** |
| They're calling their daughter Barbara. | **Sie nennen Ihre Tochter Barbara.** |
| it broadcasts | **es sendet** |
| The radio broadcasts around the clock. | **Das Radio sendet rund um die Uhr.** |
| we send | **wir senden** |
| We're sending you greetings from Munich. | **Wir senden Ihnen Grüße aus München.** |
| you name | **ihr nennt** |
| Name the capital of Austria. | **Nennt mir die Hauptstadt Österreichs.** |
| they call | **sie nennen** |
| They call themselves "children of peace." | **Sie nennen sich „Kinder des Friedens."** |

### 15. B.

*Hören Sie gut zu!*

FRAU KLEIST: *Denken Sie nur, Frau Bruning! Ich bin schon wieder Oma!*

FRAU BRUNING: *Ich gratuliere! Wie heißt das Baby denn?*

FRAU KLEIST: *Ihre Eltern nennen sie Anna.*

| FRAU BRUNING: | *Schön! Wissen Sie, ich möchte den Eltern meine Glückwünsche senden.* |
| FRAU KLEIST: | *Na, das ist aber nett!* |
| FRAU BRUNING: | *Soll ich auch ein Geschenk schicken? Ein Spielzeug vielleicht?* |
| FRAU KLEIST: | *Ja, das nenne ich eine gute Idee.* |
| FRAU BRUNING: | *Wunderbar! Bis später dann. Und senden Sie auch meine Grüße an Ihre Familie in Freiburg.* |

*Hören Sie zu und wiederholen Sie!*

| | |
|---|---|
| Just think, Mrs. Bruning. | **Denken Sie nur, Frau Bruning!** |
| I'm a grandmother again. | **Ich bin schon wieder Oma!** |
| Congratulations! | **Ich gratuliere!** |
| What's the baby's name? | **Wie heißt das Baby denn?** |
| Her parents are calling her Anna. | **Ihre Eltern nennen sie Anna.** |
| Nice! | **Schön!** |
| You know I'd like to send the parents my regards. | **Wissen Sie, ich möchte den Eltern meine Glückwünsche senden.** |
| Well, that's nice! | **Na, das ist aber nett!** |
| Should I send a present? A toy maybe? | **Soll ich auch ein Geschenk schicken? Ein Spielzeug vielleicht?** |
| That's what I call a good idea. | **Ja, das nenne ich eine gute Idee.** |
| Wonderful! | **Wunderbar!** |
| See you later. | **Bis später dann.** |
| And give my regards to your family in Freiburg. | **Und senden Sie auch meine Grüße an Ihre Familie in Freiburg.** |

270

## 15. C.

Rephrase the sentences using the cues.

| | |
|---|---|
| *Das nennt er Glück? (du)* | ☞ *Das nennst du Glück?* |
| *Wir senden Grüße an die Familie. (Herr Braun)* | ☞ *Herr Braun sendet Grüße an die Familie.* |
| *Ich sende meine Glückwünsche. (Frau Schmidt)* | ☞ *Frau Schmidt sendet ihre Glückwünsche.* |
| *Er nennt das Kind Renate. (wir)* | ☞ *Wir nennen das Kind Renate.* |

## LESSON 16: THE PRESENT INDICATIVE OF VERBS WITH A SEPARABLE PREFIX

### 16. A.

German has a large number of verbs with separable prefixes. Adding a prefix to a verb does not change its conjugation; it just modifies the meaning of the basic verb. Consider, for example, *steigen,* which without a prefix means simply "to climb." The prefixes *ein-, aus-,* and *um-* change the verb to either *einsteigen*—"to climb in/to get in"; *aussteigen*—"to climb out/to get out"; or *umsteigen*— "to transfer." Note that in the present indicative the separable prefix stands at the end of a sentence.

| | |
|---|---|
| I'll get on the bus every day. | **Ich steige jeden Tag in den Bus ein.** |

*Mitbringen*—"to bring/bring along" (from the base verb *bringen*—"to bring") is another example.

| | |
|---|---|
| I bring | **ich bringe mit** |
| I'm bringing the money. | **Ich bringe das Geld mit.** |
| you bring | **Sie bringen mit** |
| Are you bringing the presents? | **Bringen Sie die Geschenke mit?** |
| you bring | **du bringst mit** |
| Are you bringing the cheese? | **Bringst du den Käse mit?** |
| he brings | **er bringt mit** |
| He's bringing the paper plates. | **Er bringt die Papierteller mit.** |
| she brings | **sie bringt mit** |
| She's bringing her colleague along. | **Sie bringt ihren Kollegen mit.** |
| we bring | **wir bringen mit** |
| We're bringing our dogs along. | **Wir bringen unsere Hunde mit.** |
| you bring | **Sie bringen mit** |

| Mrs. Müller, are you bringing your husband? | **Frau Müller, bringen Sie Ihren Mann mit?** |
|---|---|
| you bring | **ihr bringt mit** |
| Claudia and Hans, are you bringing the pictures? | **Claudia und Hans, bringt ihr die Bilder mit?** |
| they bring | **sie bringen** |
| Claudia and Hans are bringing their cats along. | **Claudia und Hans bringen ihre Katzen mit.** |

Other separable-prefix verbs are *abfahren*—"to leave," *anfangen*—"to begin," and *einkaufen*—"to shop."

## 16. B.

*Hören Sie gut zu!*

LOTTIE: *Jürgen, wann fahren wir ab?*

JÜRGEN: *Wir fahren um elf Uhr ab, denn die Feier fängt um zwei Uhr an.*

LOTTIE: *Wunderbar! Ich kaufe dann heute ein. Sollen wir etwas Wein und Käse mitbringen?*

JÜRGEN: *Ja, gut. Du kaufst den Wein, und ich kaufe den Käse ein.*

LOTTIE: *Jürgen, die Meiers fahren auch zur Feier. Nehmen wir sie mit?*

JÜRGEN: *Wir fahren um elf Uhr ab und nehmen die Meiers, den Käse und den Wein mit.*

*Hören Sie zu und wiederholen Sie!*

| Jürgen, when are we leaving? | **Jürgen, wann fahren wir ab?** |
|---|---|
| We're leaving at eleven, because the party begins at two. | **Wir fahren um elf Uhr ab, denn die Feier fängt um zwei Uhr an.** |
| Great! | **Wunderbar!** |
| Then I'll go shopping today. | **Ich kaufe dann heute ein.** |

| Should we bring some wine and cheese? | **Sollen wir etwas Wein und Käse mitbringen?** |
| OK, good. | **Ja, gut.** |
| You'll buy the wine and I'll buy some cheese. | **Du kaufst den Wein, und ich kaufe den Käse ein.** |
| Jürgen, the Meiers are also going to the party. | **Jürgen, die Meiers fahren auch zur Feier.** |
| Are we taking them? | **Nehmen wir sie mit?** |
| We'll leave at eleven and take the Meiers, the cheese, and the wine along. | **Wir fahren um elf Uhr ab und nehmen die Meiers, den Käse und den Wein mit.** |

## 16. C.

*Auf deutsch, bitte!*

| State that the train leaves at nine o'clock. | ☞ *Der Zug fährt um neun Uhr ab.* |
| State that you are leaving at ten o'clock. | ☞ *Ich fahre um zehn Uhr ab.* |
| State that the movie begins now. | ☞ *Der Film fängt jetzt an.* |
| Ask whether Karl will take you along? | ☞ *Karl, nimmst du mich mit?* |

## LESSON 17: THE PRESENT INDICATIVE OF REFLEXIVE VERBS

### 17. A.

Verbs are reflexive when their subject and their object are identical. For example, the sentences "Mary dresses herself"—*Maria zieht sich an*, and "I wash myself"—*Ich wasche mich*, are made with reflexive verbs. The infinitive forms are, respectively, *sich anziehen*—"to dress oneself" and *sich waschen*—"to wash oneself." Note, however, that not all German reflexives are reflexive in English. For example, *sich interessieren für* means "to be interested in," *sich freuen über* means "to be glad about," *sich freuen auf* means "to look forward to," and *sich unterhalten* means "to converse" or "to talk."

Let's focus on *sich interessieren für*.

| | |
|---|---|
| I'm interested | **ich interessiere mich** |
| I'm interested in the book. | **Ich interessiere mich für das Buch.** |
| you're interested | **Sie interessieren sich** |
| Are you interested in music? | **Interessieren Sie sich für Musik?** |
| you're interested | **du interessierst dich** |
| Are you interested in the film? | **Interessierst du dich für den Film?** |
| he's interested | **er interessiert sich** |
| He's interested in art. | **Er interessiert sich für Kunst.** |
| she's interested | **sie interessiert sich** |
| She's interested in the concert. | **Sie interessiert sich für das Konzert.** |
| we're interested | **wir interessieren uns** |
| We're interested in the class. | **Wir interessieren uns für den Unterricht.** |

| you're interested | **Sie interessieren sich** |
| Mr. & Mrs. Müller, are you interested in foreign travel? | **Herr und Frau Müller, interessieren Sie sich für Auslandsreisen?** |
| you're interested | **ihr interessiert euch** |
| Lottie and Hans, are you interested in soccer? | **Lottie und Hans, interessiert ihr euch für Fußball?** |
| they are interested | **sie interessieren sich** |
| Lottie and Hans are interested in politics. | **Lottie und Hans interessieren sich für Politik.** |

## 17. B.

*Hören Sie gut zu!*

LOTTIE: *Jürgen, ich unterhalte mich gerne mit dir, denn ich interessiere mich auch fürs Segeln.*

JÜRGEN: *Das freut mich. Segeln ist mein Lieblingssport. Ich unterhalte mich sehr gern über Segelboote.*

LOTTIE: *Ich unterhalte mich auch gern über Segelboote.*

JÜRGEN: *Prima!*

LOTTIE: *Interessierst du dich für die Sendung "Segeln zu jeder Jahreszeit"?*

JÜRGEN: *Ja, ja, ich freue mich jede Woche auf diese Sendung!*

*Hören Sie zu und wiederholen Sie!*

| Jürgen, I like talking to you because I'm also interested in sailing. | **Jürgen, ich unterhalte mich gerne mit dir, denn ich interessiere mich auch fürs Segeln.** |
| I'm glad about that. | **Das freut mich.** |
| Sailing is my favorite sport. | **Segeln ist mein Lieblingssport.** |
| I enjoy talking about sailboats. | **Ich unterhalte mich sehr gern über Segelboote.** |

276

| | |
|---|---|
| I enjoy talking about sailboats, too. | **Ich unterhalte mich auch gern über Segelboote.** |
| Great! | **Prima!** |
| Are you interested in the TV program "Sailing in Every Season"? | **Interessierst du dich für die Sendung "Segeln zu jeder Jahreszeit"?** |
| Yes, yes, I look forward to this program every week. | **Ja, ja, ich freue mich jede Woche auf diese Sendung.** |

## 17. C.

Answer the questions using the cues.

| | |
|---|---|
| *Interessieren Sie sich für Filme? (ja)* | ☞ *Ja, ich interessiere mich für Filme.* |
| *Freut sich Gudrun auf die Feier? (ja)* | ☞ *Ja, Gudrun freut sich auf die Feier.* |
| *Unterhalten sich Karl und Victoria mit Horst? (nein)* | ☞ *Nein, Karl und Victoria unterhalten sich nicht mit Horst.* |
| *Interessiert sich Hans für Fußball? (nein)* | ☞ *Nein, er interessiert sich nicht für Fußball.* |

# LESSON 18: THE FUTURE TENSE

## 18. A.

Although German often uses the present tense to imply future action, there is a proper future tense. It is formed with the present of *werden* plus the infinitive. The infinitive is the last word in the sentence. Let's try this with the verb *bestellen*—"to order/make reservations."

| | |
|---|---|
| I will order | **ich werde bestellen** |
| I will order the Rhine wine. | **Ich werde den Rheinwein bestellen.** |
| you will order | **Sie werden bestellen** |
| Will you order a cab? | **Werden Sie ein Taxi bestellen?** |
| you will make reservations | **du wirst bestellen** |
| Will you make reservations? | **Wirst du einen Tisch bestellen?** |
| he will order | **er wird bestellen** |
| He will order the medicine. | **Er wird die Medikamente bestellen.** |
| she will order | **sie wird bestellen** |
| She will order the tickets. | **Sie wird die Karten bestellen.** |
| we will order | **wir werden bestellen** |
| We will order the new car soon. | **Wir werden das neue Auto bald bestellen.** |
| you will order | **Sie werden bestellen** |
| Mr. and Mrs. Müller, will you order the train tickets? | **Herr und Frau Müller, werden Sie die Fahrkarten bestellen?** |
| you will order | **ihr werdet bestellen** |
| Will you order Christmas cookies this year? | **Werdet ihr dieses Jahr Weihnachtsplätzchen bestellen?** |
| they will order | **sie werden bestellen** |
| Meiers will not order our product. | **Meiers werden unser Produkt nicht bestellen.** |

## 18. B.

Let's learn two new verbs.

| | |
|---|---|
| to learn | **lernen** |
| to show | **zeigen** |

*Hören Sie gut zu!*

HANS: *Peter, was wirst du morgen machen?*

PETER: *Ich werde meine Deutschaufgaben machen. Ich werde einen Aufsatz schreiben und Vokabeln lernen.*

HANS: *Nächste Woche werden wir nur Deutsch im Unterricht sprechen. Ein Institutsleiter aus München wird die Stunde halten.*

PETER: *Wird er den neuen Film von Wim Wenders zeigen? Wenn ja, werde ich in deine Klasse kommen, wenn's geht.*

HANS: *Toll! Bis Mittwoch, also!*

*Hören Sie zu und wiederholen Sie!*

Peter, what will you be doing tomorrow?

**Peter, was wirst du morgen machen?**

I'll do my German lessons.

**Ich werde meine Deutschaufgaben machen.**

I'll write a composition and learn vocabulary.

**Ich werde einen Aufsatz schreiben und Vokabeln lernen.**

Next week we'll speak only German in class.

**Nächste Woche werden wir nur Deutsch im Unterricht sprechen.**

A representative from an institute in Munich will conduct the class.

**Ein Institutsleiter aus München wird die Stunde halten.**

| Will he show the new movie by Wim Wenders? | **Wird er den neuen Film von Wim Wenders zeigen?** |
| If so, I'll attend your class, if that's OK. | **Wenn ja, werde ich in deine Klasse kommen, wenn's geht.** |
| Great! | **Toll!** |
| Till Wednesday, then. | **Bis Mittwoch, also.** |

## 18. C.

Answer the questions using the cues.

| *Werden Sie die Theaterkarten bestellen? (ja)* | ☞ *Ja, ich werde die Theaterkarten bestellen.* |
| *Wird Maria ihre Wohnung zeigen? (nein)* | ☞ *Nein, sie wird ihre Wohnung nicht zeigen.* |
| *Wird Thomas die Zeitung lesen? (nein)* | ☞ *Nein, er wird die Zeitung nicht lesen.* |

# PART II: COMMANDING, REQUESTING, AND SUGGESTING

## LESSON 19: COMMANDS, REQUESTS, AND SUGGESTIONS

### 19. A.

The imperative expresses commands, requests, and suggestions. *Hören Sie zu und wiederholen Sie!*

| | |
|---|---|
| Have patience! | **Hab' Geduld!** |
| Pass the sugar, please! | **Gib mir den Zucker, bitte!** |

German uses three different imperative forms. First, the formal imperative:

| | |
|---|---|
| Help the customer! | **Helfen Sie dem Kunden!** |
| Have patience, Mr. and Mrs. Schmidt! | **Haben Sie Geduld, Herr und Frau Schmidt!** |

*Bitte* adds a measure of politeness.

| | |
|---|---|
| Please, don't be afraid! | **Bitte, haben Sie keine Angst!** |

Particles such as *doch* or *nur* soften or strengthen the command.

| | |
|---|---|
| *Do* have patience! | **Haben Sie doch Geduld!** |

To create the informal imperative, use the infinitive stem of the verb and add *-e*, if desired. *Hören Sie zu und wiederholen Sie!*

| | |
|---|---|
| Have patience, Erich! | **Hab' Geduld, Erich!**<br>**Habe Geduld, Erich!** |

| Write me soon! | **Schreib' mir bald!** |
| | **Schreibe mir bald!** |

The additional *-e* is required when the infinitive stem ends in *-t* or *-d*.

| Wait! | **Warte!** |

The usual verbs need a stem-vowel change in the informal imperative. Verbs with a stem-vowel change do not add *-e*.

| Help me with the luggage! | **Hilf mir mit dem Gepäck!** |
| Don't forget the money, Klaus! | **Vergiß das Geld nicht,** |
| | **Klaus!** |

One exception to this rule is *werden:*

| Don't get nervous, Tina! | **Werd(e) nicht nervös, Tina!** |

The third imperative form. the familiar plural, is identical to the *ihr*-form of the present indicative.

| Have patience, Erich and | **Habt Geduld, Erich und** |
| Petra! | **Petra!** |
| Help me, Klaus and Heidi! | **Helft mir, Klaus und Heidi!** |
| Wait, children! | **Wartet noch, Kinder!** |

*Sein*—"to be," has somewhat irregular imperative forms.

| Be friendly! | **Seien Sie freundlich!** |
| Don't be angry at me! | **Sei mir nicht böse!** |
| Be reasonable! | **Seid doch vernünftig!** |

282

19. B.

*Hören Sie gut zu!*

HELGA: *Jürgen, sei so nett und hilf mir mit dem Gepäck!*

JÜRGEN: *Ja, gerne. Wir sind bald fertig.*

HELGA: *Aber Jürgen, vergiß die Kamera nicht.*

JÜRGEN: *Hab' keine Angst! Sie ist schon eingepackt.*

HELGA: *Und ich habe das Geld. Dann haben wir ja alles.*

HERR HOFFMANN: *Ja. Fahren Sie doch endlich los! Und schreiben Sie mir eine Postkarte! Auf Wiedersehen!*

*Hören Sie zu und wiederholen Sie!*

| | |
|---|---|
| Jürgen, be so kind as to help me with the luggage! | **Jürgen, sei so nett und hilf mir mit dem Gepäck!** |
| Yes, gladly. We're almost finished. | **Ja, gerne. Wir sind bald fertig.** |
| But, Jürgen, don't forget the camera. | **Aber, Jürgen, vergiß die Kamera nicht!** |
| Don't worry! | **Hab' keine Angst!** |
| It's already packed. | **Sie ist schon eingepackt.** |
| And I have the money. | **Und ich habe das Geld.** |
| Then we have everything. | **Dann haben wir ja alles.** |
| Yes. Get on your way now! | **Ja. Fahren Sie doch endlich los!** |
| And write me a post card! | **Und schreiben Sie mir eine Postkarte!** |
| Good-bye! | **Auf Wiedersehen!** |

19. C.

Rephrase the sentences using the cues. Listen to the example:

*Petra, habe Geduld! (Frau Keller)*     ☞ *Frau Keller, haben Sie Geduld!*

*Jetzt sind Sie dran!*

*Herr Schmidt, warten Sie auf mich! (Klaus)*     ☞ *Klaus, warte auf mich!*

*Helga und Jürgen, vergesst das Geld nicht! (Erika)*     ☞ *Erika, vergiß das Geld nicht!*

Now do the following:

Tell your children not to be afraid.     ☞ *Kinder, habt keine Angst!*

Tell your spouse to write you a post card.     ☞ *Schreib mir eine Postkarte!*

Tell the group to please listen and repeat.     ☞ *Hören Sie zu und wiederholen Sie, bitte!*

## LESSON 20: POLITE REQUESTS

### 20. A.

"Could-" and "would-" constructions in English are equivalent to *könnte-* and *würde-* constructions in German. They consist of a subjunctive form of *können* or *werden* and an infinitive. As in English, these forms are used for polite requests. *Hören Sie zu und wiederholen Sie!*

| | |
|---|---|
| Could I wait here for the manager? | **Könnte ich hier auf den Manager warten?** |
| Could you meet Mrs. Hinrichs in the office? | **Könnten Sie Frau Hinrichs im Büro treffen?** |
| Could you call back later? | **Könntest du später zurückrufen?** |
| Couldn't it wait until tomorrow? | **Könnte es nicht bis morgen warten?** |
| Could we leave early today? | **Könnten wir heute früher gehen?** |
| Could you stay late today? | **Könntet ihr heute länger bleiben?** |
| Could you repeat this, please? | **Könnten Sie das noch einmal wiederholen?** |

Let's do the same thing with *würde*:

| | |
|---|---|
| Would you speak up, please? | **Würdest du bitte lauter sprechen?** |
| Would you please help the customer? | **Würden Sie dem Kunden bitte helfen?** |
| Would you write the letter, please? | **Würdest du den Brief bitte schreiben?** |
| Would you do me a favor? | **Würden Sie mir einen Gefallen tun?** |
| Would you tell me what time it is? | **Würden Sie mir sagen, wie spät es ist?** |

## 20. B.

Let's learn a few new verbs:

| | |
|---|---|
| to develop | **entwickeln** |
| to last, to take | **dauern** |

*Hören Sie gut zu!*

| | |
|---|---|
| FRAU BECKMANN: | *Würden Sie dem Kunden helfen?* |
| DER VERKÄUFER: | *Ja, gerne. Bitte sehr!* |
| HEINZ: | *Ich möchte diesen Film entwickeln lassen. Könnten Sie mir sagen, wie lange das dauern wird?* |
| DER VERKÄUFER: | *In zwei Tagen ist er fertig.* |
| HEINZ: | *Könnten Sie mir auch sagen, wie teuer es ist?* |
| DER VERKÄUFER: | *Ist es ein Farb- oder ein Schwarz-weißfilm?* |
| HEINZ: | *Ein Farbfilm mit zwanzig Bildern.* |
| DER VERKÄUFER: | *Zwanzig Farbabzüge. Das macht also zwölf Mark.* |
| HEINZ: | *Gut!* |
| DER VERKÄUFER: | *Würden Sie bitte einen Moment auf Ihren Beleg warten?* |
| HEINZ: | *Natürlich!* |

*Hören Sie zu und wiederholen Sie!*

| | |
|---|---|
| Would you help the customer? | **Würden Sie dem Kunden helfen?** |
| Yes, gladly. | **Ja, gerne.** |
| May I help you? | **Bitte sehr!** |
| I would like to have this film developed. | **Ich möchte diesen Film entwickeln lassen.** |
| Could you tell me how long that would take? | **Könnten Sie mir sagen, wie lange das dauern wird?** |

| | |
|---|---|
| In two days it'll be finished. | **In zwei Tagen ist er fertig.** |
| Could you also tell me how expensive it is? | **Könnten Sie mir auch sagen, wie teuer es ist?** |
| Color or black-and-white film? | **Ist es ein Farb- oder ein Schwarz-weiß-film?** |
| A color film with twenty exposures. | **Ein Farbfilm mit zwanzig Bildern.** |
| Twenty color prints. | **Zwanzig Farbabzüge** |
| That comes to twelve marks. | **Das macht also zwölf Mark.** |
| Fine. | **Gut.** |
| Would you please wait a moment for your receipt? | **Würden Sie bitte einen Moment auf Ihren Beleg warten?** |
| Of course! | **Natürlich!** |

## 20. C.

Transform the sentences using *können* or *würden* as is appropriate.

| | |
|---|---|
| *Würdest du mir bei den Hausaufgaben helfen?* | ☞ *Könntest du mir bei den Hausaufgaben helfen?* |
| *Würden Sie mich bitte später noch einmal zurückrufen?* | ☞ *Könnten Sie mich bitte später noch einmal zurückrufen?* |
| *Könnten Sie das bitte noch einmal wiederholen?* | ☞ *Würden Sie das bitte noch einmal wiederholen?* |
| *Könntet ihr diesen Brief für mich zur Post bringen?* | ☞ *Würdet ihr diesen Brief für mich zur Post bringen?* |

## LESSON 21: SUGGESTIONS

### 21. A.

German has several expressions equivalent to "Let us" or "Let's." One of them is the inverted first person plural present indicative form.

| | |
|---|---|
| Let's go! | **Gehen wir!** |
| Let's not leave until this evening! | **Fahren wir erst heute abend los!** |
| Let's be on our way! | **Machen wir uns auf den Weg!** |

The verb *lassen*—"to leave" can also be used in this form.

| | |
|---|---|
| Let's leave our troubles at home! | **Lassen wir die Sorgen zu Hause!** |
| Let's leave the diskette in the computer! | **Lassen wir die Diskette im Computer!** |

You may also use *lassen* with an infinitive, in which case it means "to let," "to allow," "to have." Compare:

| | |
|---|---|
| I am repairing my car. | **Ich repariere mein Auto.** |
| I am having my car repaired. | **Ich lasse mein Auto reparieren.** |

*Hören Sie zu und wiederholen Sie!*

| | |
|---|---|
| Let him do the work! | **Lassen Sie ihn die Arbeit machen!** |
| Have the room reserved! | **Lassen Sie das Zimmer reservieren!** |

## 21. B.

*Hören Sie gut zu!*

> INGE: *Komm', Monika! Gehen wir einkaufen!*
> MONIKA: *Aber wohin denn?*
> INGE: *Laß' uns in die Stadt fahren!*
> MONIKA: *Eine gute Idee! Aber der Verkehr. . . Laß' uns lieber mit dem Zug fahren!*
> INGE: *Da hast du recht! Nehmen wir den zwei-Uhr-Zug.*
> MONIKA: *Ja, gut!*

*Hören Sie zu und wiederholen Sie!*

| | |
|---|---|
| Come, Monika! | **Komm', Monika!** |
| Let's go shopping! | **Gehen wir einkaufen!** |
| But where? | **Aber wohin denn?** |
| Let's go downtown. | **Laß' uns in die Stadt fahren!** |
| A good idea! | **Eine gute Idee!** |
| But the traffic. . . | **Aber der Verkehr. . .** |
| Let's take the train instead. | **Laß' uns lieber mit dem Zug fahren!** |
| You're right! | **Da hast du recht!** |
| Let's take the two o'clock train. | **Nehmen wir den zwei-Uhr-Zug!** |
| Yes, fine. | **Ja, gut.** |

## 21. C.

Respond to the requests using the cues. Please add *lieber*—"rather," as in the example.

*Fahren wir in zehn Minuten los! (nein, jetzt)*      *Nein, fahren wir lieber jetzt los!*

*Jetzt sind Sie dran!*

*Gehen wir mit Kurt in die
Stadtmitte! (nein, mit Inge)*  ☞ *Nein, gehen wir lieber mit
Inge in die Stadtmitte!*

*Machen wir die harte Arbeit!
(nein, nichts)*  ☞ *Nein, machen wir lieber
nichts!*

## Rephrase the sentences with *lassen*.

*Reparieren wir das Auto.*  ☞ *Lassen wir das Auto
reparieren.*

*Bestell' einen Tisch im Restau-
rant.*  ☞ *Laß' einen Tisch im Restaurant bestellen.*

## PART III: SPEAKING ABOUT PAST ACTIONS

## LESSON 22: THE CONVERSATIONAL PAST OF
## PREDICTABLE VERBS WITH *HABEN*

### 22. A.

In German, the preferred past tense form in casual conversation is the present perfect. It is a compound tense consisting of an auxiliary verb—either *haben* or *sein*—in the present tense, and the past participle of the main verb. The English equivalent of *Ich habe gesagt* would be either "I've said" or "I said." Let's begin by practicing the conversational past of predictable, or weak, verbs that use *haben*. Predictable verbs form their past participles by adding the prefix *ge-* to the front of the stem, and *-t* or *-et* to the end of the stem. Let's practice with *sagen*—"to say."

| | |
|---|---|
| I said | **ich habe gesagt** |
| I said that. | **Ich habe das gesagt.** |
| you said | **Sie haben gesagt** |
| What did you say? | **Was haben Sie gesagt?** |
| you said | **du hast gesagt** |
| You said nothing. | **Du hast nichts gesagt.** |
| he said | **er hat gesagt** |
| Paul said something. | **Paul hat etwas gesagt.** |
| we said | **wir haben gesagt** |
| Did we say that? | **Haben wir das gesagt?** |
| you said | **Sie haben gesagt** |
| You didn't say that. | **Sie haben das nicht gesagt.** |
| you said | **ihr habt gesagt** |
| What did you say to him? | **Was habt ihr ihm gesagt?** |
| they said | **sie haben gesagt** |
| They said nothing. | **Sie haben nichts gesagt.** |

Now listen to some more examples of predictable verbs.

| | |
|---|---|
| I asked him. | **Ich habe ihn gefragt.** |
| You answered. | **Sie haben geantwortet.** |
| What did you do? | **Was hast du gemacht?** |
| They listened to the radio. | **Sie haben Radio gehört.** |

Predictable verbs with inseparable prefixes such as *besuchen*—"to visit," *bestellen*—"to order," *erklären*—"to explain," and *erzählen*—"to tell" do not add the *ge-* in front of the stem, but do end in *-t*. This is also true of verbs ending in *-ieren*, such as *interessieren*—"to interest," *probieren*—"to try," *reparieren*—"to repair," and *reservieren*—"to reserve."

| | |
|---|---|
| He repaired the car. | **Er hat das Auto repariert.** |
| We explained everything. | **Wir haben alles erklärt.** |

22. B.

*Hören Sie gut zu!*

MUTTER: *Florian, hast du deine Hausaufgaben gemacht?*

FLORIAN: *Nein, ich habe sie noch nicht gemacht.*

MUTTER: *Dann mache sie bitte jetzt! Dein Lehrer hat mir gesagt, du hast Probleme.*

FLORIAN: *Ich habe keine Probleme. Er hat alles schlecht erklärt, und deshalb habe ich alles falsch gemacht.*

MUTTER: *Du mußt gut zuhören!*

FLORIAN: *Ich habe ihm gesagt, ich verstehe nichts.*

MUTTER: *Und dann?*

FLORIAN: *Er hat geantwortet, ich soll besser zuhören.*

*Hören Sie zu und wiederholen Sie!*

| | |
|---|---|
| Florian, did you do your homework? | **Florian, hast du deine Hausaufgaben gemacht?** |
| No, I haven't done it yet. | **Nein, ich habe sie noch nicht gemacht.** |
| Then do it now, please. | **Dann mache sie bitte jetzt.** |
| Your teacher told me you are having problems. | **Dein Lehrer hat mir gesagt, du hast Probleme.** |
| I'm not having any problems. | **Ich habe keine Probleme.** |
| He explained everything poorly, and that's why I made all these mistakes. | **Er hat alles schlecht erklärt, und deshalb habe ich alles falsch gemacht.** |
| You have to listen carefully. | **Du mußt gut zuhören.** |
| I told him I don't understand anything. | **Ich habe ihm gesagt, ich verstehe nichts.** |
| And then? | **Und dann?** |
| He answered I should listen better. | **Er hat geantwortet, ich soll besser zuhören.** |

## 22. C.

Answer these questions using either *ja* or *nein* as indicated.

| | |
|---|---|
| *Hast du ihm geantwortet? (ja)* | ☞ *Ja, ich habe ihm geantwortet.* |
| *Haben Sie alles erklärt? (nein)* | ☞ *Nein, ich habe nicht alles erklärt.* |
| *Hat er etwas gesagt? (ja)* | ☞ *Ja, er hat etwas gesagt.* |

Now do the following:

| | |
|---|---|
| Say that you said nothing. | ☞ *Ich habe nichts gesagt.* |
| Ask your son if he did his homework. | ☞ *Hast du deine Hausaufgaben gemacht?* |
| Say that you answered quickly. | ☞ *Ich habe schnell geantwortet.* |

# LESSON 23: THE CONVERSATIONAL PAST OF IRREGULAR VERBS WITH *HABEN*

## 23. A.

To form the past participle of irregular, or strong, verbs, add the prefix *ge-* to the front of the stem, and *-en* to the end. Let's listen to the conjugation of *lesen*—"to read."

| | |
|---|---|
| I read | **ich habe gelesen** |
| I read the newspaper. | **Ich habe die Zeitung gelesen.** |
| you read | **Sie haben gelesen** |
| What did you read? | **Was haben Sie gelesen?** |
| you read | **du hast gelesen** |
| Did you read it? | **Hast du es gelesen?** |
| he read | **er hat gelesen** |
| He read the book. | **Er hat das Buch gelesen.** |
| we read | **wir haben gelesen** |
| We didn't read it. | **Wir haben es nicht gelesen.** |
| you read | **Sie haben gelesen** |
| Did you read everything? | **Haben Sie alles gelesen?** |
| you read | **ihr habt gelesen** |
| You didn't read that. | **Ihr habt das nicht gelesen.** |
| they read | **sie haben gelesen** |
| They didn't read the novel. | **Sie haben den Roman nicht gelesen.** |

Irregular verbs often have a stem-vowel change in the past participle. You have to learn the past participles individually, as there is no general rule for the stem-vowel changes. *Hören Sie zu und wiederholen Sie!*

| | |
|---|---|
| he slept | **er hat geschlafen** |
| He didn't sleep well. | **Er hat nicht gut geschlafen.** |
| there was | **es hat gegeben** |
| What was for lunch? | **Was hat es zum Mittagessen gegeben?** |

they saw | sie haben gesehen
They saw her yesterday. | **Sie haben sie gestern gesehen.**

you recommended | **du hast empfohlen**
Did you recommend this restaurant? | **Hast du dieses Restaurant empfohlen?**

## 23. B.

*Hören Sie gut zu!*

HANNELORE: *Was hast du gestern abend gemacht?*
GABRIELA: *Also, zuerst habe ich die Zeitung gelesen. Dann habe ich die Nachrichten im Fernsehen gesehen.*
HANNELORE: *Hast du nichts gegessen?*
GABRIELA: *Doch, ein Käsebrot und etwas Tee.*
HANNELORE: *Und was hast du noch gemacht?*
GABRIELA: *Dann habe ich noch einen Krimi im Fernsehen gesehen. Die Kritiker haben ihn empfohlen.*
HANNELORE: *Ach, den habe ich auch gesehen. Der war gut.*
GABRIELA: *Ja, und danach war ich müde.*

*Hören Sie zu und wiederholen Sie!*

What did you do last night? | **Was hast du gestern abend gemacht?**
Well, first I read the newspaper. | **Also, zuerst habe ich die Zeitung gelesen.**
Then I watched the news on television. | **Dann habe ich die Nachrichten im Fernsehen gesehen.**
Didn't you eat anything? | **Hast du nichts gegessen?**
Yes, a cheese sandwich and some tea. | **Doch, ein Käsebrot und etwas Tee.**

| And what else did you do? | **Und was hast du noch gemacht?** |
| Then I watched a mystery on television. | **Dann habe ich noch einen Krimi im Fernsehen gesehen.** |
| The critics recommended it. | **Die Kritiker haben ihn empfohlen.** |
| Oh, I saw that one too. | **Ach, den habe ich auch gesehen.** |
| It was good. | **Der war gut!** |
| Yes, and after that I was tired. | **Ja, und danach war ich müde.** |

## 23. C.

Now answer the following questions using either *ja* or *nein* as indicated.

| *Hast du gut geschlafen? (ja)* | ☞ *Ja, ich habe gut geschlafen.* |
| *Hat Peter das Buch gelesen? (nein)* | ☞ *Nein, Peter hat das Buch nicht gelesen.* |
| *Habt ihr den Dom gesehen? (ja)* | ☞ *Ja, wir haben den Dom gesehen.* |
| *Haben Sie ihm das Buch gegeben? (ja)* | ☞ *Ja, ich habe ihm das Buch gegeben.* |

Now do the following:

| Say that your children have read the book. | ☞ *Meine Kinder haben das Buch gelesen.* |
| Ask what there was for lunch today. | ☞ *Was hat es heute zum Mittagessen gegeben?* |
| Ask your friends if they slept well. | ☞ *Habt ihr gut geschlafen?* |

# LESSON 24: THE CONVERSATIONAL PAST OF
## VERBS WITH *SEIN*

## 24. A.

A number of verbs denoting movement, such as *fahren*—
"to drive/to go"; *fliegen*—"to fly"; *gehen*—"to go"; *kommen*—"to come"; *laufen*—"to walk"; and *steigen*—"to climb"
take the auxiliary verb *sein* in the conversational past. Two
other verbs, *bleiben*—"to stay," and *sein*—"to be," also use
*sein* as auxiliary. We'll begin with *fahren*.

| | |
|---|---|
| I went | **ich bin gefahren** |
| I went to Bonn yesterday. | **Ich bin gestern nach Bonn gefahren.** |
| you went | **Sie sind gefahren** |
| You went downtown today. | **Sie sind heute in die Stadt gefahren.** |
| you went | **du bist gefahren** |
| Where did you go? | **Wohin bist du gefahren?** |
| she drove | **sie ist gefahren** |
| She drove home. | **Sie ist nach Hause gefahren.** |
| we drove | **wir sind gefahren** |
| We drove to work. | **Wir sind zur Arbeit gefahren.** |
| you went | **Sie sind gefahren** |
| Did you go by car? | **Sind Sie mit dem Auto gefahren?** |
| you drove | **ihr seid gefahren** |
| When did you drive to the airport? | **Wann seid ihr zum Flughafen gefahren?** |
| they went | **sie sind gefahren** |
| They didn't go by taxi. | **Sie sind nicht mit dem Taxi gefahren.** |

Some of these verbs undergo a stem-vowel change in the
past participle.

| | |
|---|---|
| He came into the room. | **Er ist ins Zimmer gekommen.** |
| We went to the movies. | **Wir sind ins Kino gegangen.** |

| | |
|---|---|
| Were you in the office? | **Sind Sie im Büro gewesen?** |
| They stayed for two hours. | **Sie sind zwei Stunden geblieben.** |
| I flew to Istanbul last summer. | **Ich bin letzten Sommer nach Istanbul geflogen.** |
| We came home late last night. | **Wir sind gestern abend spät nach Hause gekommen.** |
| He ran through the park. | **Er ist durch den Park gelaufen.** |
| Did you climb the mountain? | **Seid ihr auf den Berg gestiegen?** |

## 24. B.

*Hören Sie gut zu!*

HERR WEBER: *Wo sind Sie letzten Sommer gewesen?*

HERR FISCHER: *Wir haben Urlaub in Schottland gemacht.*

HERR WEBER: *Ach, wirklich?*

HERR FISCHER: *Wir sind zuerst nach London geflogen und sind zwei Tage dort geblieben.*

HERR WEBER: *Und dann?*

HERR FISCHER: *Dann sind wir mit dem Zug nach Edinburgh gefahren.*

HERR WEBER: *Und was haben Sie in Edinburgh gemacht? Haben Sie das Schloß besucht?*

HERR FISCHER: *Ja. Und wir sind auch in viele Museen gegangen.*

HERR WEBER: *Sehr schön.*

HERR FISCHER: *Wir sind auch viel spazierengegangen, und sogar auf einen Berg gestiegen!*

HERR WEBER: *Vielleicht mache ich auch einmal Urlaub in Schottland.*

HERR FISCHER: *Gute Idee!*

*Hören Sie zu und wiederholen Sie!*

| | |
|---|---|
| Where were you last summer? | **Wo sind Sie letzten Sommer gewesen?** |
| We took a vacation in Scotland. | **Wir haben Urlaub in Schottland gemacht.** |
| Oh, really? | **Ach, wirklich?** |
| First we flew to London and stayed there for two days. | **Wir sind zuerst nach London geflogen und sind zwei Tage dort geblieben.** |
| And then? | **Und dann?** |
| Then we went to Edinburgh by train. | **Dann sind wir mit dem Zug nach Edinburgh gefahren.** |
| And what did you do in Edinburgh? | **Und was haben Sie in Edinburgh gemacht?** |
| Did you visit the castle? | **Haben Sie das Schloß besucht?** |
| Yes. And we also went to a lot of museums. | **Ja. Und wir sind auch in viele Museen gegangen.** |
| Very nice. | **Sehr schön.** |
| We also went for walks, and even climbed a mountain! | **Wir sind auch viel spazierengegangen, und sogar auf einen Berg gestiegen!** |
| Perhaps I'll take a vacation in Scotland sometime. | **Vielleicht mache ich auch einmal Urlaub in Schottland.** |
| Good idea! | **Gute Idee!** |

## 24. C.

Answer the following questions with *ja* or *nein* as indicated.

| | |
|---|---|
| *Sind Sie letztes Jahr nach Italien gefahren? (ja)* | ☞ *Ja, ich bin letztes Jahr nach Italien gefahren.* |
| *Sind Herr und Frau Brandt lange geblieben? (nein)* | ☞ *Nein, Herr und Frau Brandt sind nicht lange geblieben.* |

Ist das Kind nach Hause gelaufen? (ja)
Ist Peter nach Berlin geflogen?
(nein)

☞ *Ja, das Kind ist nach Hause
gelaufen.*
☞ *Nein, Peter ist nicht nach
Berlin geflogen.*

# LESSON 25: THE CONVERSATIONAL PAST OF SEMI-REGULAR VERBS

## 25. A.

Semi-regular, or mixed, verbs like *wissen*—"to know" and *denken*—"to think" form their past participle like predictable, or weak, verbs, by adding the prefix *ge-* and the ending *-t*. Some of them, however, also show a stem-vowel change like irregular, or strong, verbs. Here's the conjugation of *wissen*.

| | |
|---|---|
| I knew | **ich habe gewußt** |
| I already knew the answer. | **Ich habe die Antwort schon gewußt.** |
| you knew | **du hast gewußt** |
| Have you known that for long? | **Hast du das schon lange gewußt?** |
| you knew | **Sie haben gewußt** |
| You knew nothing about that. | **Sie haben nichts davon gewußt.** |
| he knew | **er hat gewußt** |
| He already knew my new telephone number. | **Er hat meine neue Telefonnummer schon gewußt.** |
| we knew | **wir haben gewußt** |
| We knew nothing about that. | **Wir haben nichts davon gewußt.** |
| you knew | **ihr habt gewußt** |
| You knew where he lives. | **Ihr habt gewußt, wo er wohnt.** |
| they knew | **sie haben gewußt** |
| They knew nothing. | **Sie haben nichts gewußt.** |

Here are a few examples with other semi-regular verbs.

| | |
|---|---|
| I thought about you. | **Ich habe an dich gedacht.** |
| Did you think about me? | **Hast du an mich gedacht?** |

| What did you think? | **Was haben Sie gedacht?** |
| We didn't know her father. | **Wir haben ihren Vater nicht gekannt.** |
| How did you call him? | **Wie habt ihr ihn genannt?** |
| The candle burnt down. | **Die Kerze ist niedergebrannt.** |

## 25. B.

*Hören Sie gut zu!*

> CHRISTOPHER: *Wir sind also letzte Woche nach Dresden gefahren.*
>
> MARTIN: *Ja, eine wunderschöne Stadt! Habt ihr vorher gewußt, daß Dresden so viele Paläste hat?*
>
> CHRISTOPHER: *Nein. Das Reisebüro hat uns nur eine Broschüre geschickt, und wir haben gedacht, eine Woche ist für Dresden genug.*
>
> MARTIN: *Da habt ihr falsch gedacht!*
>
> CHRISTOPHER: *Wir haben nicht gewußt, daß man in Dresden so viel sehen kann.*
>
> MARTIN: *Dresden ist immer eine Reise wert.*

*Hören Sie zu und wiederholen Sie!*

| So, last week we drove to Dresden. | **Wir sind also letzte Woche nach Dresden gefahren.** |
| Yes, a beautiful city! | **Ja, eine wunderschöne Stadt!** |
| Did you know before that Dresden has so many palaces? | **Habt ihr vorher gewußt, daß Dresden so viele Paläste hat?** |
| No. | **Nein.** |

| | |
|---|---|
| The travel agency only sent us a brochure, and we thought that a week would be enough for Dresden. | **Das Reisebüro hat uns nur eine Broschüre geschickt, und wir haben gedacht, eine Woche ist für Dresden genug.** |
| You were mistaken. | **Da habt ihr falsch gedacht!** |
| We didn't know that there is so much to see in Dresden. | **Wir haben nicht gewußt, daß man in Dresden so viel sehen kann.** |
| Dresden is always worth a trip. | **Dresden ist immer eine Reise wert.** |

## 25. C.

Rephrase the sentences using the cues.

| | |
|---|---|
| *Wissen Sie jetzt die Antwort? (gestern)* | ☞ *Haben Sie gestern die Antwort gewußt?* |
| *Du denkst wohl an Rudi, nicht wahr? (gestern)* | ☞ *Du hast wohl gestern an Rudi gedacht, nicht wahr?* |
| *Das neue Sportgeschäft nennt uns einen besseren Preis. (letzte Woche)* | ☞ *Das neue Sportgeschäft hat uns letzte Woche einen besseren Preis genannt.* |

# LESSON 26: THE CONVERSATIONAL PAST OF *DAUERN, KOSTEN, BEGINNEN, BEKOMMEN,* AND *BLEIBEN*

## 26. A.

In this chapter we continue with the conversational past. The predictable verbs and past participles you'll learn are *dauern–gedauert*—"to last" and *kosten–gekostet*—"to cost." The irregular verbs and their participles are *beginnen–begonnen*—"to begin," *bekommen–bekommen*—"to receive," and *bleiben–geblieben*—"to stay." All except *bleiben* use *haben* as their auxiliary.

*Hören Sie zu und wiederholen Sie!*

| | |
|---|---|
| I began | **ich habe begonnen** |
| I began the next book. | **Ich habe das nächste Buch begonnen.** |
| | |
| you received | **du hast bekommen** |
| Did you get my postcard? | **Hast du meine Postkarte bekommen?** |
| | |
| you stayed | **Sie sind geblieben** |
| You only stayed for a month. | **Sie sind nur einen Monat geblieben.** |
| | |
| it lasted | **es hat gedauert** |
| The play lasted two hours. | **Das Theaterstück hat zwei Stunden gedauert.** |
| | |
| we began | **wir haben begonnen** |
| We began yesterday. | **Wir haben gestern begonnen.** |
| | |
| you stayed | **ihr seid geblieben** |
| Did you stay long? | **Seid ihr lange geblieben?** |
| they cost | **sie haben gekostet** |
| They cost ten marks previously. | **Sie haben früher zehn Mark gekostet.** |

*Hören Sie gut zu!*

| | |
|---|---|
| RUDI: | *Wir haben Glück gehabt! Wir haben die letzten Sitzplätze bekommen.* |
| PETER: | *Wohl auch die teuersten! Was haben sie gekostet?* |
| MARYANN: | *Nicht so furchtbar viel. Zehn Mark pro Person. Eine Karte im ersten Rang hat aber mehr gekostet, etwa zwanzig Mark.* |
| RUDI: | *Das Stück ist fantastisch . . . aber etwas zu lang. Es hat drei Stunden gedauert.* |
| MARYANN: | *Ja, und wir sind die ganze Zeit geblieben!* |

*Hören Sie zu und wiederholen Sie!*

| | |
|---|---|
| We were lucky! | **Wir haben Glück gehabt!** |
| We got the last seats. | **Wir haben die letzten Sitz-plätze bekommen.** |
| Probably the most expensive ones, too! | **Wohl auch die teuersten!** |
| What did they cost? | **Was haben sie gekostet?** |
| Not so terribly much. | **Nicht so furchtbar viel.** |
| Ten marks a person. | **Zehn Mark pro Person.** |
| But a seat in the first balcony cost about twenty marks. | **Eine Karte im ersten Rang hat aber mehr gekostet, etwa zwanzig Mark.** |
| The play is fantastic . . . but a little too long. | **Das Stück ist fantastisch . . . aber etwas zu lang.** |
| It lasted three hours. | **Es hat drei Stunden gedauert.** |
| Yes, and we stayed the whole time! | **Ja, und wir sind die ganze Zeit geblieben!** |

## 26. C.

Rephrase the following sentences in the conversational past, using the cues:

*Wir bekommen ein Paket aus Frankfurt. (letzte Woche)*
☞ *Wir haben letzte Woche ein Paket aus Frankfurt bekommen.*

*Krista und Wolfgang bleiben länger. (gestern)*
☞ *Krista und Wolfgang sind gestern länger geblieben.*

*Ein Hotelzimmer in Berlin kostet im Sommer mehr. (schon immer)*
☞ *Ein Hotelzimmer in Berlin hat im Sommer schon immer mehr gekostet.*

*Ich beginne meine Reise. (gestern)*
☞ *Ich habe meine Reise gestern begonnen.*

# LESSON 27: THE CONVERSATIONAL PAST OF VERBS WITH A SEPARABLE PREFIX

## 27. A.

We'll be working with *abholen*—"to pick up"; *hinfahren*—"to travel/to drive"; *ausgeben*—"to spend money"; and *wegnehmen*—"to take away." Note that the *-ge-* is placed between the separable prefix and the stem of the verb. Compare: *hinfahren–hingefahren*.

| | |
|---|---|
| I took away | **ich habe weggenommen** |
| I took the car away from Peter. | **Ich habe Peter das Auto weggenommen.** |
| you spent | **du hast ausgegeben** |
| Didn't you spend any money? | **Hast du kein Geld ausgegeben?** |
| she drove | **sie ist hingefahren** |
| She drove to his house. | **Sie ist zu ihm hingefahren.** |
| we picked up | **wir haben abgeholt** |
| We picked our friends up at the airport. | **Wir haben unsere Freunde am Flughafen abgeholt.** |
| you spent money | **ihr habt ausgegeben** |
| You spent too much again! | **Ihr habt wieder zu viel ausgegeben!** |
| they drove there | **sie sind hingefahren** |
| Did they drive over by bus again? | **Sind sie wieder mit dem Bus hingefahren?** |

## 27. B.

*Hören Sie gut zu!*

PAUL: *Ich bin am Mittwoch ins Theater gegangen. Ich bin mit dem Auto hingefahren—und habe eine Panne gehabt . . . direkt auf der Autobahn!*

VOLKER: *O, je! Hat dich jemand abgeholt? Jemand von einer Werkstatt?*

PAUL: *Meine Freunde haben mich zwar abgeholt, aber die Leute von der Werkstatt sind nicht so schnell gekommen. Und das alles hat mich dann noch zweihundert Mark gekostet.*

VOLKER: *Du Armer! Hast du denn so viel Geld dabei gehabt?*

PAUL: *Nein, meine Freunde haben mir geholfen. Am nächsten Tag haben sie mich zu Hause abgeholt, und wir sind zur Werkstatt gefahren. Da habe ich dann bezahlt.*

VOLKER: *Tja! Du hast an dem einen Tag aber recht viel ausgegeben.*

*Hören Sie zu und wiederholen Sie!*

| | |
|---|---|
| I went to the theater on Wednesday. | **Ich bin am Mittwoch ins Theater gegangen.** |
| I took the car—and had a breakdown . . . right on the Autobahn! | **Ich bin mit dem Auto hingefahren — und habe eine Panne gehabt . . . direkt auf der Autobahn!** |
| Oh, my! Did someone pick you up? | **O je! Hat dich jemand abgeholt?** |
| Someone from a garage? | **Jemand von einer Werkstatt?** |
| My friends came and got me, but the people from the garage didn't come all that fast. | **Meine Freunde haben mich zwar abgeholt, aber die Leute von der Werkstatt sind nicht so schnell gekommen.** |
| And all of that cost me two hundred marks! | **Und das alles hat mich dann noch zweihundert Mark gekostet.** |
| You poor guy! | **Du Armer!** |
| Did you have that much money with you? | **Hast du denn so viel Geld dabei gehabt?** |

308

No, my friends helped me.

The next day they picked me up from home and went to the garage with me.

That's when I paid.
Well, you spent a fair amount in one day.

Nein, meine Freunde haben mir geholfen.

Am nächsten Tag haben sie mich zu Hause abgeholt, und wir sind zur Werkstatt gefahren.

Da habe ich dann bezahlt.
Tja! Du hast an dem einen Tag aber recht viel ausgegeben.

## 27. C.

Rephrase the sentences in the conversational past.

*Fährst du schon immer mit dem Auto hin?*

*Mein Vater gibt im Restaurant nie sehr viel aus.*

*Wir holen den Wein ab.*

*Warum nimmst du mir immer meine Zeitung weg?*

☞ *Bist du schon immer mit dem Auto hingefahren?*

☞ *Mein Vater hat im Restaurant nie sehr viel ausgegeben.*

☞ *Wir haben den Wein abgeholt.*

☞ *Warum hast du mir immer meine Zeitung weggenommen?*

# LESSON 28: THE CONVERSATIONAL PAST OF REFLEXIVE VERBS

## 28. A.

All German reflexive verbs use the auxiliary *haben* in the conversational past. *Hören Sie zu und wiederholen Sie!*

| | |
|---|---|
| I've been interested | **ich habe mich interessiert** |
| you've been interested | **Sie haben sich interessiert** |
| you've been interested | **du hast dich interessiert** |
| he's been interested | **er hat sich interessiert** |
| she's been interested | **sie hat sich interessiert** |
| we were interested | **wir haben uns interessiert** |
| you've been interested | **Sie haben sich interessiert** |
| you've been interested | **ihr habt euch interessiert** |
| they were interested | **sie haben sich interessiert** |

## 28. B.

Let's learn a new verb: *sich beschäftigen mit*—"to keep busy with."

LOTTIE: *Mein Vater hat sich sein ganzes Leben lang fürs Bergsteigen interessiert.*

JÜRGEN: *Ja? Meine Tante hat sich auch sehr dafür interessiert.*

LOTTIE: *Mein Vater hat sich in seinem Alpenverein immer über die besten Bergspitzen unterhalten.*

JÜRGEN: *Meine Tante hat sich immer sehr mit Wetterkunde beschäftigt.*

LOTTIE: *Kennst du die Fernsehsendung "Steigen ist Spitze!"?*

JÜRGEN: *Ja, ja, die kenne ich. Tolles Wortspiel, nicht? Aber die Sendung selbst hat mich nie richtig interessiert.*

| My father was interested in mountain climbing his whole life. | Mein Vater hat sich sein ganzes Leben lang fürs Bergsteigen interessiert. |
| Oh yes? My aunt was also very interested in it. | Ja? Meine Tante hat sich auch sehr dafür interessiert. |
| In his alpine club my father always discussed the best peaks. | Mein Vater hat sich in seinem Alpenverein immer über die besten Bergspitzen unterhalten. |
| My aunt was always busy with meteorology. | Meine Tante hat sich immer sehr mit Wetterkunde beschäftigt. |
| Are you familar with the TV program "Climbing's the Peak!"? | Kennst du die Fernsehsendung "Steigen ist Spitze!"? |
| Yes, yes, I know it. | Ja, ja, die kenne ich. |
| Great pun, isn't it? | Tolles Wortspiel, nicht? |
| But the show itself has never really interested me. | Aber die Sendung selbst hat mich nie richtig interessiert. |

## 28. C.

Answer the questions affirmatively:

*Haben Sie sich für Theater interessiert?*

☞ *Ja, ich habe mich für Theater interessiert.*

*Haben Sie sich mit Ihrer Freundin Helga unterhalten?*

☞ *Ja, ich habe mich mit meiner Freundin Helga unterhalten.*

*Hat sich Gudrun gefreut?*

☞ *Ja, Gudrun hat sich gefreut.*

# LESSON 29: FORMING QUESTIONS IN THE CONVERSATIONAL PAST

## 29. A.

As you know, questions are asked with inverted word order. The statement *Sie haben Deutsch gelernt* becomes the question *Haben Sie Deutsch gelernt?* In this lesson we will work with questions using the conversational past of the verb. Notice that the past participle is at the end of the question. We will conjugate the verb *brauchen*—"to use/to need."

| | |
|---|---|
| I needed | ich habe gebraucht |
| I needed the files. | Ich habe die Akten gebraucht. |
| | |
| you needed | Sie haben gebraucht |
| Did you need the computer? | Haben Sie den Computer gebraucht? |
| | |
| you needed | du hast gebraucht |
| Did you need the telephone book? | Hast du das Telefonbuch gebraucht? |
| she needed | sie hat gebraucht |
| Did she need rest? | Hat sie Ruhe gebraucht? |
| we needed | wir haben gebraucht |
| We needed the list. | Wir haben die Liste gebraucht. |
| | |
| you needed | Sie haben gebraucht |
| Mr. and Mrs. Müller, did you need the car? | Herr und Frau Müller, haben Sie das Auto gebraucht? |
| | |
| you needed | ihr habt gebraucht |
| Did you need the dictionary? | Habt ihr das Wörterbuch gebraucht? |
| | |
| they needed | sie haben gebraucht |
| Did Gerda and Beate need more time? | Haben Gerda und Beate mehr Zeit gebraucht? |

## 29. B.

First there is a new verb to learn:

to play                         **spielen**

Let's listen to an interview with a folk musician.

| | |
|---|---|
| VANESSA: | *Wie haben Sie die Ideen für Ihre Musik bekommen?* |
| UWE MATTI: | *Ich habe mich von Anfang an für Volkslieder interessiert.* |
| VANESSA: | *Haben Sie schon als Kind ein Instrument gespielt?* |
| UWE MATTI: | *Ja, ich habe mit der Gitarre angefangen.* |
| VANESSA: | *Für welche Musik haben sich junge Leute damals besonders interessiert?* |
| UWE MATTI: | *Meistens für Musik mit gutem Rhythmus.* |
| VANESSA: | *Haben Sie immer Freude an Ihrer Arbeit gehabt?* |
| UWE MATTI: | *Ja, meine Arbeit ist mein Leben!* |

*Hören Sie zu und wiederholen Sie!*

| | |
|---|---|
| How did you get the ideas for your music? | **Wie haben Sie die Ideen für Ihre Musik bekommen?** |
| I have been interested in folk music from the beginning. | **Ich habe mich von Anfang an für Volkslieder interessiert.** |
| Did you already play an instrument as a child? | **Haben Sie schon als Kind ein Instrument gespielt?** |
| Yes, I started with the guitar. | **Ja, ich habe mit der Gitarre angefangen.** |
| What music were young people most interested in then? | **Für welche Musik haben sich junge Leute damals besonders interessiert?** |

| | |
|---|---|
| Mostly in music with good rhythm. | **Meistens für Musik mit gutem Rhythmus.** |
| Have you always enjoyed your work? | **Haben Sie immer Freude an Ihrer Arbeit gehabt?** |
| Yes, my work is my life! | **Ja, meine Arbeit ist mein Leben!** |

## 29. C.

Please do the following:

| | |
|---|---|
| Ask whether they played an instrument. | ☞ *Haben sie ein Instrument gespielt?* |
| Ask whether he bought the car. | ☞ *Hat er das Auto gekauft?* |
| Ask whether Mr. and Mrs. Schulze remained in Vienna. | ☞ *Sind Herr und Frau Schulze in Wien geblieben?* |

# LESSON 30: THE NARRATIVE PAST OF REGULAR VERBS

## 30. A.

The simple, or narrative, past relates a chain of events in the past. A written or spoken historical account would therefore require the use of the narrative past. In regular conversation the simple past is rarely used. To form the narrative past add *-t* or *-et* and the personal endings to the verb stem. Let's take the verb *bestellen*—"to order."

| | |
|---|---|
| I ordered | **ich bestellte** |
| I didn't order a drink, but rather french fries. | **Ich bestellte kein Getränk, sondern Pommes Frites.** |
| you ordered | **Sie bestellten** |
| You ordered salad. | **Sie bestellten Salat.** |
| you ordered | **du bestelltest** |
| Did you order red or white wine? | **Bestelltest du Rotwein oder Weißwein?** |
| he ordered | **er bestellte** |
| My husband ordered just a half portion of ice cream. | **Mein Mann bestellte nur eine halbe Portion Eis.** |
| we ordered | **wir bestellten** |
| We ordered durable goods. | **Wir bestellten haltbare Waren.** |
| you ordered | **Sie bestellten** |
| Did you order the wine? | **Bestellten Sie den Wein?** |
| you ordered | **ihr bestelltet** |
| You often ordered a hot meal. | **Ihr bestelltet oft eine warme Mahlzeit.** |
| they ordered | **sie bestellten** |
| Wagners didn't order a newspaper last year. | **Wagners bestellten letztes Jahr keine Zeitung.** |

30. B.

*Hören Sie gut zu!*

RICHARD: *Wir waren in der Schreibwarenhandlung. Ich wollte einen Füller kaufen. Zuerst antwortete der Verkäufer mir nicht, als ich sagte, daß ich einen neuen Füller kaufen wollte. Endlich zeigte er uns sechs verschiedene. Mein Bruder und ich probierten alle sechs. Ich wollte einen dunkelblauen. Leider hatten sie nur schwarze und rote. Also bestellte ich den dunkelblauen.*

*Hören Sie zu und wiederholen Sie!*

| | |
|---|---|
| We were in the stationery store. | **Wir waren in der Schreibwarenhandlung.** |
| I wanted to buy a pen. | **Ich wollte einen Füller kaufen.** |
| At first the sales clerk didn't answer me when I said that I would like to buy a new pen. | **Zuerst antwortete der Verkäufer mir nicht, als ich sagte, daß ich einen neuen Füller kaufen wollte.** |
| Finally he showed us six of them. | **Endlich zeigte er uns sechs verschiedene.** |
| My brother and I tried all six. | **Mein Bruder und ich probierten alle sechs.** |
| I wanted a dark blue one. | **Ich wollte einen dunkelblauen.** |
| Unfortunately they had only black and red ones. | **Leider hatten sie nur schwarze und rote.** |
| So I ordered the dark blue one. | **Also bestellte ich den dunkelblauen.** |

30. C.

Answer the questions using the cues.

Was bestellten die Webers?
(eine warme Mahlzeit)

☞ *Sie bestellten eine warme Mahlzeit.*

Was bestellte Max? (eine Portion Vanilleeis)

☞ *Er bestellte eine Portion Vanilleeis.*

Und was bestellten Sie? (den Wein)

☞ *Ich bestellte den Wein.*

Was probierte Horst? (den Rotwein)

☞ *Horst probierte den Rotwein.*

Was sagte er, als Frau Meier uns die Zeitung zeigte? (nichts)

☞ *Er sagte nichts, als sie uns die Zeitung zeigte.*

# LESSON 31: THE NARRATIVE PAST OF IRREGULAR VERBS

## 31. A.

A number of verbs have an irregular past tense with a stem-vowel change. Here are a few examples: *verstehen*—"to understand," *rufen*—"to call," *finden*—"to find," *fahren*—"to drive," *schließen*—"to close," and *essen*—"to eat." Let's learn their conjugation.

| | |
|---|---|
| I found | **ich fand** |
| I found my keys. | **Ich fand meine Schlüssel.** |
| you found | **Sie fanden** |
| You didn't find his address? | **Sie fanden seine Addresse nicht?** |
| you found | **du fandest** |
| Where did you find this? | **Wo fandest du das?** |
| he found | **er fand** |
| He didn't find his money. | **Er fand sein Geld nicht.** |
| we understood | **wir verstanden** |
| We understood the problem. | **Wir verstanden das Problem.** |
| you understood | **Sie verstanden** |
| You understood correctly. | **Sie verstanden richtig.** |
| you understood | **ihr verstandet** |
| You didn't understand me. | **Ihr verstandet mich nicht.** |
| they understood | **sie verstanden** |
| They didn't understand the movie. | **Sie verstanden den Film nicht.** |

And now, some more examples:

| | |
|---|---|
| I drove a red car. | **Ich fuhr ein rotes Auto.** |
| He ate too much. | **Er aß zu viel.** |
| He called his dog. | **Er rief seinen Hund.** |
| We closed the contract at the right time. | **Wir schlossen den Vertrag zur rechten Zeit.** |

31. B.

Listen to this story:

CLARA: *Es war in Stuttgart auf einem Parkplatz. Es war schon dunkel und ich stand alleine neben meinem Auto. Plötzlich rief eine Frau etwas. Ich verstand kein Wort. Bald darauf sah ich einen großen Hund direkt vor mir stehen. Ich hatte große Angst. Ich konnte nicht schnell genug im Auto sein, aber ich fand meine Schlüssel nicht. Endlich fand ich sie. Ich öffnete die Autotür, schloß sie hinter mir, startete, und fuhr schnell weg.*

*Hören Sie zu und wiederholen Sie!*

| | |
|---|---|
| It was in Stuttgart, in a parking lot. | **Es war in Stuttgart auf einem Parkplatz.** |
| It was already dark and I was standing alone next to my car. | **Es war schon dunkel und ich stand alleine neben meinem Auto.** |
| Suddenly a woman yelled something. | **Plötzlich rief eine Frau etwas.** |
| I didn't understand a word. | **Ich verstand kein Wort.** |
| Soon afterwards I saw a big dog standing right in front of me. | **Bald darauf sah ich einen großen Hund direkt vor mir stehen.** |
| I was afraid. | **Ich hatte große Angst.** |
| I couldn't get into the car fast enough. | **Ich konnte nicht schnell genug im Auto sein.** |
| But I couldn't find my keys. | **Aber ich fand meine Schlüssel nicht.** |
| Finally I found them. | **Endlich fand ich sie.** |

| | |
|---|---|
| I opened the car door, closed it behind me, started the car, and drove away fast. | **Ich öffnete die Autotür, schloß sie hinter mir, startete, und fuhr schnell weg.** |

## 31. C.

Rephrase the following sentences in the narrative past.

| | |
|---|---|
| *Ich rufe meine Chefin an.* | ☞ *Ich rief meine Chefin an.* |
| *Wir mißverstehen uns.* | ☞ *Wir mißverstanden uns.* |
| *Hans findet seine Schlüssel nicht.* | ☞ *Hans fand seine Schlüssel nicht.* |
| *Ich schließe die Tür.* | ☞ *Ich schloß die Tür.* |

## LESSON 32: THE NARRATIVE PAST OF
### *HABEN, SEIN*, MODALS, AND
### SEMI-REGULAR VERBS

## 32. A.

The narrative past of some verbs, like *haben* and *sein*, for example, is preferred to the conversational past, even in conversation. Here is the narrative past of *haben:*

| | |
|---|---|
| I had | **ich hatte** |
| I had no time. | **Ich hatte keine Zeit.** |
| you had | **Sie hatten** |
| Weren't you hungry? | **Hatten Sie keinen Hunger?** |
| you had | **du hattest** |
| You didn't have much luck. | **Du hattest nicht viel Glück.** |
| he had | **er hatte** |
| Hans had yesterday off. | **Hans hatte gestern frei.** |
| it had | **es hatte** |
| It was pointless. | **Es hatte keinen Zweck.** |
| we had | **wir hatten** |
| Naturally we were right. | **Wir hatten natürlich recht.** |
| you had | **Sie hatten** |
| Didn't you have anything against it? | **Hatten Sie nichts dagegen?** |
| you had | **ihr hattet** |
| You had bad weather. | **Ihr hattet schlechtes Wetter.** |
| they had | **sie hatten** |
| After the hard work, they were thirsty. | **Nach der schweren Arbeit hatten sie großen Durst.** |

The narrative past of *sein* is also irregular.

| | |
|---|---|
| I was | **ich war** |
| Unfortunately, I wasn't completely satisfied. | **Leider war ich nicht ganz zufrieden.** |
| you were | **Sie waren** |

| | |
|---|---|
| You were on the island the entire month. | **Sie waren den ganzen Monat auf der Insel.** |
| you were | **du warst** |
| Were you ill when we had the meeting? | **Warst du krank, als wir die Besprechung hatten?** |
| it was | **es war** |
| Once upon a time, in the middle of winter ... | **Es war einmal mitten im Winter ...** |
| we were | **wir waren** |
| When we were young, we were always in a hurry. | **Als wir jung waren, hatten wir es immer eilig.** |
| you were | **Sie waren** |
| Were you here on a visit? | **Waren Sie hier auf Besuch?** |
| you were | **ihr wart** |
| You weren't in the workout room more than ten minutes. | **Ihr wart keine zehn Minuten im Fitneßraum.** |
| they were | **sie waren** |
| How old were they? | **Wie alt waren sie?** |

The modals are mostly used in the narrative past. Let's conjugate *wollen*.

| | |
|---|---|
| I wanted to tell everthing. | **Ich wollte alles erzählen.** |
| You wanted to speak more slowly. | **Sie wollten langsamer sprechen.** |
| You didn't want to tell him. | **Das wolltest du ihm nicht sagen.** |
| Did Anna want to visit Paul? | **Wollte Anna Paul besuchen?** |
| We wanted to wait a little longer. | **Wir wollten ein bißchen länger warten.** |
| Did you want to leave? | **Wollten Sie schon gehen?** |
| When did you want to go on vacation? | **Wann wolltet ihr Ferien machen?** |
| Mr. and Mrs. Krebs didn't want children. | **Herr und Frau Krebs wollten keine Kinder haben.** |

All modals with umlaut in the infinitive lose the umlaut in the narrative past.

| I could | ich konnte |
|---------|-----------|
| you could | Sie konnten |
| you could | du konntest |
| he could | er konnte |
| we could | wir konnten |
| you could | Sie konnten |
| you could | ihr konntet |
| they could | sie konnten |

The semi-regular verbs, such as *bringen*—"to bring," are similar. They undergo a stem-vowel change like irregular verbs and add the past-tense indicator *-t* like predictable verbs.

| I brought a lot along. | Ich brachte viel mit. |
|------------------------|----------------------|
| You brought your mother along. | Sie brachten Ihre Mutter mit. |
| Did you bring the money? | Brachtest du das Geld mit? |
| What did Miss Braun bring? | Was brachte Fräulein Braun mit? |
| We brought our friends along. | Wir brachten unsere Freunde mit. |
| You didn't bring anything. | Sie brachten nichts mit. |
| Did you bring only bread? | Brachtet ihr nur Brot mit? |
| They didn't bring their children along. | Sie brachten ihre Kinder nicht mit. |

32. B.

*Hören Sie gut zu!*

MAREN: *Wie war es in den Alpen?*
EVA: *Das Wetter war einfach herrlich. Wir hatten viel Schnee und überhaupt keinen Regen. Fünf Tage lang konnten wir skilaufen.*

| MAREN: | *Warum wart ihr dann nicht die ganze Woche in den Bergen?* |
|---|---|
| EVA: | *Wir wollten noch Freunde besuchen. Das Wochenende verbrachten wir bei Dieter.* |
| MAREN: | *Wie war's?* |
| EVA: | *Schön!* |
| MAREN: | *Wie lange seid ihr geblieben?* |
| EVA: | *Ich sollte eigentlich Montag früh wieder hier sein. Aber wir wollten zwei Tage länger bleiben.* |

*Hören Sie zu und wiederholen Sie!*

| | |
|---|---|
| How was it in the Alps? | **Wie war es in den Alpen?** |
| The weather was simply splendid. | **Das Wetter war einfach herrlich.** |
| We had a lot of snow and no rain at all. | **Wir hatten viel Schnee und überhaupt keinen Regen.** |
| We were able to ski for five days. | **Fünf Tage lang konnten wir skilaufen.** |
| Why weren't you in the mountains the entire week? | **Warum wart ihr nicht die ganze Woche in den Bergen?** |
| We wanted to visit with friends, too. | **Wir wollten noch Freunde besuchen.** |
| We spent the weekend with Dieter. | **Das Wochenende verbrachten wir bei Dieter.** |
| How was it? | **Wie war's?** |
| Nice! | **Schön!** |
| How long did you stay? | **Wie lange seid Ihr geblieben?** |
| I was actually supposed to be back on Monday. | **Ich sollte eigentlich schon Montag wieder hier sein.** |
| But we wanted to stay two more days. | **Aber wir wollten zwei Tage länger bleiben.** |

**32. C.**

Rephrase the sentences in the narrative past.

| | |
|---|---|
| *Heinz und ich wollen den ganzen Tag skilaufen.* | ☞ *Heinz und ich wollten den ganzen Tag skilaufen.* |
| *Um zwölf Uhr haben wir Hunger.* | ☞ *Um zwölf Uhr hatten wir Hunger.* |
| *Wir können aber nicht zurückgehen.* | ☞ *Wir konnten aber nicht zurückgehen.* |
| *Die Zeit ist zu kurz.* | ☞ *Die Zeit war zu kurz.* |
| *Deshalb bringen wir immer ein Brot mit.* | ☞ *Deshalb brachten wir immer ein Brot mit.* |

# LESSON 33: THE PAST PERFECT

## 33. A.

The past perfect is used to differentiate events that oc-
curred before other past events. It consists of the narrative
past of either *haben* or *sein,* and the past participle of the
main verb. *Hören Sie zu und wiederholen Sie!*

| | |
|---|---|
| I had played the saxophone. | **Ich hatte Saxophon gespielt.** |
| Had you sought advice? | **Hatten Sie sich Rat gesucht?** |
| You hadn't requested help. | **Du hattest nicht um Hilfe gebeten.** |
| The baker had gotten the rolls. | **Der Bäcker hatte die Brötchen geholt.** |
| We had sat there for a long time already. | **Wir hatten schon lange dort gesessen.** |
| You had seldom played with them. | **Ihr hattet nur selten mit ihnen gespielt.** |
| The workers had requested a transfer. | **Die Arbeiter hatten um Versetzung gebeten.** |

Now let's try a few examples with *sein* as auxiliary.

| | |
|---|---|
| Had I become calmer? | **War ich ruhiger geworden?** |
| You had already gone to bed. | **Sie waren schon ins Bett gegangen.** |
| Hadn't you become tired? | **Warst du nicht müde geworden?** |
| It had been too warm. | **Es war zu warm gewesen.** |
| Where had we gone when he came? | **Wohin waren wir gegangen, als er kam?** |
| You had returned full of enthusiasm. | **Ihr wart voll von Begeister-ung zurückgekommen.** |
| My parents had become older. | **Meine Eltern waren älter geworden.** |

*Hören Sie gut zu!*

KAI: *Und wie war der Ausflug nach Hamburg?*
JÜRGEN: *Er war schön. Wir fuhren direkt zu meiner Schwester, nachdem ihr Mann uns vom Bahnhof abgeholt hatte. Dann wollten wir zu einem Fußballspiel gehen, aber die Mannschaft hatte schon am vorigen Tag gespielt. Also gingen wir spazieren. Nachdem wir spazierengegangen waren, sahen wir fern. Wir waren müde, nachdem wir einen Krimi gesehen hatten, und gingen früh ins Bett.*
KAI: *Das klingt sehr erholsam.*
JÜRGEN: *Das war es!*

*Hören Sie zu und wiederholen Sie!*

And how was the trip to Hamburg?

It was nice.

We drove directly to my sister's after her husband had picked us up at the train station.

Then we wanted to go to a soccer game, but the team had already played the day before.

So we went for a walk.

After we had gone for a walk we watched television.

**Und wie war der Ausflug nach Hamburg?**

**Er war schön.**

**Wir fuhren direkt zu meiner Schwester, nachdem ihr Mann uns vom Bahnhof abgeholt hatte.**

**Dann wollten wir zu einem Fußballspiel gehen, aber die Mannschaft hatte schon am vorigen Tag gespielt.**

**Also gingen wir spazieren.**

**Nachdem wir spazierengegangen waren, sahen wir fern.**

| | |
|---|---|
| We were tired after we had watched a thriller, and we went to bed early. | **Wir waren müde, nachdem wir einen Krimi gesehen hatten, und gingen früh ins Bett.** |
| That sounds very relaxing. It was! | **Das klingt sehr erholsam. Das war es!** |

## 33. C.

Answer the questions using the cues:

| | |
|---|---|
| *Wie war das Wetter geworden? (schön warm)* | ☞ *Das Wetter war schön warm geworden.* |
| *Wo waren Sie gewesen, ehe ich kam? (zu Hause)* | ☞ *Ich war zu Hause gewesen.* |
| *Wer hatte um Hilfe gebeten? (die Arbeiter)* | ☞ *Die Arbeiter hatten um Hilfe gebeten.* |
| *Was hatte Karl gesehen? (einen Krimi)* | ☞ *Karl hatte einen Krimi gesehen.* |

# PART IV: THE PASSIVE

## LESSON 34: THE PASSIVE VOICE

### 34. A.

So far, we've been dealing with the so-called active voice. This means that the subject of the sentence is performing the action expressed by the verb. In the passive voice, however, the subject of the sentence is acted upon. Listen first to an example in the active voice:

| | |
|---|---|
| Mr. Ruhl is picking me up from the train station. | **Herr Ruhl holt mich vom Bahnof ab.** |

Now listen to the passive voice:

| | |
|---|---|
| I am being picked up by Mr. Ruhl from the train station. | **Ich werde von Herrn Ruhl vom Bahnof abgeholt.** |

In German, the passive voice is formed by the auxiliary *werden* in its conjugated form plus the past participle of the verb. The object of the active sentence becomes the subject of the passive sentence. You may have also noticed that the person or thing performing the act is introduced by *von*. Here's the conjugation of *abholen*—"to pick up":

| | |
|---|---|
| I am being picked up | **ich werde abgeholt** |
| I am being picked up at the airport. | **Ich werde am Flughafen abgeholt.** |
| you are being picked up | **Sie werden abgeholt** |
| You are being picked up in Cologne. | **Sie werden in Köln abgeholt.** |
| you are being picked up | **du wirst abgeholt** |
| You are being picked up at four o'clock. | **Du wirst um vier abgeholt.** |

| he is being picked up | er wird abgeholt |
| He is being picked up later. | Er wird später abgeholt. |
| we are being picked up | wir werden abgeholt |
| We are not being picked up at the station. | Wir werden nicht am Bahnhof abgeholt. |
| you are being picked up | Sie werden abgeholt |
| Are you being picked up today? | Werden Sie heute abgeholt? |
| you are being picked up | ihr werdet abgeholt |
| When are you being picked up? | Wann werdet ihr abgeholt? |
| they are being picked up | sie werden abgeholt |
| They are being picked up every morning. | Sie werden jeden Morgen abgeholt. |

And here are some more examples:

| The house is being sold. | Das Haus wird verkauft. |
| The car is being repaired | Das Auto wird repariert. |
| The bill is just being paid. | Die Rechnung wird gerade bezahlt. |
| Everything is explained by the teacher. | Alles wird vom Lehrer erklärt. |
| The flight is being booked by the secretary. | Der Flug wird von der Sekretärin gebucht. |

## 34. B.

*Hören Sie gut zu!*

HOTELGAST: *Entschuldigen Sie bitte, um wieviel Uhr wird das Stadtmuseum aufgemacht?*

ANGESTELLTER: *Das Museum wird um zehn Uhr aufgemacht.*

HOTELGAST: *Und werden dort Ansichtskarten verkauft?*

ANGESTELLTER: *Da bin ich nicht sicher. Aber viele Andenken werden dort verkauft.*

| HOTELGAST: | *Über den Dom wird sehr viel geschrieben. Ist er sehenswert?* |
| ANGESTELLTER: | *Bestimmt. Der Dom wird von vielen Touristen besucht.* |
| HOTELGAST: | *Und noch etwas. Wo ist hier ein gutes Restaurant?* |
| ANGESTELLTER: | *Der Schützenhof wird häufig empfohlen. Das Essen dort ist wirklich ausgezeichnet.* |
| HOTELGAST: | *Vielen Dank!* |

*Hören Sie zu und wiederholen Sie!*

| | |
|---|---|
| Excuse me, please, at what time does the City Museum open? | **Enschuldigen Sie bitte, um wieviel Uhr wird das Stadtmuseum aufgemacht?** |
| The museum opens at ten o'clock. | **Das Museum wird um zehn Uhr aufgemacht.** |
| And are picture postcards sold there? | **Und werden dort Ansichtskarten verkauft?** |
| I'm not sure. | **Da bin ich nicht sicher.** |
| But many souvenirs are sold there. | **Aber viele Andenken werden dort verkauft.** |
| Much is written about the cathedral. | **Über den Dom wird sehr viel geschrieben.** |
| Is it worth seeing? | **Ist er sehenswert?** |
| Definitely. | **Bestimmt.** |
| The cathedral is visited by many tourists. | **Der Dom wird von vielen Touristen besucht.** |
| And something else. | **Und noch etwas.** |
| Where is there a good restaurant around here? | **Wo gibt es hier ein gutes Restaurant?** |
| The Schützenhof is often recommended. | **Der Schützenhof wird häufig empfohlen.** |

| The food there is really excellent. | **Das Essen dort ist wirklich ausgezeichnet.** |
| Thanks a lot! | **Vielen Dank!** |

## 34. C.

Answer the following questions using either *ja* or *nein* as indicated.

| *Wird der Flug gebucht? (ja)* | ☞ *Ja, der Flug wird gebucht.* |
| *Wird das Auto repariert? (ja)* | ☞ *Ja, das Auto wird repariert.* |
| *Werden dort Ansichtskarten verkauft? (nein)* | ☞ *Nein, Ansichtskarten werden dort nicht verkauft.* |
| *Wird Marlene später abgeholt? (ja)* | ☞ *Ja, Marlene wird später abgeholt.* |

# LESSON 35: THE PASSIVE VOICE IN THE PAST

## 35. A.

The simple past of the passive voice requires the use of the simple past of *werden* plus the past participle of the main verb. *Hören Sie zu und wiederholen Sie!*

| | |
|---|---|
| I was picked up at the airport. | **Ich wurde am Flughafen abgeholt.** |
| You were picked up in Cologne. | **Sie wurden in Köln abgeholt.** |
| You were picked up at four o'clock. | **Du wurdest um vier abgeholt.** |
| Was he picked up? | **Wurde er abgeholt?** |
| We were not picked up at the train station. | **Wir wurden nicht am Bahnhof abgeholt.** |
| Were you picked up today? | **Wurden Sie heute abgeholt?** |
| When were you picked up? | **Wann wurdet ihr abgeholt?** |
| They were picked up every morning. | **Sie wurden jeden Morgen abgeholt.** |

Now listen to some more examples using other verbs.

| | |
|---|---|
| The novel was written by Günther Grass. | **Der Roman wurde von Günther Grass geschrieben.** |
| The food was just ordered. | **Das Essen wurde gerade bestellt.** |
| The house was sold last week. | **Das Haus wurde letzte Woche verkauft.** |
| When was the bill paid? | **Wann wurde die Rechnung bezahlt?** |

The conversational past of the passive voice is formed with the auxiliary *sein* and the past participle of the main verb plus *worden*—the past participle of *werden* without its prefix *ge-*. *Hören Sie zu und wiederholen Sie!*

| | |
|---|---|
| I was picked up at the airport. | **Ich bin am Flughafen abgeholt worden.** |
| You were picked up in Cologne. | **Sie sind in Köln abgeholt worden.** |
| You were picked up at four o'clock. | **Du bist um vier abgeholt worden.** |
| Was he picked up? | **Ist er abgeholt worden?** |
| We were not picked up. | **Wir sind nicht abgeholt worden.** |
| Were you picked up today? | **Sind Sie heute abgeholt worden?** |
| When were you picked up? | **Wann seid Ihr abgeholt worden?** |
| They were picked up every morning. | **Sie sind jeden Morgen abgeholt worden.** |

## 35. B.

*Hören Sie gut zu!*

HERR LORENZ: *Frau Krüger, ist die Post schon aufgemacht worden?*

FRAU KRÜGER: *Ja, aber der Brief an Lehmann & Co. ist noch nicht geschrieben worden.*

HERR LORENZ: *Das wurde noch nicht gemacht?*

FRAU KRÜGER: *Nein.*

HERR LORENZ: *Ist der Flug nach Hamburg schon gebucht worden?*

FRAU KRÜGER: *Ja, das Ticket wurde heute morgen abgeholt.*

HERR LORENZ: *Die Hotelzimmer müssen auch noch bestellt werden.*

FRAU KRÜGER: *Ach ja, richtig. Die sind noch nicht bestellt worden.*

*Hören Sie zu und wiederholen Sie!*

| | |
|---|---|
| Mrs. Krüger, has the mail been opened already? | **Frau Krüger, ist die Post schon aufgemacht worden?** |
| Yes, but the letter to Lehmann & Co. has not been written yet. | **Ja, aber der Brief an Lehmann & Co. ist noch nicht geschrieben worden.** |
| That hasn't been done yet? | **Das wurde noch nicht gemacht?** |
| No. | **Nein.** |
| Has the flight to Hamburg been booked already? | **Ist der Flug nach Hamburg schon gebucht worden?** |
| Yes, the ticket was picked up this morning. | **Ja, das Ticket wurde heute morgen abgeholt.** |
| The hotel rooms have to be booked as well. | **Die Hotelzimmer müssen auch noch bestellt werden.** |
| Yes, right. | **Ach ja, richtig.** |
| They have not been booked yet. | **Die sind noch nicht bestellt worden.** |

35. C.

Answer the following questions in the simple past tense using either *ja* or *nein* as indicated.

| | |
|---|---|
| *Wurde das Hotelzimmer schon bestellt? (ja)* | ☞ *Ja, das Hotelzimmer wurde schon bestellt.* |
| *Wurden die Karten schon abgeholt? (ja)* | ☞ *Ja, die Karten wurden schon abgeholt.* |
| *Wurde das Haus letzte Woche verkauft? (nein)* | ☞ *Nein, das Haus wurde letzte Woche nicht verkauft.* |
| *Wurde die Rechnung bezahlt? (ja)* | ☞ *Ja, die Rechnung wurde bezahlt.* |

# PART V: DOUBLE INFINITIVES, CONDITIONALS, AND SUBJUNCTIVES

## LESSON 36: MANNERS

### 36. A.

Let's discuss some forms of verbs that allow you to make your questions and requests more polite. The verb forms we will be working with are *möchte*—"would like," *hätte gern*—"would like," and *wäre*—"would be." All of these verb forms are based on the subjunctive forms of *mögen*—"to like," *haben*—"to have," and *sein*—"to be." Let's begin with *mögen*:

| | |
|---|---|
| I would like a cup of coffee. | **Ich möchte eine Tasse Kaffee.** |
| Would you like the menu? | **Möchten Sie die Speisekarte?** |
| Would you like a glass of wine? | **Möchtest du ein Glas Wein?** |
| Would she like something to drink? | **Möchte sie etwas zu trinken?** |
| When would you like to go? | **Wann möchtet ihr gehen?** |
| What would you like to do? | **Was möchten Sie machen?** |
| Wouldn't they like to come? | **Möchten sie nicht kommen?** |

Now let's turn to a few examples with *haben*:

| | |
|---|---|
| What would you like? | **Was hätten Sie gern?** |
| I would like a glass of wine. | **Ich hätte gern ein Glas Wein.** |
| We would like a beer. | **Wir hätten gern ein Bier.** |
| He would like a Coke. | **Er hätte gern eine Cola.** |

And finally some examples with *sein*:

| | |
|---|---|
| That would be nice of you! | **Das wäre nett von Ihnen!** |
| Would that be possible? | **Wäre das möglich?** |
| Would you be agreeable to that? | **Wärst du damit einverstanden?** |
| Would you be so kind as to take me? | **Wären Sie so nett, mich mitzunehmen?** |

There is another verb form that is frequently used to soften requests or statements: *würden*—"would," which is the subjunctive of *werden*—"to become/get." It is equivalent to the English "would."

| | |
|---|---|
| I would gladly help you. | **Ich würde Ihnen gern helfen.** |
| Would you please help me? | **Würden Sie mir bitte helfen?** |
| Would you please close the door? | **Würdest du bitte die Tür zumachen?** |
| Would you please listen? | **Würdet ihr bitte zuhören?** |
| Would you please follow me? | **Würden Sie mir bitte folgen?** |

## 36. B.

*Hören Sie gut zu!*

KUNDIN: *Herr Ober, ich hätte gern die Speisekarte, bitte.*
KELLNER: *Hier, bitte schön.*
KUNDIN: *Was ist denn die Spezialität des Tages?*
KELLNER: *Sauerbraten und Knödel.*
KUNDIN: *Ich hätte gern den Sauerbraten und einen Salat dazu.*
KELLNER: *Möchten Sie etwas zu trinken?*
KUNDIN: *Ich hätte gern einen Wein, bitte. Was würden Sie empfehlen?*

KELLNER: *Wir haben einen guten Moselwein.*
KUNDIN: *Würden Sie mir bitte einen Moselwein bringen?*
KELLNER: *Gern. Möchten Sie sonst noch etwas?*
KUNDIN: *Nein, danke. Vielleicht später.*
KELLNER: *Bitte. Das Essen kommt sofort.*

*Hören Sie zu und wiederholen Sie!*

| | |
|---|---|
| Waiter, I'd like the menu, please. | **Herr Ober, ich hätte gern die Speisekarte, bitte.** |
| Here you are. | **Hier, bitte schön.** |
| What is the specialty of the day? | **Was ist denn die Spezialität des Tages?** |
| Sauerbraten and dumplings. | **Sauerbraten und Knödel.** |
| I would like the sauerbraten and a salad with it. | **Ich hätte gern den Sauerbraten und einen Salat dazu.** |
| Would you like something to drink? | **Möchten Sie etwas zu trinken?** |
| I would like to have a glass of wine. | **Ich hätte gern einen Wein, bitte.** |
| What would you recommend? | **Was würden Sie empfehlen?** |
| We have a good Moselle wine. | **Wir haben einen guten Moselwein.** |
| Would you please bring me a Moselle wine? | **Würden Sie mir bitte einen Moselwein bringen?** |
| Gladly. | **Gern.** |
| Would you like something else? | **Möchten Sie sonst noch etwas?** |
| No, thank you. | **Nein, danke.** |
| Perhaps later. | **Vielleicht später.** |
| You're welcome. | **Bitte.** |
| The food will be here at once. | **Das Essen kommt sofort.** |

## 36. C.

Answer the following questions using either *ja* or *nein* as indicated.

| | |
|---|---|
| *Möchten Sie ein Stück Kuchen?* (ja, ich) | ☞ *Ja, ich möchte ein Stück Kuchen.* |
| *Wärst du damit einverstanden?* (ja, ich) | ☞ *Ja, ich wäre damit einverstanden.* |
| *Hätten Sie gern ein Bier?* (ja, wir) | ☞ *Ja, wir hätten gern ein Bier.* |

Now do the following:

| | |
|---|---|
| Ask Mr. Knapp if he would help you. | ☞ *Herr Knapp, würden Sie mir bitte helfen?* |
| Tell the waiter you would like the menu. | ☞ *Herr Ober, ich möchte bitte die Speisekarte.* |
| Now ask the waiter what he would recommend. | ☞ *Was würden Sie empfehlen?* |

# LESSON 37: DOUBLE INFINITIVES IN THE PAST

## 37. A.

So far we've been using the modal verbs, as well as *sehen*—
"to see," *hören*—"to hear," *helfen*—"to help," and *lassen*—
"to allow/to have something done" in the present tense,
both with and without a dependent infinitive. (For example,
*Ich muß nach Hause*—"I have to go home," or *Ich muß nach
London fahren*—"I have to go to London.") In the conversational past we've used them without a dependent infinitive. If you use dependent infinitives after modals, or if you
use *sehen, hören, helfen,* or *lassen* in the conversational past,
you end up with a double infinitive. For example, you
learned to say in the conversational past: *Ich habe den
Wagen gehört*. Adding *kommen*—"to come," as a dependent
infinitive, results in: *Ich habe den Wagen kommen hören*.
Notice that the *hören* was recast as an infinitive and posi-
tioned after the dependent infinitive.

*Hören Sie zu und wiederholen Sie!*

| | |
|---|---|
| He wasn't allowed to go to New York. | **Er hat nicht nach New York fahren dürfen.** |
| I heard the musicians playing Beethoven. | **Ich habe die Musiker Beethoven spielen hören.** |
| Did you let Paul stay alone? | **Haben Sie Paul allein bleiben lassen?** |
| She had to go at twelve o'clock. | **Sie hat um zwölf Uhr gehen müssen.** |
| Did they want to write the article? | **Haben sie den Artikel schreiben wollen?** |
| I helped repair the bike. | **Ich habe das Fahrrad reparieren helfen.** |
| We saw them eating in the cafeteria. | **Wir haben sie in der Mensa essen sehen.** |

37. B.

*Hören Sie gut zu!*

ULI: *Hör mal! Die Berliner Philharmoniker kommen bald nach Heidelberg.*

SUZANNE: *Ein fantastisches Orchester! Ich habe es letzten Monat in Berlin spielen hören.*

ULI: *Hast du im voraus Karten kaufen müssen?*

SUZANNE: *Diesmal nicht! Der Dirigent ist ein Familienfreund und er hat uns die Karten kaufen helfen.*

ULI: *Habt ihr gute Sitzplätze gehabt?*

SUZANNE: *Wir haben alles perfekt sehen und hören können.*

*Hören Sie zu und wiederholen Sie!*

Listen!

The Berlin Philharmonic is coming to Heidelberg soon.

A fantastic orchestra!

I heard them play in Berlin last month.

Did you have to buy tickets in advance?

Not this time!

The conductor is a friend of the family and he helped us get tickets.

Did you have good seats then?

We could see and hear everything perfectly.

**Hör mal!**

**Die Berliner Philharmoniker kommen bald nach Heidelberg.**

**Ein fantastisches Orchester!**

**Ich habe es letzten Monat in Berlin spielen hören.**

**Hast du im voraus Karten kaufen müssen?**

**Diesmal nicht!**

**Der Dirigent ist ein Familienfreund und er hat uns die Karten kaufen helfen.**

**Habt ihr gute Sitzplätze gehabt?**

**Wir haben alles perfekt sehen und hören können.**

## 37. C.

Rephrase the sentences in the conversational past.

*Ich sehe den Mann kommen.*    ☞ *Ich habe den Mann kommen sehen.*

*Ich höre das Orchester spielen.*    ☞ *Ich habe das Orchester spielen hören.*

*Wir wollen diesmal nicht hin-fahren.*    ☞ *Wir haben diesmal nicht hinfahren wollen.*

*Wir lassen das Auto reparieren.*    ☞ *Wir haben das Auto reparieren lassen.*

# LESSON 38: THE CONDITIONAL

## 38. A.

The German conditional is equivalent to English would-constructions. The German conditional uses *würde*, the past subjunctive (or subjunctive II) of *werden,* plus the infinitive. The conditional is used for hypothetical, unreal, or contrary-to-fact statements and questions. Compare the following two sentences. The first is a statement of fact, the second a hypothesis.

| | |
|---|---|
| He orders the book. | **Er bestellt das Buch.** |
| He would order the book, if he had the money. | **Er würde das Buch bestellen, wenn er das Geld hätte.** |

*Hören Sie zu und wiederholen Sie!*

| | |
|---|---|
| I would order | **ich würde bestellen** |
| I would order the Rhine wine. | **Ich würde den Rheinwein bestellen.** |
| you would order | **Sie würden bestellen** |
| Would you order a cab? | **Würden Sie ein Taxi bestellen?** |
| you would make reservations | **du würdest bestellen** |
| Would you make the reservations? | **Würdest du den Tisch bestellen?** |
| he would order | **er würde bestellen** |
| He would order the medicine. | **Er würde die Medikamente bestellen.** |
| she would order | **sie würde bestellen** |
| She would order the tickets. | **Sie würde die Karten bestellen.** |
| we would order | **wir würden bestellen** |
| We would order the new car. | **Wir würden das neue Auto bestellen.** |

343

| you would order | **Sie würden bestellen** |
| Mr. and Mrs. Müller, would you order the tickets? | **Herr und Frau Müller, würden Sie die Fahrkarten bestellen?** |
| you would order | **ihr würdet bestellen** |
| Would you order the cookies this year? | **Würdet ihr dieses Jahr die Plätzchen bestellen?** |
| they would order | **sie würden bestellen** |
| They would not order our product. | **Sie würden unser Produkt nicht bestellen.** |

The conditional requires an explicit or implicit if- or *wenn*-clause: "If . . . , then . . ." —*Wenn . . . , dann* . . . . In conditional sentences, the verb in the main clause is in the same tense as the verb in the if-clause.

| If I had the time, I would buy the theatre tickets. | **Wenn ich Zeit hätte, würde ich die Theaterkarten bestellen.** |
| She'd take a trip if she had the money. | **Sie würde eine Reise machen, wenn sie das Geld hätte.** |

## 38. B.

Listen to Vanessa's letter to Kirsten:

VANESSA: *Liebe Kirsten,*
*ich würde Dich gern sehen, aber Du wohnst jetzt so weit weg. Ich würde zu Dir fahren, aber mein Auto ist kaputt. Weißt du schon, daß Karin Gelegenheit hat, an der Uni in Dresden zu studieren? Wenn ich sie wäre, würde ich das sofort machen! Meine Vorlesungen hier sind langweilig. Wenn ich andere bekommen hätte, würde ich mehr lernen.*
*Bis bald,*
*Deine Vanessa*

| | |
|---|---|
| Dear Kirsten, | **Liebe Kirsten,** |
| I would love to see you, but you live so far away now. | **ich würde Dich gern sehen, aber Du wohnst jetzt so weit weg.** |
| I'd drive to your place, but my car broke down. | **Ich würde zu Dir fahren, aber mein Auto ist kaputt.** |
| Do you know already that Karin has a chance to study at the university in Dresden? | **Weißt du schon, daß Karin Gelegenheit hat, an der Uni in Dresden zu studieren?** |
| If I were she, I'd do that immediately! | **Wenn ich sie wäre, würde ich das sofort machen!** |
| My courses here are boring. | **Meine Vorlesungen hier sind langweilig.** |
| If I'd gotten others, I'd learn more. | **Wenn ich andere bekommen hätte, würde ich mehr lernen.** |
| Till soon! Yours, Vanessa | **Bis bald, Deine Vanessa.** |

## 38. C.

Now do the following:

| | |
|---|---|
| State that Maria would order the wine. | ☞ *Maria würde den Wein bestellen.* |
| State that Thomas would read the paper. | ☞ *Thomas würde die Zeitung lesen.* |
| Ask if Horst would order the newspaper. | ☞ *Würde Horst die Zeitung bestellen?* |
| Ask if they would learn German. | ☞ *Würden sie Deutsch lernen?* |

# LESSON 39: MORE SUBJUNCTIVES AND CONDITIONALS

### 39. A.

We already dealt with the subjunctive forms of *können* to express polite requests. Let's review their forms:

| | |
|---|---|
| Could I look for the book myself? | **Könnte ich das Buch selbst suchen?** |
| Could you help me look for the book? | **Könnten Sie mir das Buch suchen helfen?** |
| Could you order the tickets? | **Könnten Sie die Karten bestellen?** |
| Could you order the cab? | **Könntest du das Taxi bestellen?** |
| Could she look for the tickets? | **Könnte sie die Karten suchen?** |
| Could we speak to the director? | **Könnten wir den Direktor sprechen?** |
| Could you ask at the counter? | **Könnten Sie am Schalter fragen?** |
| Could you go visit the teacher? | **Könntet ihr den Lehrer besuchen?** |
| Could they ask the tour guide? | **Könnten Sie die Reiseleiterin fragen?** |

So far we have dealt with conditional sentences referring to the present:

| | |
|---|---|
| If I had time, I would read this book. | **Wenn ich Zeit hätte, würde ich dieses Buch lesen.** |

Now let's turn to conditional sentences referring to the past. For the past conditional, you'll rely on the past subjunctive forms of *haben—hätte* and *sein—wäre* as your auxiliary verbs.

| | |
|---|---|
| If I had had time, I would have read this book. | **Wenn ich Zeit gehabt hätte, hätte ich dieses Buch gelesen.** |
| If I had been younger, I would have gone to Paris. | **Wenn ich jünger gewesen wäre, wäre ich nach Paris gefahren.** |

## 39. B.

Colleen writes a column for the daily paper and gives advice in response to confidential letters. *Hören Sie gut zu!*

COLLEEN: *Anna, wenn ich du wäre, würde ich Max nicht verlassen.*

*Peter, wenn ich du wäre, würde ich das neue Auto kaufen. Du brauchst es, um deinen Kunden zu imponieren.*

*Hedwig, wenn ich Sie wäre, würde ich an dem Bericht arbeiten. Erst die Arbeit, dann das Vergnügen. Max, wenn du Lust hättest, könntest du auch in Hamburg studieren.*

*Hören Sie zu und wiederholen Sie!*

| | |
|---|---|
| Anna, if I were you, I would not leave Max. | **Anna, wenn ich du wäre, würde ich Max nicht verlassen.** |
| Peter, if I were you, I would buy the new car. | **Peter, wenn ich du wäre, würde ich das neue Auto kaufen.** |
| You need it to impress your clients. | **Du brauchst es, um deinen Kunden zu imponieren.** |

Hedwig, if I were you, I'd work on the report.

**Hedwig, wenn ich Sie wäre, würde ich an dem Bericht arbeiten.**

Work before play!

**Erst die Arbeit, dann das Vergnügen!**

Max, if you'd like to, you could also study in Hamburg.

**Max, wenn du Lust hättest, könntest du auch in Hamburg studieren.**

## 39. C.

Now do the following:

State that Maria could go to Paris, if she had the money.

☞ *Maria könnte nach Paris fahren, wenn sie das Geld hätte.*

State that Thomas could read the paper, if he had time.

☞ *Thomas könnte die Zeitung lesen, wenn er Zeit hätte.*

State that you would take a trip, if you had money.

☞ *Ich würde eine Reise machen, wenn ich Geld hätte.*

State that if you had had money, you would have taken a trip.

☞ *Wenn ich Geld gehabt hätte, hätte ich eine Reise gemacht.*

# LESSON 40: THE PRESENT SUBJUNCTIVE IN INDIRECT SPEECH

## 40. A.

In the previous three chapters we discussed the use of the past subjunctive, or subjunctive II, to express contrary-to-fact statements in conditional sentences. The present subjunctive, or subjunctive I, is only used to report what someone else has said, and occurs primarily in the third-person singular. The subjunctive I forms of most verbs simply add *-e* to the stem of the infinitive.

| | |
|---|---|
| He says he has little time. | **Er sagt, er habe wenig Zeit.** |
| She says it is getting warm. | **Sie meint, es werde warm.** |
| He says he couldn't come today. | **Er sagte, er könne heute nicht kommen.** |
| He says he'll come tonight. | **Er sagt, er komme heute abend.** |
| She wrote she was going on vacation soon. | **Sie schrieb, sie fahre bald in Urlaub.** |
| He says he knows nothing about it. | **Er sagt, er wisse nichts davon.** |
| She says, she has to study German. | **Sie sagt, sie müsse Deutsch lernen.** |

*Sein* has irregular subjunctive I forms. *Hören Sie gut zu!*

| | |
|---|---|
| He says I am impatient. | **Er sagt, ich sei ungeduldig.** |
| She says you are always here. | **Sie sagt, Sie seien immer hier.** |
| She says you are always happy. | **Sie sagt, du seist immer glücklich.** |
| He says Maria is very nice. | **Er sagt, Maria sei sehr nett.** |
| They say we are not punctual. | **Sie sagen, wir seien nicht pünktlich.** |

| Peter says you are engaged. | **Peter sagt, Sie seien verlobt.** |
| Mr. Braun says you are busy. | **Herr Braun sagt, ihr seiet beschäftigt.** |
| Beate says they are back. | **Beate sagt, sie seien zurück.** |

## 40. B.

*Hören Sie gut zu!*

HERR BECK: *Was liest du da, Else?*

FRAU BECK: *Ja, da ist gerade ein Brief von Wolfgang aus Sidney angekommen.*

HERR BECK: *Was schreibt er denn?*

FRAU BECK: *Er schreibt, er sei Generaldirektor geworden bei einem Maschinenbauunternehmen.*

HERR BECK: *Das ist ja allerhand. Was noch?*

FRAU BECK: *Seine Tochter Kate sei nun in der letzten Schulklasse und werde wahrscheinlich nächstes Jahr studieren.*

HERR BECK: *Und der Sohn?*

FRAU BECK: *Nick sei noch in der Grundschule und interessiere sich für Wassersport.*

HERR BECK: *Was macht seine Frau Beth?*

FRAU BECK: *Er schreibt, sie versuche immer noch ihr Deutsch zu verbessern.*

*Hören Sie zu und wiederholen Sie!*

| What are you reading there, Else? | **Was liest du da, Else?** |
| Well, a letter from Wolfgang in Sidney just arrived. | **Ja, da ist gerade ein Brief von Wolfgang aus Sidney angekommen.** |
| What does he write? | **Was schreibt er denn?** |

| | |
|---|---|
| He writes he's become general director at a mechanical engineering company. | Er schreibt, er sei General-direktor geworden bei einem Maschinenbau-unternehmen. |
| That's really something. | Das ist ja allerhand. |
| What else? | Was noch? |
| His daughter Kate is now in her last year of school and will probably attend the university next year. | Seine Tochter Kate sei nun in der letzten Schulklasse und werde wahrscheinlich nächstes Jahr studieren. |
| And the son? | Und der Sohn? |
| Nick is still in primary school and very interested in water sports. | Nick sei noch in der Grund-schule und interessiere sich für Wassersport. |
| What's his wife Beth doing? | Was macht seine Frau Beth? |
| He writes she's still trying to improve her German. | Er schreibt, sie versuche immer noch ihr Deutsch zu verbessern. |

## 40. C.

Now do the following:

| | |
|---|---|
| Say that Peter told you he has little time. | ☞ *Peter sagte, er habe wenig Zeit.* |
| Say that Ilse told you that she was very busy. | ☞ *Ilse sagte, sie sei sehr beschäftigt.* |
| Say that Monika said she had been in Berlin last year. | ☞ *Monika sagte, sie sei letztes Jahr in Berlin gewesen.* |
| Say that Werner told you he had found a new job. | ☞ *Werner sagte, er habe eine neue Stelle gefunden!* |

Congratulations! You have mastered the treacherous essentials of German verbs. Practice your German as often as possible. Even if you cannot go on a trip abroad, review with *Living Language® Skill Builder: German Verbs*, watch German movies, read German magazines, and talk to German-speaking friends as often as possible in order to reinforce what you have learned with *Living Language® Skill Builder: German Verbs*.

# Index of Verbs

The following is a comprehensive list of all the verbs found in *Living Language*™ *German 2*. The reference number following the letter "C" (i.e. C: 32) refers to the listing in the *Verb Charts*. The reference numbers following the letter "M" (i.e. M: 7, 15, **15**) refer to the lesson number of the Conversation Manual in which the verb is used. The **bold** numbers refer to lessons in which the verb is featured substantially. The other numbers refer to lessons in which the verb is only used in context (dialogues, exercises, etc.).

## A
**abfahren**   to leave, depart   C: 1; M: **16** *see also: fahren, hinfahren, skifahren, erfahren*

**abholen**   to fetch, call for, come for, pick up, collect   C: 2: M: **27**, 33, **23, 35** *see also: holen*

**anbieten**   to offer   C: 3

**anfangen**   to begin, start   C 4; M: **16**, 29

**ankommen**   to arrive   C: 5; M: 40 *see also: kommen, zurückkommen*

**anrufen**   to telephone   C: 6 *see also: rufen*

**antworten**   to answer, reply   C: 7; M: **5**, **22**, 30

**anziehen**   to put on; get dressed   C: 8; M: **17** *see also: ziehen*

**arbeiten**   to work   C: 9; M: **1**, **5**, **12**, 39

**aufmachen**   to open   C: 10; M: 34, 35 *see also: machen, zumachen*

**ausgeben**   to give out, spend   C: 11; M: **27** *see also: geben*

**aussteigen**   to get out   M: **16** *see also: steigen, einsteigen, umsteigen*

**auszeichen**   to mark, label   M: 34

## B
**baden**   to bathe   C: 12; M: **5**

**bedeuten**   to mean, signify   C: 13; M: **5**, **12**

**begegnen**   to meet, encounter   C: 14

**beginnen**   to begin   C: 15; M: **26**

**bekommen**   to get, receive   C: 16; M: **26**, 29, 38

**beschäftigen (mit), sich**   to keep busy (with)   C: 17; M: **28**

**besitzen**   to own, posess   C: 18

**besorgen**   to fear, apprehend   M: 16

**bestellen**   to order (goods)   C: 19; M: **18**, 21, **22**, **30**, 35, **38**, 39
   *see also: stellen, vorstellen*
**besuchen**   to visit, attend   C: 20; M: **22**, 24, 32, 34
**bewegen**   to move, agitate, shake   C: 21
**bezahlen**   to pay, repay   C: 22, M: 27, 34, 35
**bitten**   to ask for, request   C: 23; M: 33
**bleiben**   to remain, stay   C: 24; M: 20, **24**, **26**, 29, 32, 37
**blitzen**   to flash, emit lightning, sparkle   C: 25; M: **8**
**brauchen**   to need, require   C: 26; M: 4, **29**, 39
**brechen**   to break   C: 27
**brennen**   to burn   M: **8**, 14
**bringen**   to bring, fetch, convey   C: 28; M: 6, 7, 36 *see also: mitbringen,*
   *verbringen*
**buchen**   to book, reserve; enter in the books   C: 29; M: 34, 35

**D**
**danken**   to thank   C: 30; M: **12**
**dauern**   to last, continue   C: 31; M: **20**, **26**
**denken**   to think, reflect   C: 32; M: 7, 15, **25**
**donnern**   to thunder; hammer (on)   C: 33; M: **8**
**drücken**   to push, press   C: 34
**dürfen**   may, to be allowed to   C: 35; M: **6**, **37**

**E**
**einkaufen**   to buy; shop   C: 36; M: 6, **16**, 21 *see also: kaufen, verkaufen*
**einladen**   to invite   C: 37; M: 7
**einpacken**   to pack up   M: 19
**einsteigen**   to get into   M: **16** *see also: steigen, aussteigen, umsteigen*
**empfehlen**   to recommend   C: 38; M: **4**, 12, **23**, 34, 36
**entlassen**   to dismiss, release   C: 39 *see also: lassen, verlassen*
**entscheiden**   to decide   C: 40
**entwickeln**   to develop   C: 41; M: **20**
**erfahren**   to learn, hear, experience   C: 42 *see also: fahren, abfahren,*
   *hinfahren, skifahren*
**erinnern, sich**   to remind, remember   C: 43
**erkälten, sich**   to catch a cold   C: 44
**erklären**   to explain, declare, announce   C: 45; M: **22**, 34
**erlauben**   to allow, permit   C: 46
**erschrecken**   to be frightened   C: 47
**erzählen**   to tell, relate   C: 48; M: **22**, 30
**essen**   to eat   C: 49; M: **3**, 9, **31**, 37

**F**
**fahren**   to drive, go   C: 50; M: **2**, 6, 16, 19, **21**, **24**, 25, 27, **31**, 33, 37,
   38, 39, **40** *see also: abfahren, erfahren, hinfahren, skifahren*

**fallen**  to fall   C: 51

**fehlen**  to miss, be absent   C: 52

**fernsehen**  to watch television   M: **4**, 33 *see also: sehen*

**finden**  to find   C: 53; M: **5**, 14, **31**, 40

**fliegen**  to fly   C: 54; M: **24**

**folgen**  to follow   M: 36

**fragen**  to ask   C: 55; M: **22**, 39

**freuen (über), sich**  to be glad (about), pleased; **(auf)** to look forward to
   C: 56; M: **17**, 20, 28

**frieren**  to be cold, freeze   C: 57

**frühstücken**  to eat breakfast   C: 58

**fühlen**  to feel, perceive   C: 59

**fürchten**  to fear, be afraid   C: 60


**G**

**geben**  to give   C: 61; M: **8**, **19**, **23**, 34 *see also: ausgeben*

**gefallen**  to be pleasing, like   C: 62; M: **13**

**gehen**  to go, walk   C: 63; M: 6, 9, 14, 18, **21**, **24**, 27, 32, 33, 37
   *see also: zurückgehen*

**genießen**  to eat or drink, enjoy   C: 64

**gewinnen**  to win, gain   C: 65

**sich gewöhnen**  to become accustomed   C: 66

**glauben**  to believe   C: 67

**grüßen**  to greet, salute, send regards   C: 68

**gucken**  to peek, stare, look   M: 14


**H**

**haben**  to have, possess   C: 69; M: 9, 12, **19**, 20, **22**, **23**, 24, **25**, **26**,
   27, **28**, **29**, 30, 31, **32**, **33**, **36**, **37**, 38, 39, 40

**halten**  to hold, keep, stop, consider   C: 70; M: **2**, 18

**handeln**  to act: trade (in goods)   C: 71

**heiraten**  to marry   C: 72

**heißen**  to be named, called   C: 73; M: **1**, 15

**helfen**  to help, assist   C: 74; M: **3**, 6, 8, **14**, **19**, 20, 27, 36, **37**, 39

**hinfahren**  to drive there   M: **27**, 37 *see also fahren, abfahren, skifahren,*
   *erfahren*

**hoffen**  to hope, expect   C: 75

**holen**  to fetch, get   C: 76; M: 33 *see also: abholen*

**hören**  to hear, obey   C: 77; M: **12**, **14**, 19, **22**, **37** *see also: zuhören*


**I**

**imponieren**  to impress   M: 39

**interessieren (für), sich**  to be interested in   C: 78; M: **17**, **22**, **28**,
   29, 40

# K

**kämpfen** to fight, struggle   C: 79

**kaufen** to buy, purchase   C: 80; M: 7, 29, 30, 34, 37, 39 *see also:
einkaufen, verkaufen*

**kennen** to know, be acquainted or familiar with   C: 81: M: **7, 28**
*see also: kennenlernen*

**kennenlernen** to become acquainted with   C: 82; *see also: kennen,
lernen*

**klingen** to sound   M: 33

**kochen** to cook, boil   C: 83

**kommen** to come   C: 84; M: 14, 18, **24**, 27, 36, **37**, **40** *see also: ankommen, zurückkommen*

**können** can, to be able to, know   C: 85; M: **6**, 8, 9, **20**, 25, 31, **32**, **37**,
**39**, **40**

**kosten** to cost; taste, try   C: 86; M: **5, 26**, 27

**kriegen** to get, obtain   C: 87

# L

**lachen** to laugh   C: 88

**lassen** to let, leave, allow, have   C: 89; M: **14**, 20, **21**, **37**
*see also: entlassen, verlassen*

**laufen** to run, walk, go   C: 90; M: **24**, 32

**leben** to live   C: 91; M: 14

**legen** to lay, put, place   C: 92

**leihen** to lend, borrow from   C: 93

**lernen** to learn, study   C: 94; M: **18**, 29, 38, 40 *see also: kennenlernen*

**lesen** to read   C: 95; M: **4**, 14, **23**, 34, 38, 39, 40

**lieben** to love   C: 96

**liegen** to lie, be situated   C: 97

# M

**machen** to do, make   C: 98; M: **6**, 8, 10, 11, 18, 20, **21**, **22**, 23, 24, 30,
35, 36, 38, 39, 40 *see also: aufmachen, zumachen*

**meinen** to be of the opinion, think, mean   C: 99; M: **40**

**merken** to notice, remember   C: 100

**messen** to measure   C: 101

**mieten** to rent, hire   C: 102

**mißverstehen** to misunderstand   M: 32 *see also: verstehen, stehen*

**mitbringen** to bring with   M: 6, **16**, **32** *see also: bringen, verbringen*

**mitnehmen** to take with   M: 36 *see also: nehmen, wegnehmen*

**mögen** to want, like   C: 103; M: **6**, 7, 9, **36**

**müssen** must, to have to   C: 104; M: **6**, 35, **37**, **40**

## N

**nehmen**   to take, receive   C: 105; M: **13**, 16, 21 *see also: mitnehmen, wegnehmen*

**nennen**   to name, call   C: 106; M: **15**

**nützen**   to use   C: 107

## O

**öffnen**   to open   C: 108; M: 32

## P

**passen**   to fit, be suitable for   C: 109

**passieren**   to happen, take place   C: 110

**probieren**   to try; taste   C: 111; M: **22**, 30

**putzen**   to clean   C: 112

## R

**rauchen**   to smoke   M: 6

**reden**   to talk, speak   C: 113

**regnen**   to rain   C: 114; M: **5**, **8**

**reisen**   to travel   C: 115

**reparieren**   to repair   C: 116; M: 14, 21, **22**, 34, 37

**reservieren**   to reserve, book   C: 117; M: 21, **22**

**riechen**   to smell, scent   C: 118

**rufen**   to call, shout   C: 119; M: 14, **31** *see also: anrufen*

## S

**sagen**   to say, tell, speak   C: 120; M: 20, **22**, 30, 32, **40**

**schauen**   to see, look, view   C: 121

**schenken**   to give, present   C: 122

**schicken**   to send   C: 123

**schlafen**   to sleep   C: 124; M: **2**, **23**

**schließen**   to close, shut, lock   C: 125; M: **31**

**schmecken**   to taste, taste good   C: 126

**schneien**   to snow   C: 127; M: **8**

**schreiben**   to write   C: 128; M: 18, **19**, 20, 34, 35, 37, **40**

**schreien**   to shout, scream, shriek, cry   C: 129

**schwimmen**   to swim, float   C: 130

**sehen**   to see, realize   C: 131; M: **4**, 9, **14**, **23**, 25, 31, 33, **37**, 38
   *see also: fernsehen*

**sein**   to be, exist   C: 132; M: 1, 4, 5, 6, 7, **10**, 14, 15, 17, **19**, 20, **22**, 23, **24**, 25, **26**, 27, 29, 30, 31, **32**, **33**, 34, **35**, **36**, 37, 38, **39**, **40**

**senden**   to send, transmit   C: 133; M: **15**, **25**

**setzen, sich**   to sit down   C: 134 *see also: sitzen*

**singen**   to sing   C: 135

**sitzen**   to sit, stay   C: 136; M: 33 *see also: sich setzen*

**skifahren**   to ski   M: 8 *see also: fahren, abfahren, hinfahren, erfahren*
**sollen**   shall, to be supposed to   C: 137; M: **6**, 9, 22
**sparen**   to save (money)   C: 138
**spazieren**   to walk, stroll   C: 139; M: 24, 33
**spielen**   to play, act   C: 140; M: 14, **29**, 33, 37
**sprechen**   to speak, talk   C: 141; M: **3**, 18, 32 *see also: versprechen*
**starten**   to start (a car)   M: 31
**stehen**   to stand, stop, be located   C: 142; M: 31 *see also: verstehen, mißverstehen*
**steigen**   to climb, increase, rise   C: 143; M: **16**, **24** *see also: aussteigen, einsteigen, umsteigen*
**stellen**   to put, place   C: 144 *see also: vorstellen*
**stören**   to disturb, upset, trouble   C: 145
**studieren**   to study, be in school   C: 146; M: 11, 38, 39, 40
**suchen**   to look for, search   C: 147; M: 33, **39** *see also: versuchen*


**T**
**tanzen**   to dance   M: 14
**tragen**   to carry, bear, wear   C: 148
**treffen**   to meet, hit   C: 149; M: 1, **13**, 20
**treten**   to step, walk, tread, go   C: 150
**trinken**   to drink   C: 151; M: 36
**tun**   to do, make, put   C: 152; M: 20


**U**
**überlegen**   to consider, cover   C: 153
**umsteigen**   to change, transfer (bus, train, etc.)   M: **16** *see also: steigen, aussteigen, einsteigen*
**unterhalten, sich**   to converse, talk, amuse oneself   C: 154; M: **17**, 28


**V**
**verbessern**   to improve   C: 155; M: 40
**verbinden**   to join   C: 156
**verbringen**   to spend   M: 32 *see also: bringen, mitbringen*
**verdienen**   to earn, win, deserve   C: 157
**verführen**   to seduce, tempt   C: 158
**vergessen**   to forget, neglect   C: 159; M: **19**, 20
**verkaufen**   to sell   C: 160; M: 34, 35 *see also: kaufen, einkaufen*
**verlassen**   to leave, rely on   C: 161; M: 39 *see also: lassen, entlassen*
**verlieren**   to lose   C: 162
**versprechen**   to promise   C: 163; M: **3** *see also: sprechen*
**verstehen**   to understand   C: 164; M: 22, **32** *see also: mißverstehen, stehen*
**versuchen**   to try, attempt   C: 165; M: 40 *see also: suchen, besuchen*
**vertrauen**   to trust, have confidence in   C: 166
**vorstellen**   to introduce, set in front of   C: 167 *see also: stellen, bestellen*

**W**

**wählen**  to select, choose, vote  C: 168

**warten**  to wait, look after  C: 169; M: **19**, 20, 32

**waschen, (sich)**  to wash  C: 170; M: **17**

**wechseln**  to change, exchange  C: 171

**wegnehmen**  to take away  M: **27** *see also: nehmen, mitnehemen*

**werden**  to become, grow, get  C: 172; M: **11**, 14, **18**, **19**, **20**, 33, **34**, **35**, **36**, **38**, **40**

**werfen**  to throw, fling  C: 173

**wissen**  to know (a fact), understand  C: 174; M: 7, 11, 14, 15, **25**, 38, **40**

**wohnen**  to reside, dwell, live  C: 175; M: **1**, 7, 38

**wollen**  to want to, wish, intend  C: 176; M: **6**, 30, **32**, **37**

**wünschen**  to wish, desire  C: 177


**Z**

**zeigen**  to show, indicate, point out  C: 178; M: **18**, 30

**ziehen**  to pull, tow, tug  C: 179 *see also: anziehen*

**zugreifen**  to help oneself  C: 180

**zuhören**  to list to; listen in (on)  C: 181; M: 22, 36 *see also: hören*

**zumachen**  to shut, close  M: 36 *see also: machen, aufmachen*

**zurückgehen**  to go back  M: 32 *see also: gehen*

**zurückkommen**  to come back  M: 33 *see also: kommen, ankommen*